노래가 성경이 되다
유목사의 시편묵상

노래가 성경이 되다
유목사의 시편묵상

초판 1쇄 발행 2019년 2월 28일
2쇄 발행 2022년 2월 10일

지은이 유선명
펴낸이 장대윤

펴낸곳 도서출판 대서
등록 제22-2411호
주소 서울시 서초구 방배동 981-56
전화 02-583-0612 / 팩스 02-583-0543
메일 daiseo1216@hanmail.net

디자인 참디자인

ISBN 979-11-86595-47-3 (03230)

* 책 값은 뒤표지에 있습니다.
* 잘못된 책은 교환하여 드립니다.

시편묵상

유목사의

노래가 성경이 되다

유선명 지음

도서
출판 **대서**

머리말

백석학원 공동체가 사용하는 『생명양식』 시리즈로 배포되었던 필자의 시편 묵상록을 다듬고 도움말을 덧붙여 책으로 엮었다. 150편 시편을 묵상해 일정한 분량과 보편성을 지닌 글로 엮는 작업은 환희와 절망의 롤러코스터였다. 내 영혼의 건조함과 생각의 빈곤, 둔한 필치로 인한 절망감보다 나를 돌보시고 깨우치시는 하나님의 은혜가 주신 감격이 비할 수 없이 컸음에 감사할 따름이다.

오탈자 교정과 시의성을 고려한 약간의 수정 외에는 본문 묵상과 적용점, 기도문, 찬송으로 구성된 본래 형태를 유지했다. 각 시편 묵상의 내용만큼이나 기도문 작성과 찬송 선곡 역시 그 구조 내에서 유기적 통일성을 부여하기 위한 노력의 결과물이기에 함께 사용하면 유익할 것이다. 생명양식은 구성, 필진, 내용, 재질 등 모든 면에서 탁월한 묵상집이지만 백석공동체 외부로 잘 보급되지 않고 진도가 지난 자료를 다시 구하기가 어렵다. 그간 시편묵상의 도움을 얻고 싶은데 생명양식 과월호를 구할 수 있는지 필자에게 물어온 분들의 관심에 용기를 내어 단행본으로 발간하게 되었다. 성경을 개인적으로 읽고 묵상하는 일에 관심을 가진 독자들께는 현재 진행 중인 권호는 물론 기존 출판내용에 접근할 수 있는 생명양식 어플리케이션(〈생명양식〉 Android/iOS)을 권해드린다. 기고문을 자유롭게 재사용할 수 있도록 허락해 주신 백석정신아카데미와, 날로 위축되는 기독교출판시장의 어려움에도 불구하고 이 책의 출판을 격려해주신 도서출판 대서에 감사드린다.

유 선 명

추천사

　　밝은 날의 찬송과 어둔 날의 기도가 씨줄과 날줄이 되어 그리스도인들의 영혼에 문양을 만들어갑니다. 시편은 하나님 말씀으로 사는 자의 행복을 노래함으로 시작하여 하나님의 장엄하심과 위대하심을 노래하는 찬양으로 끝을 맺습니다. 저자는 그리스도인의 영성 형성을 위한 최상의 책인 시편으로 생명의 양식을 성실하게 준비하여 매일같이 식탁에 올려줍니다. 학자의 탁월한 통찰력과 목회자의 온화한 상차림이 한데 어우러진 이 시편묵상집은 개인뿐 아니라 공동체의 영적 품성 형성에 소중한 지침서가 될 것입니다. 가정 식탁 위에 올려놓고 매일같이 한 장씩 곱씹어 드셔보십시오. 하늘 위로와 영적 힘을 얻게 될 것입니다. 천성을 향해 길을 떠난 이 땅에서 나그네 된 이들을 위한 내비게이션이 되어 줄 것입니다. 이 책과 동행하노라면 기도하는 법, 찬양하는 법, 탄식하는 법, 감사하는 법, 신앙으로 걸어가는 법을 배우시게 될 것입니다.

류 호 준 | 백석대학교 신학대학원 구약학 은퇴교수

시편 말씀은 인간의 실패와 좌절을 진솔하게 대하면서도 그 가운데 임하는 하나님의 은혜와 사랑을 찾게 해줍니다. 수많은 성도들이 시편에서 특별한 위로와 소망을 얻는 이유입니다. 그러나 삶의 체험이 없는 학문적 분석으로는 시편이 간직한 보화를 얻을 수 없습니다. 유선명 교수님과 대화를 나누어보면 그가 시편의 말씀을 삶으로 살아온 분임을 느낄 수 있습니다. 여기 수록된 묵상들은 학자와 목회자이기 이전에 말씀을 삶에서 체험한 성도로서 유 교수님의 마음에서 우러난 글들입니다. 독자들이 이 시편 묵상집을 통해 시편의 말씀 속에서 하나님을 더 깊이 깨닫는 복을 누리시길 바라며 기쁘게 추천합니다.

임 석 순 | 한국중앙교회 담임목사, 백석신학대학원장

유선명 교수님의 시편묵상집에는 학자의 신선한 해석이 목회자의 가슴을 통과하여 따뜻한 적용으로 마무리되어 있습니다. 시편 전체의 이해를 돕는 알찬 서론과 150편 본문의 깊은 묵상은 물론, 본문의 의미를 어떻게 독자의 일상생활로 연결시킬 수 있는지 알려주는 적용 단락과 기도문까지 갖춘 훌륭하고 친절한 책입니다. 말씀의 적용을 놓고 늘 고민하는 학자와 목회자로서 유교수님의 묵상과 질문에서 본문의 손길로 삶을 다듬고 빚어내는 장인의 숨결을 느낄 수 있습니다. 쉽게 발견하기 어려운 탁월한 시편묵상집을 만나게 되어 감사하며, 시편을 좀 더 깊이 이해하고 싶은 분들, 시편의 세계를 통해 신앙의 삶을 견고하게 하고 싶은 분들, 학자적 관심과 신앙적 적용이 필요한 분들에게 두루 유익하리라 믿어 기쁜 마음으로 추천합니다.

김 희 석 | 총신대학교 구약학교수

목 차

머리말 4　|　추천사 6　|　시편 이해를 위한 도움글 10

시편

1:1−6	24	21:1−13	87	41:1−13	147
2:1−12	27	22:1−31	90	42:1−11	150
3:1−8	33	23:1−6	93	43:1−5	153
4:1−8	37	24:1−10	96	44:1−26	156
5:1−12	39	25:1−22	99	45:1−17	159
6:1−10	41	26:1−12	102	46:1−11	160
7:1−17	45	27:1−14	105	47:1−9	165
8:1−9	47	28:1−9	108	48:1−14	168
9:1−20	49	29:1−11	111	49:1−20	171
10:1−18	51	30:1−12	114	50:1−23	174
11:1−7	55	31:1−24	117	51:1−19	177
12:1−8	57	32:1−11	120	52:1−9	180
13:1−6	61	33:1−22	123	53:1−6	183
14:1−7	63	34:1−22	126	54:1−7	186
15:1−5	66	35:1−28	129	55:1−23	189
16:1−11	69	36:1−12	132	56:1−13	192
17:1−15	72	37:1−40	135	57:1−11	195
18:1−50	75	38:1−22	138	58:1−11	198
19:1−14	81	39:1−13	141	59:1−17	201
20:1−9	84	40:1−17	144	60:1−12	204

61:1–8	207	91:1–16	303	121:1–8	399		
62:1–12	210	92:1–15	306	122:1–9	402		
63:1–11	213	93:1–5	309	123:1–4	405		
64:1–10	216	94:1–23	312	124:1–8	408		
65:1–13	219	95:1–11	315	125:1–5	411		
66:1–20	222	96:1–13	318	126:1–6	414		
67:1–7	225	97:1–12	321	127:1–5	417		
68:1–35	228	98:1–9	324	128:1–6	420		
69:1–36	231	99:1–9	327	129:1–8	423		
70:1–5	235	100:1–5	330	130:1–8	426		
71:1–24	237	101:1–8	333	131:1–3	429		
72:1–20	240	102:1–28	336	132:1–18	432		
73:1–28	243	103:1–22	339	133:1–3	435		
74:1–23	246	104:1–35	342	134:1–3	438		
75:1–10	249	105:1–45	345	135:1–21	441		
76:1–12	252	106:1–48	348	136:1–26	444		
77:1–20	255	107:1–43	351	137:1–9	447		
78:1–72	258	108:1–13	354	138:1–8	450		
79:1–13	264	109:1–31	357	139:1–24	453		
80:1–19	267	110:1–7	360	140:1–13	456		
81:1–16	270	111:1–10	363	141:1–10	459		
82:1–8	273	112:1–10	366	142:1–7	462		
83:1–18	276	113:1–9	369	143:1–12	465		
84:1–12	279	114:1–8	372	144:1–15	468		
85:1–13	282	115:1–18	375	145:1–21	471		
86:1–17	285	116:1–10	378	146:1–10	474		
87:1–7	288	117:1–2	381	147:1–20	477		
88:1–18	291	118:1–29	384	148:1–14	480		
89:1–52	294	119:1–176	387	149:1–9	483		
90:1–17	300	120:1–7	396	150:1–6	186		

부록 1　양식비평 이론에 따른 시편의 분류 | 양식별 목록　490
부록 2　양식비평 이론에 따른 시편의 분류 | 편별 목록　492

시편
이해를 위한
도움글

1. 시와 시가서

통상적으로 시가서는 시편과 아가, 지혜문헌을 가리키지만, 히브리 시문은 특정한 정서와 내용에 국한되거나 구약성경의 특정한 한 블록에만 몰려 있지 않다. 시편과 지혜문헌(욥기, 잠언, 전도서)은 물론이지만 절대다수의 예언서를 포함, 구약본문 전체의 1/3, 많게 잡으면 40% 가량이 시문이기 때문이다. 하나님의 계시와 그에 기초한 심오한 신학과 교리, 그리고 하나님 백성을 향한 예언의 말씀들이 숭고하고 아름다운 시문으로 우리에게 주어졌다. 구약을 놓고 말하자면 하나님은 철두철미 시인이시다. 세상 그 어떤 시인도 입을 열어 내놓는 말의 40%가 시문일 수는 없을 테니까. 따라서 우리는 성경의 내용만이 아니라 그 내용을 전달하는 언어예술의 미적 차원에도 주목해야 하나님 말씀을 바로 깨달을 수 있다. 시편을 묵상하면서 그 내용을 전달하기 위해 사용된 그림언어

즉 이미지와 비유, 단어의 선택, 대구를 이루는 시행의 평행구조 등에 관심을 기울이면 묵상이 한층 더 풍부해질 것이다.

2. 시인과 공동체

시-편이란 책은 제목이 말해주듯 시들을 모아 엮은 선집이다. 150수의 시들은 다윗(73수 내외), 아삽(12수), 고라 자손들(11수), 솔로몬(2), 모세(1), 헤만(1), 에단(1) 외에 무명의 시인들에 의해 지어졌으며 오랜 세월에 걸쳐 수집, 편찬되었다. 일부 시편들은 그 저술의 정황이 명백히 서술되어 있지만(특히 사울에게 쫓겨 도주하던 때 등 다윗의 삶과 관련된 시들), 대다수는 개별적 정황이 알려지지 않고 "이스라엘 예배에서 사용된 찬송집"이라 할 시편 전체의 문학적 맥락에 녹아들어 있다. 개별 시들의 정서와 소재 역시 매우 다양하다. 한편에는 응답된 기도의 기쁨, 개인적 성취에 대한 감사, 전쟁의 승리로 인한 환호 등의 "인생 고점"이 있는가 하면, 오랜 투병으로 지치고 죽음의 두려움에 눌린 심정의 토로, 믿던 벗의 배신과 인신공격으로 느끼는 쓰라림, 세상의 불의와 불신앙에 대한 슬픔과 환멸감 등의 "밑바닥 정서" 역시 곳곳에 드러난다. 이러한 다양성에도 불구하고 시편에는 일관된 흐름과 통일성이 존재한다. 시편은 찬양집이며 기도서이다. 찬양(히브리어로 테힐라)과 기도(히브리어로 테필라)는 그 이름만큼이나 서로 가까운데, 바로 하나님께 드리는 찬양과 기도의 자리에서 우리는 이 시편을 면면히 관통하는 "시인의 음성"과 그 시인으로 하여금 노래하게 하신 "하나님의 음성"을 듣는다. 시편에 이러한 내적 조화와 통일성을 부여하는 것은 일차적으로 성경의 궁극적 저자이시고 신자의 마음을 감동시키시는 성령님의 역사이다. 그것은 또한 개별 시들을 거룩한 말씀으로 받아 노래하고 해석하며 전승해 준 신앙공동체의 소중함을 우리에게 일깨워준다. 우리는 더 이상 완성된 정경에 시들을 더하지 않지만, 150수의 시들을 우리 것으로 받아 우리 마음과 언어의 "새 노래"로 부름으로써 시편공동체의 일원이 되기 때문이다.

3. 시편과 다윗

시편은 하나님의 책이고 신앙공동체의 책인 동시에 다윗을 떼어놓고 생각할 수 없는 책이기도 하다. 시편 전체의 구성이 다윗의 삶과 다윗 왕조의 역사를 축으로 이루어졌을 뿐 아니라, 다윗 자신이 시편에서 가장 많은 수의 시를 직접 지은 희대의 시인이자 음악가였고 왕으로서 궁정 시인과 찬양자들을 양성한 후견인의 역할을 했기 때문이다. 탁월한 군인이자 지휘관, 정치가와 통치자로서의 다윗은 이스라엘 역사에 우뚝 선 거인임에 틀림없지만 시편이 그리는 다윗의 진면목은 그런 데 있지 않다. 시편에서 우리는 하나님 앞에 선 적나라한 한 사람을, 지위와 권세와 업적을 내려놓아야 보이는 날 것으로서의 한 인간 다윗을 마주한다. 하나님을 지극히 사랑했으면서도 가장 추악한 죄를 지은 사람. 부하들을 자신의 생명처럼 아낀 덕장이자 성군이면서도, 충신 중의 충신인 우리야의 아내를 뺏고 그것을 덮기 위해 그를 죽음으로 내모는 비열하고 잔인한 냉혈한이기도 한 모순의 인간 다윗. 무리수로 덮은 자신의 죄를 안고 괴로워하다가 선지자의 지적에 고꾸라져 하나님 앞에 무릎 꿇는 죄인. 간음과 살인교사라는 흉측한 죄를 만천하에 고백하고 그에 따른 사죄의 감격과 하나님이 내리신 징계의 고통을 자신의 인생 스토리로 삼기를 주저하지 않은 담백한 사내. 다윗은 가장 고상한 인간은 아닐지 모르나 가장 인간다운 인간임에 틀림없다. 하나님의 뜻을 언제나 따르지는 못했더라도 언제나 하나님 앞에 돌아오고 하나님 앞에 선 인간으로 산 사람이기에 하나님 마음에 꼭 들었던 사람(행 13:22)! 그리스도께서 다윗의 후손으로 오시고 다윗의 자손이라 불리기를 기뻐하셨던 것은 의미심장한 일이다. 다윗의 삶에서 자신의 모습을 보는 사람은 복되다. 다윗의 시에 잠기는 이는 잃어버렸던 자기 영혼의 언어를 되찾을 수 있으리라.

4. 시편의 구조와 흐름

시편은 다섯 권으로 구성되었고, 1권(1-41), 2권(42-72), 3권(73-89), 4권(90-106), 5권(107-150)은 저마다 분명한 결구와 표현을 써서 각 권의 고유성을 보존했다. 다섯 권이 구성하는 개별 시편들의 저자와 저작연대는 다양하지만 완성된 수집물로서의 각 권은 다윗과 사울의 갈등(1권), 다윗의 신앙과 통치(2권), 외적 침략의 위험(3권), 성전 파괴와 유배의 경고(4권), 귀환과 새 시대의 대망(5권)으로 시대를 따른 큰 흐름을 느끼게 해준다. 이러한 배열방식은 한편으로 다윗을 대표로 한 성도 개인의 노래가 신앙의 공유를 통해 공동체의 고백으로 성장한 전승과정의 열매이며, 동시에 인간 통치자와 왕국이 하나님의 섭리를 통해 그리스도를 향해, 그리고 그리스도 안에서 구현되는 승화를 가리키는 표지이기도 하다. 구약에서 야웨 하나님 앞에 선 한 사람의 절절한 고백이 오늘 그리스도인의 신앙고백이 되고, 흠결 있는 인간 지도자의 모습은 이제 완전하신 왕 그리스도의 존재 안에 녹아졌으며, 인간사회의 갈등과 고통을 지고 발걸음을 내딛던 구약백성은 그리스도의 완전하고 영원한 통치 아래 있게 될 그날을 향해 전진하고 있다.

① 1권(1-41편) : 다윗과 사울의 갈등
② 2권(42-72편) : 다윗의 신앙과 통치
③ 3권(73-89편) : 외적 침략의 위험
④ 4권(90-106편) : 성전파괴와 유배의 경고
⑤ 5권(107-150편) : 귀환과 새 시대의 대망

이러한 5권 구조가 단지 역사적 진행만을 반영한 것은 아니다. 정교한 표지들에 의해 다섯 권으로 편찬된 시편의 구조는 모세오경을 연상시킨다. 오경을 가리키는 히브리어 토라(Torah)가 법과 규율이기도 하지만 근본적으로는 권위 있는 가르침을 뜻하는 것처럼, 시편도 150편 전체가 하나의 토라로 작동하도록 주어졌고 그 가르침에 대한 반응으로서의 기도와 찬양을 함께 담고 있다. 전체의 도입부인 시편 1편은 하나님 말씀을 사랑하고 순종하는 지혜로운 삶을 노래하고, 히브리어 알파벳 글자 순서대로 같은 두운을 가진 8절씩을 배열, 총 176절로 가장 길고 정교한 이합체(알파벳) 구성을 보여주는 119편은 말씀에 사로잡힌 삶의 행복감으로 충만해 있다. 개인과 공동체에 닥치는 고난 속에서 때로는 탄식과 의문을 토하지만 결국은 감사와 찬송으로 돌아오는 시인의 고백은 시편 전체의 거시적인 지향점과 그 방향이 같다. 왕정의 시작과 지속을 배경으로 한 1권과 2권의 시들은 시인의 개인적 소회를 깊이 느끼게 해준다. 3권에 와서 부각되는 이스라엘의 공동체적 위기의식은 하나님께서 자신의 언약을 잊으신 것이 아니냐는 충격적 호소를 담은 시편 89편에서 최고조에 달한다. 바벨론의 침략과 왕국의 몰락, 성전 파괴와 바벨론 유배는 이스라엘의 삶의 토대를 파괴하고 신앙의 의기를 가져왔다. 이후 시편들은 그러한 최저점의 고난 속에서도 놓지 않았던 희망의 송가들이다. 디아스포라가 되어 이방인 중에 거하며 고국과 성전을 그리워하는 순례 시편들("성전에 올라가는 노래," 시 120-134편), 우리가 어찌 이방인의 땅 바벨론에서 그들의 희롱에 맞춰 성전에서 부르던 거룩한 노래를 부를 수 있겠는가 탄식하는 137편의 절절한 고백, 그리고 마침내 할렐루야를 외치는 순수한 찬양시들(시 146-150편)을 지나 모든 생명체를 향해 찬양의 권고(할렐루야)를 숨가쁘게 중첩시키는 찬송의 대합창인 시편 150편에 이르러 우리는 왜 이스라엘이 자신을 하나님의 이름을 찬송케 하기 위해 창조된 백성이라 여겼는지 이해하게 된다(이사야 43:21). 이처럼 시편은 개별 저자들과 그 시들의 시상과 영성이 녹아든 찬양과 기도의 교범이 되어 우리에게 전수되었다. 다윗의 때로부터 3000년을 지난 이 시점에서도 이 위대한 시집은 성도를 교훈하고 권고하는 영적 교과서이자 찬양 매뉴얼로서 여전히 우리 영혼을 위토하며 고양시키는 놀라운 힘을 보여준다.

5. 시편의 양식(장르)에 따른 메시지 이해

150편의 시를 수집 편찬한 책인 만큼, 시편의 메시지는 다양하고 복합적이다. 시편 전체를 망라한 핵심을 찾기 위해서는 각 시들의 주제나 어조들을 나열해 통합하기보다는 이 시들이 갖는 몇 가지 독특한 형태와 그 형태와 유기적으로 연결된 주제들을 분석하는 것이 유용할 것이다. 시편을 구성하는 150수의 시들이 표현하는 시상은 다양하지만 그 형태는 몇 가지 유형으로 분류할 수 있다. 현대 성서연구의 중요한 돌파구를 연 양식비평학은 승전가, 제왕시, 지혜시처럼 내용을 직관적으로 드러내는 유형 외에, 찬양시, 감사시, 탄원시 등 독특한 내적 구조를 갖는 대표적 양식(장르, 형태 등 유사한 용어가 혼용된다)들이 이스라엘의 삶에서 어떤 기능을 수행했는지 물음으로써 우리가 시편을 음미하고 삶에 적용하는 데 유용한 통찰력을 제공해 준다. 양식의 분류는 양식비평의 선구자인 헤르만 궁켈 이래로 수많은 학자들의 다양한 의견이 공존하지만 그들 중 널리 지지를 받는 무난한 분류를 참조해 시편을 읽으면 큰 도움을 얻을 수 있다. 다만 양식의 분류가 특정한 시를 느끼고 이해하는 데 선입견이 되지 않도록 독자 스스로 시편 본문을 읽고 묵상한 후에 참고로 사용하면 좋을 것이다. 대표적인 시편 양식들의 특징과 그 메시지는 다음과 같다.

(1) 찬양시

찬양시는 찬양의 촉구, 찬양의 이유, 찬양의 재촉구라는 세 부분으로 구성된다. 시편 117편은 단 두 절로 구성되어 150편 중 가장 짧은 시이지만 내용을 보면 찬양시의 구성 원리를 정확히 따르고 있다:

[찬양의 촉구] 너희 모든 나라들아 여호와를 찬양하며 너희 모든 백성들아 그를 찬송할지어다

[찬양의 이유] 우리에게 향하신 여호와의 인자하심이 크시고 여호와의 진실하심이 영원함이로다.

[찬양의 재촉구] 할렐루야! (히브리어 할렐루-야는 "여호와를 찬양하라"를 뜻한다).

이러한 구성 원리는 우리의 찬양이 감성적 경험과 표현 이전에 찬양의 이유를 묵상하고 깨닫고 기억하게 하는 신학적 작업에 바탕을 두어야 함을 알려준다. 시편 저자들과 마찬가지로 오늘날 영적 지도자는 회중과 자신에게 찬양의 동기를 일깨움으로써 하나님이 기뻐하시는 찬양의 예물을 드릴 수 있도록 도와야 한다.

(2) 감사시

감사시도 도입부, 중심부, 결말부의 세 부분으로 보는 것이 편리하다. 도입부에서 시인은 하나님의 이름을 부르고 감사의 의도를 표현한다. 중심부는 시인의 체험을 서술하는데, 과거의 난관과 구원의 요청, 그에 응답하신 하나님의 구원 역사, 다시금 그에 반응하는 시인의 감사와 서원이라는 구조가 통상적이다. 결말부는 대개 하나님께 대한 감사와 더불어 찬양을 촉구한다. 이러한 구조적 관찰이 함의하는 것은, 신앙은 경험되어야 하고 경험은 감사로 이어져야 마땅하다는 사실이다. 시편 116편은 기도를 들어주신 하나님께 대한 감사를 담은 도입부(1-2절), 하나님께서 행하신 구원과 도우심의 기록, 그리고 자신의 서원을 갚겠다는 약속을 담은 중심부(3-19절상), 동족 이스라엘의 찬송을 촉구하는 결말부(19절하)로 분석되는 아름다운 감사시로, 인생을 돌아보며 감사로 나아가는 성도의 삶을 그림처럼 묘사하고 있다.

(3) 탄원시

탄원시는 시편 전체의 1/3 가량을 차지하는 중요한 양식이다. 탄원의 주체는 개인일 수도, 공동체일 수도 있으며 탄원을 일으키는 정황은 투병이나 징병 등 개인적 정황은 물론 외적의 침입이나 자연재해 등 국가적 위기상황을 포함한다. 시인을 모함하고 괴롭히는 자들로 인한 고통을 호소하거나 배신하는 자들에 대한 하나님의 간섭과 처벌을 간구하는 시들은 그 구체적 정황을 알지 못해도 오늘날 독자도 쉽게 공감할 수 있을 것이다. 탄원시들의 내적 전개를 살펴보면 좁은 의미의 탄원(탄식, 애통, 호소, 불평)뿐 아니라 신뢰와 감사, 간구의 정서들이 복합적으로 나타난다. 엄밀히 말해 100% 탄원으로 구성된 시편은 사실상 존재하지 않지만, 어느 시가 탄원의 정서와 구성을 반영한다면 우리는 그 시에서 탄원시의 핵심적 교훈 즉 우리는 삶의 고점과 저점을 오가는 어느 순간에라도 "이 모습 이대로" 주 앞에 나아갈 수 있다는 믿음을 발견하게 될 것이다. 시편 54편을 예로 들어 분석해 보면 탄원시는 하나님을 부름("하나님이여!" 1절), 탄원("귀를 기울이소서" 2절), 자신의 상황 호소("원수가 나를 치고" 3절), 확신의 고백("나를 돕는 이시여" 4절), 개입과 보복 요청("그들을 멸하소서" 5절), 감사와 서원("주께 제사하리이다" 6절), 하나님 칭송("나를 건지셨나이다" 7절) 등을 포함한다. 특별히 다윗의 생애와 관련된 초기 시편들은 도주와 전투, 원수들의 공격과 배신, 질병과 죽음의 위험 등 극한적 상황에서 다윗을 생존하고 성숙하게 했던 영성의 비밀, 즉 탄식의 극저점에서 발견하는 감사와 찬양, 그로 말미암은 정서의 급변이라는 영적 현상을 우리에게 잘 드러내 준다. 많은 교회들은 긍정적 정서와 승리주의를 은혜의 증거와 동일시하는 오류를 범해왔고, 그 결과 생동하는 신앙에 내재한 고통의 진정성, 신음과 탄식의 영성을 잊거나 억압해 왔다. 그러나 성경에 바탕을 둔 참된 영성은 고통과 좌절을 부인하지 않으며, 부정적 정서를 무시하거나 극복하려는 인위적 노력을 추구하지 않는다. 탄원시의 시인들이 보여주듯이 바로 그 바닥 낮은 곳에서 하나님께 나아가는 성도는 탄식의 소용돌이 가운데서 살아계신 하나님을 만나기 때문이다. 탄원의 재발견과 포용은 정직한 영성을 일깨우고 열린 공동체를 세워가는 동력이 된다. 시편의 탄원시들은 영성의 화석이나 구원사의 기록을 넘어선다. 이 시들은 동일한 삶의 정황에서 동일한 영의 호흡으로 기도하는 예배자에게 다가와 그를 살리는 생명의 매개체이기에, 시편의 묵상과 해석은 다윗의 시대로부터 3000년이라는 간격을 훌쩍 뛰어넘어 21세기 성도의 가슴에 닿는 영성의 보고를 발견하고 누리도록 돕는 교회의 소중한 자산이다.

6. 시편에서 만나는 하나님

신학을 하나님에 관한 사람의 이해를 서술한 것이라 보면, 시편은 성경 중 신학으로부터 가장 멀리 있어야 할 것이다. 하나님이 화자가 되어 말씀하신 내용보다 인간이 하나님을 향해 말한 내용이 압도적으로 많은 책이 시편이기 때문이다. 그러니 시편이 성경 그 어느 책과 비기어 뒤지지 않는 심오한 신학의 보물창고라는 것은 매우 역설적이다. 시편은 하나님과 인간에 대해, 메시아이신 그리스도와 성도의 삶에 대해 깊고도 풍성한 가르침을 제공하며, 신약성경이 가장 즐겨 인용한 구약본문이 시편이란 사실이 이를 반증해준다.

시편이 그리는 하나님은 만국의 주재이시다. 온 우주의 창조주로 사람과 땅, 모든 생물의 찬양과 신뢰를 받으시며 복종을 요구하시는 분이시다. 이스라엘이 시편을 통해 이방 나라들을 향해서도 자신들의 하나님을 찬양하라고 요구하는 이유가 거기 있다. 이 하나님을 묘사하는 핵심개념이 헤세드(신실하심)이다. 하나님의 성품을 포괄적으로 표현하는 헤세드는 시편에 100회 이상 등장하는데, 이스라엘과 언약을 맺으신 하나님의 성품과 그 언약에 근거해 베푸시는 구원행위를 모두 가리킨다. 하나님은 현세 뿐 아니라 내세도, 이승뿐 아니라 저승("음부"로 번역되는 히브리어 쉐올은 죽음 너머의 영역을 가리킴)도 주관하시기에 성도에게 육체의 죽음을 넘어선 내세와 영생의 믿음을 허락하시는 분이시다. 하나님의 신실하심은 그가 의롭고 공평하게 세상을 다스리심을 통해 구현된다. 그는 왕들을 세우시고 폐하시며 약자의 아픔을 묵과하지 않으시고 패악한 자를 향한 약자의 원망을 자신을 향한 호소로 받으시는 분이시다. 하나님 앞에 토해놓는 낮은 자의 신음은 기도로 여기시고, 당신을 향한 성도의 불평과 원망도 언약백성의 특권으로 인정해 주시는 분이 하나님이시다. 반면에 힘으로 사람을 억누르고 악행을 일삼는 자들은 반드시 심판하시고 그 자취조차 찾을 수 없게 하시는 분, 그가 이스라엘의 찬송을 받으실 야웨 하나님이시다.

7. 본문 안에 나타난 그리스도

우리가 시편 본문 안에서 그리스도를 만나는 방식은 크게 두 가지이다. 첫째, 복음서와 히브리서의 많은 구절들이 그리스도의 신성을 시편

구절에 근거해 설명한다. 이는 인간 왕에 대해 다른 시편의 제왕시들이 그리스도 자신과 신약 본문에 의해 그리스도를 가리키는 내용으로 승화, 해석되었음을 뜻한다. 이것은 시편의 놀라운 비밀 중 하나로, 오실 메시아를 대망하고 믿는 구약신앙을 파기하지 않고 오신 메시아를 기뻐하고 믿는 신약신앙으로 승격시키는 열쇠를 제공한다. 둘째, 그리스도께서 자신의 생애에서 일어나는 주요한 사건과 기적들을 지칭해 시편을 많이 인용하셨기에 우리는 분명한 기독론적 확신을 가지고 그 시편 본문들을 묵상할 수 있다. 특별히 당신의 많은 행동들을 시편 말씀을 이루기 위해서라고 설명하신 것을 볼 때, 우리는 인간의 언행을 통해 당신의 뜻을 이루어가시는 하나님의 신비를 성육적 시각에서 바라보는 습관을 가져야 한다.

8. 시편이 주는 영적 유익

시편은 영혼의 거울이라고들 한다. 우리가 느끼고 경험할 수 있는 모든 것이 그 안에 표현되어 있기 때문이다. 시편을 묵상하는 자는 자신의 좌절과 두려움, 의심과 슬픔, 혹은 격렬한 기쁨과 감사에 이르기까지 자기 영혼의 고백을 그대로 표현해 줄 그 언어가 시편에 마련되어 있음을 경험한다. 시편은 우리의 생각과 행동, 예배가 지향할 모범(paradigm)을 보여줄 뿐 아니라, 우리가 그곳에 도달할 수 있도록 격려와 훈련 그리고 통찰력도 제공해 준다. 예수님은 당신 생애의 중요한 이정표들이 시편에 예언된 것을 아셨고, 그 지점을 통과하실 때 해당하는 시편을 언급하셨다. 우리 역시 성도로서 삶의 노정에 시편 말씀들이 우리를 기다리고 있음을 발견하며 그 말씀에서 위로와 용기, 영감을 얻는다. 시편을 사랑하는 자는, 시편 1편 말씀 그대로, 물가에 심은 나무와 같이 그 잎사귀가 푸르며 인생의 계절마다 풍성한 열매가 맺는 복을 누릴 것이다.

9. 추천도서

시편에 관한 연구서와 일반적인 구약주석은 나열하기 어려울 만큼 많다. 아래 목록에 있는 책들이 더 깊고 다양한 연구에 대한 좋은 안내서가 될 것이다.

김정우. 『시편주석 I, II, III』 서울: 총신대학교출판부, 2005-2010.
김정훈. 『시편 렉시오 디비나 1, 2』. 서울: 새물결플러스, 2021.
류호준. 『우리의 기도가 천상의 노래가 되어』. 서울: 이레서원, 2006.
송병현. 『시편 I, II, III』. 엑스포지멘터리 시리즈. 서울: EM, 2018-2019.
이태훈. 『시편, 어떻게 읽을 것인가』. 서울: 성서유니온선교회, 2006.
Brueggemann, Walter. 『브루그만의 시편사색』. 조호진 역. 서울: 솔로몬, 2007.
_____. 『마침내 시인이 온다』. 김순현 역. 서울: 성서유니온선교회, 2018.
Lewis, C. S. 『시편묵상』. 이종태 역. 믿음의 글들. 서울: 홍성사, 2004.
Longman III, Tremper. 『시편 I, II』. 임요한 역. 서울: CLC, 2017.
_____. 『어떻게 시편을 읽을 것인가』. 한화룡 역. 서울: IVP, 1989.

시편묵상

유목사의

노래가 성경이 되다

시편 1:1-6

찬송 430장

주야로 묵상할 말씀

"무릇 의인들의 길은 여호와께서 인정하시나 악인들의 길은 망하리로다" (1:6)

『시편』은 여러 명의 저자가 상당한 시간에 걸쳐 쓴 150편의 시들을 다섯 권으로 모은 방대한 시집입니다. 그렇기에 개개의 시들이 갖는 내용과 형식, 표현 등이 무척 다양하여서 "시편은 이런 이야기를 하는 책이야"라는 식의 설명을 하기 어렵게 합니다. 그럼에도 불구하고 많은 학자들은 시편을 성도가 살아가는 삶의 안내서라면 시편 1편은 시편 전체의 안내서 구실을 한다고 생각합니다. 그 이유는 시 1편에 명쾌하게 나타나는 두 갈래 인생길 즉 "복 있는 사람은 이러하다"로 시작하는 1-3절의 복된 인생과 "악인은 그렇지 않음이여"로 시작하는 4-5절의 망할 인생의 대비가 시편 전체의 바탕에 깔려있는 기조 주제이기 때문입니다. 복 있는 사람의 삶은 거목처럼 견고합니다. 하나님을 사랑하고 말씀을 즐거워하며 그분과 동행하니 흔들리지 않고 때가 되면 열매를 맺어 많은 사람을 풍성하게 해줍니다. 이 복된 사람의 다른 이름은 의인입니다. 복되다는 표현이 하나님과의 관계성과 내면의 행복에 초점을 맞추었다면 의로움은 타인과의 관계성과 도덕성을 부각시키는 호칭입니다. 의인의 대척점에 선 몹쓸 사람은 악인이고, 5절부터는 의인과 악인의 대조가 선명하게 그려집니다. 놀랍게도, 그 대조에서 두드러지는 것은 죄인들이 의인들의 모임에 끼지 못한다는 사실입니다. 솔직히 현실은 그 반대가 아닐까 하는 마음이 우리 속에 일어납니다. 악한 자들이 재물과 권력을 차지하고서는 자기들만의 울타리를 쳐서 선한 사람 의로운 사람들을 껴주지 않는… 그러나 오늘 성경말씀은 우리가 무의식중에 받아들이고 있는 그 관점을 송두리째 뒤집어 놓습니다. 복 있는 사람은 악인들의 무리에 섞이지 않지만(1절) 악인들은 의인의 무리에 끼지 못합니다. 그것이 악인들이 "저들만의 리그"를 만들어야 하는 진짜 이유입니다. 이렇게 시인은 불과 몇 줄로 의인과 악인에 관한 피상적인 이해를 역전시킵니다. 강해 보이는 그들이 사실은 바람에 흔적 없이 날려가는 겨와 같고, 그들의 인생길 마지막에는 거둘 것이 없습니다(6절). 우리 삶을 바꾸고 세상을 뒤엎을 수 있는 혁명적 시각입니다. 지위와 돈이 사람을 품위 있게 만든다는 생각을 버립시다. 의로움이 최고의 품위입니다. 의인의 길을 걷는 유익이 당장은 눈에 띄지 않을 수 있고 사람들이 비웃는 좁은 길로 느껴지겠지만 "의인들의 길은 여호와께서 인정"하십니다(6절). 이 이상의 칭찬이 어디 있습니까. 살다 보면 정말 누구도 내 생각 내 행동을 이해해

주지 못하는구나 하는 느낌에 적막해질 때가 있습니다. 그 때 우리를 안심시키는 것은 단 하나, 하나님이 아시면 됐지 하는 믿음입니다. 의인으로 사는 것이 대단한 영웅의 길이 아닙니다. 꾸준히 말씀을 읽고 묵상하면서 그 가르침대로 행하면 됩니다, 망설여질 때 내면의 소리에 귀 기울이고, 어려운 결정은 기도의 골방에서 씨름해 답을 얻으며 묵묵히 그 길을 걸으면 하나님께서 인정하십니다.

❗ 적용하기

1. 악인에게 휘둘리지 않도록 속사람을 강건히 하고 있습니까?

2. 말씀을 주야로 묵상하는 삶을 살려면 생활에 어떤 변화가 필요합니까?

🙏 오늘의 기도

부정직하고 악한 이들 가까이 살면서도 믿음의 길을 지킬 수 있도록 도와주시고 하나님이 인정하시는 선한 열매를 맺게 하여 주소서.

시편 2:1-12

찬송 357장

주야로 묵상할 말씀

"여호와께서 내게 이르시되 너는 내 아들이라 오늘 내가 너를 낳았
도다" (2:7)

시편 2편은 1편과 연결된 하나의 시로 읽어도 됩니다. 의인과 악인, 형통하는 삶과 멸망하는 삶의 극단적 대비라는 동일한 주제를 대칭적으로 묘사하기 때문입니다. 시편 1편이 "복되도다!"라는 감탄사로 시작해 복된 삶의 모습을 자세히 그려주는데 비해, 2편의 시작은 "도대체 왜?"라는 의문사를 써서 복된 인생의 반대지점에 선 삶을 묘사합니다. 어떻게, 여호와 하나님과 메시아(히브리어, 메시아흐 "기름부으신 자")를 대적하는 일에 인생을 소모할 수 있단 말입니까. 이 메시아가 누구인지를 그들이 몰라서 그렇습니다. 그분은 하나님의 아들이십니다. 하나님께서 만

유를 그에게 주시고 열국을 다스리며 심판하실 권세를 주십니다(7-8절). 심판의 날 그분은 쇠막대기로 질그릇을 깨듯 그를 대적한 자들을 깨뜨리십니다(9절). 그러니 군왕들은 자신의 권력에 취해있지 말고 하나님이 세우신 메시아 앞에 무릎을 꿇고 경배해야 합니다(10-12절). 이것을 깨닫고 하나님께 피하는 이들이 복된 사람들입니다(12절). 이 시는 너무나 분명한 사실을 모르는 이들, 잊고 사는 자들을 향한 깨우침의 말씀입니다. 악한 사람이 앞서가고 이익을 얻는 것 같지만, 결국은 망합니다. 이것이 현실보다 더 확실한 진실입니다. "망하리라." 시편 1편과 2편의 마지막에 위치한 (1:6; 2:12) 이 단어가 남기는 여운을 우리는 마음에 담아 두었다가, 세상에서 잘 나가는 악인들을 보면서 이 진리를 되새겨야 합니다. 시 73편을 쓴 아삽도 악인들이 승승장구하는 모습에 마음이 짓눌려 고통스러워하다가 하나님 계신 성전에서 그들의 최후를 깨닫고서야 자신을 추슬렀다고 고백합니다(시 73:16-17). 시편에서는 악인들이 의인을 조롱하는 모습이 자주 나옵니다. 시편에 등장하는 악인들 중 가장 고약한 자들을 가리키는 호칭이 "비웃는 자"인 것은 우연이 아닙니다. 그런 점에서 오늘 본문에서 하나님을 대적하는 자들을 보고 하나님께서 웃음을 터뜨리신다는 4절의 묘사는 사뭇 충격적입니다. 하나님의 마음을 인간의 감정에 비겨 짐작하는 것은 언제나 불완전하겠지만, 우리도 워낙 나쁜 사람 못된 짓을 보면 기가 차서 실소를 짓는 것을 연상하지 않을 수가 없습니다. 그 웃음은 불쾌감과 공분으로도 해소되지 않는 지점에서 튀어나옵니다. 물론 악한 자들도 하나님의 긍휼하심을 입습니다. 주께서는 의인과 악인에게 차별 없이 햇빛과 비를 허락하십니다(마 5:45). 악인을 오래 참아 주시고 회개할 기회를 주십니다(벧후 3:9). 그러나 악한 행위 악한 생각이 도를 넘으면 주께서 웃으십니다. 그 누구도 이 지점까지 가지 말아야 합니다. 기회가 있을 때 하나님의 긍휼하심을 구하며 돌아와야 합니다. 하나님을 저버린 이 세대가 그 무서운 심판의 자리에 가기 전에, 그리스도께서 심판주로 다시 오시기 전에, 주를 경외하고 섬기고 떨며 즐거워하는(11절) 자리에 나아올 수 있도록 우리가 설득하고 이끌어야 할 것입니다.

❗ 적용하기

1. 주님의 권능을 믿기에 마음에 담력을 얻고 있습니까?

2. 신앙에 대해 냉소적인 지인을 어떻게 대해야 합니까?

🙏 오늘의 기도

주님을 나를 도와주시는 분으로만이 아닌 전능하신 통치자로 인정하고 순종할 수 있도록 성령께서 늘 깨우쳐 주소서.

003

시편 3:1-8

찬송 356장

주야로 묵상할 말씀

"천만인이 나를 에워싸 진 친다 하여도 나는 두려워하지 아니하리 이다"(3:6)

이 시의 표제는 "다윗이 그의 아들 압살롬을 피할 때에 지은 시"입니다. 사람이 살면서 험한 일을 안 겪을 수는 없겠지만, 자기 아들에게 생명의 위협을 당해 도망치는 아버지의 처지에 가본 사람이 얼마나 되겠습니까. 다윗의 셋째 아들 압살롬은 자기 여동생 다말이 이복 형 암논에게 성폭행을 당하자(삼하 13:14) 복수를 계획하고 2년을 준비한 끝에 암논을 살해하고 이웃나라로 망명을 떠납니다. 아무리 이복형제간이라 해도 맏형인 왕세자를 살해하는 엄청난 일을 저질렀는데도 다윗은 아는 듯 모르는 듯 압살롬의 복귀를 허락합니다(14:23-24). 그럼에도 압살롬은 자기를 아껴 살려준 부왕 다윗의 등에 칼을 꽂는 반역을 일으킵니다. 다윗의 정치에 불만을 품은 사람들의 마음을 자기편으로 돌려놓는 준비작업을 거쳐 헤브론에서 반군을 동원해 예루살렘으로 진격합니다. 당대 최고의 전략가인 아히도벨까지 자기 편에 참모로 두었기에 압살롬은 승리를 자신했고 다윗과 측근은 패배의 두려움에 사로잡혀 피난길에 올랐습니다. 어제까지 머리를 조아리며 충성을 맹세하던 자들이 이제는 다윗을 조롱하고 침을 뱉었습니다. 용맹한 장수이자 정치의 달인, 천재적 예술가이자 신앙의 위인이었던 다윗, 하나님의 마음에 꼭 드는 사람이라 불리며 사랑받았던 다윗의 영광은 이제 과거지사가 되어 보였습니다.

이러한 상황에서 다윗이 의지할 곳은 여전히 그가 믿는 하나님뿐이었습니다. 그 심정을 고스란히 담은 것이 오늘 시편입니다. "여호와여 나의 대적이 어찌 그리 많은지요… 많은 사람이 나를 대적해 말하기를 그는 하나님께 구원을 받지 못한다 하나이다… 천만인이 나를 에워싸 진을 쳤습니다." 현실의 모든 징후는 다윗의 몰락을 가리켰지만 그는 하나님께 외쳤습니다. "여호와여, 당신은 나의 방패, 나의 영광, 내 머리를 드시는 분이십니다!"(3절) 주 앞에 나아가 울부짖은 다윗은 마침내 하나님께서 자신의 기도에 응답하셨다는 확신을 얻습니다(4절). "천만인이 에워싸 진을 쳐도 나는 두려워하지 않는다(5절)," "주께서 내 모든 원수의 뺨을 치시고 악인의 이를 꺾으셨도다(7절)." 아들에게 목숨을 위협받는 것이 고통이라면 반역죄인이 된 아들의 목숨을 거두는 것은 무어라 불러야 할까요. 압살롬의 반란으로 야기된 고통의 내러티브는 결국 "압살롬아 내 아들아" 통곡하는 다윗의 눈물로 마침표를 찍습니다. 그러나 우리는 기억해야 합니다. 다윗의 왕위는 자기 개인의 것이 아니라 하나님 나라 언약의 왕권이었고, 따라서 그에 대적해 맞선 자는 사랑하는 친아들이라 해도 "원수"로 부르기에 주저함이 없었다는 것을. 오늘 우리도 하나님의 도우심을 구하기에 앞서 내가 하나님의 편에 있는가를 주 앞에서 확인해야 합니다. 그것이 분명하다면, 우리는 천만인을 두려워할 필요가 없습니다. 구원은 여호와께 속했고 하나님은 주의 백성에게 복을 내리는 분이시기 때문입니다(8절).

적용하기

1. 마음에 있는 두려움을 어떻게 처리하며 삽니까?

2. 내 인생의 짐을 하나님께 맡겨드리는 훈련을 해나가고 있습니까?

오늘의 기도

힘과 지위를 지닌 사람들에게 위축되지 않도록 확신과 용기를 주시고, 말씀의 진리를 바로 알고 따를 수 있도록 영적인 분별력을 허락해 주소서.

시편 4:1-8

찬송 449장

주야로 묵상할 말씀

"주께서 내 마음에 두신 기쁨은 그들의 곡식과 새 포도주가 풍성할 때보다 더하니이다"(4:7)

이 시는 하나님을 신뢰하는 심경을 아름답게 표현합니다. "내가 평안히 눕고 자기도 하리니 나를 안전히 살게 하시는 이는 오직 여호와이시니이다(8절)." 어려움을 겪어본 적이 없는 사람이 갖는 순진한 낙관주의가 아닙니다. 다윗이야말로 험난한 인생을 살았고 무수히 많은 위험과 배신을 경험한 사람입니다. 주군이자 장인인 사울에게 쫓겨 청춘을 망명자로 살고 말년에는 아들의 반란으로 왕권과 생명마저 잃을 뻔한 다윗이라면, 인간을 의심하고 신앙에 냉소를 보내는 굳은 마음의 소유자가 되고도 남았을 터입니다. 그러나 그는 인생의 고비에서 늘 하나님을 의지했고 그때마다 위로와 해결을 얻는 삶을 살았습니다. "내가 부를 때에 응답하소서 곤란 중에 너그럽게 하셨사오니 내게 은혜를 베푸사 나의 기도를 들으소서 (1절)"는 인생의 난관에 부딪친 사람이 펼쳐볼 기도의 매뉴얼과도 같습니다. 한 사람의 믿음은 위기에서 그가 무엇을 의지하는 지, 누구에게 도움을 청하는지를 보아 가늠할 수 있습니다. 다윗의 시대는 험악했습니다. 여러 사람이 "누가 우리에게 선한 것을 보여 주리요?"라며 탄식했습니다(6절). 우리 시대가 더 나아졌는지 자신이 없습니다. 언론매체는 우리 앞에 온갖 흉악한 소식을 쏟아냅니다. 사람이 다치든 죽든 상관없이 이익만 추구하는 행태를 보고 있자면 "다음엔 내 차례일 수 있겠구나" 불안감이 스멀스멀 올라옵니다. 악행을 막아내야 할 이들이 비리에 분주하고, 억울함을 풀어줘야 할 자들이 뻔뻔스레 정의를 굽히는 것을 보자면 "인생들아 어느 때까지 헛된 일을 좋아하고 거짓을 구하려는가!"(2절) 탄식하게 됩니다. 3000년전 다윗의 때나 오늘 우리 때나 인간에게는 누추하고 사악한 모습이 있습니다. 하나님께서는 그러한 세상에 하나님의 뜻을 알리고 우리가 마땅히 그리 되어야 할 삶을 보여주기 위해 당신의 사람들을 세우십니다. "여호와께서 자기를 위하여 경건한 자를 택하신 줄 너희가 알지어다"(3절). 이것이 성도입니다. 세상의 추한 모습에 절망하지 않고 그것을 화폭으로 삼아 고상하고 아름다운 삶의 모습을 그려내는 사람들입니다. 하나님을 경외하여 범죄하지 않고, 자리에 누우면 심중에 묵상이 있고, 주 앞에 의로운 제사를 드리고 하나님을 의지하는 삶 — 참으로 멋진 신앙인의 모습이 아닙니까?(4-5절) 이러한 사람은 하나님의 얼굴이 비추어진다는 말의 의미를 압니다(6절). 하나님께서 제사장들을 통해 성도들을 축복하신 내용이 바로 그것

이지요: "여호와께서 네게 복을 주시고 너를 지키시기를! 여호와께서 그의 얼굴을 네게 비추사 은혜 베푸시기를! 여호와께서 그 얼굴을 그대들에게 향하여 드사 평강 주시기를!"(민 6:24-26) 이 복을 누려본 이는 압니다. 사람들이 풍년을 맞아 기뻐하는 그 기쁨보다도, 하나님을 의지하고 그분의 임재를 경험하며 그 안에서 평강과 안전을 누리는 사람의 기쁨이 비할 수 없이 크다는 것을!

적용하기

1. "포도주와 곡식" 없이도 기쁨을 누리는 경험을 하고 있습니까?

2. 주위의 불의와 모순들을 극복하기 위해 어떻게 주님과 의논하십니까?

오늘의 기도

저의 연약함을 아시는 주님, 제 속사람을 강건케 해주시고 인격의 너비를 더해 주셔서 주님 안에 평강을 누리고 나눌 수 있게 하옵소서.

005

시편 5:1-12

찬송 279장

주야로 묵상할 말씀

"여호와여 아침에 주께서 나의 소리를 들으시리니 아침에 내가 주께 기도하고 바라리이다" (5:3)

시편 5편은 아침기도문입니다. "아침에 내가 주게 기도하고 바라리이다." 하루를 시작하며 상쾌하게 주님과 함께… 그것이 모든 성도의 바램이겠지요. 그러나 오늘 시인(다윗)은 자기 말에 귀를 기울여 그 심정을 헤아려 달라고, 부르짖는 소리를 제발 들어달라고 호소합니다. 사람을 만나서는 인사를 나누고 형편을 묻는 예의를 갖출 여유도 없이 자기 억하심정을 쏟아놓는 모습입니다. 우리가 다 살면서 그런 순간을 경험합니다. "어떠세요?" "괜찮습니다, 살 만합니다"라는 대화를 할 수 없고, 눈물을 삼키며 꺼이꺼이 온몸으로 울어야 하는 그 때, 우리는 시편 5편의 상황을 몸으로 실연하고 있습니다. 시인을 이토록 힘들게 만드는 상황은 무엇일까요? 몸의 질병도 사업의 실패도 아닌, 다름 아닌 "원수들"의 존재입니다. 말도 행동도 악한 사람들. 피 흘리기를 즐기고 입술에는 거짓을 달고 사는 사람들. 시인의 묘사는 참으로 신랄합니다. "그들의 마음은 심히 악하고 그들의 목구멍은 열린 무덤과 같습니다(9절)." 이 악인들을 어떻게 처리해야 할까요? 시인은 복수를 위한 능력이나 도구를 구하지 않습니다. 하나님께 그들을 맡깁니다. 여기에 한 가지 비밀이 있습니다. 바로 시인이 악인들을 자신이 싫어하는 사람으로 머물게 두지 않고, 하나님이 싫어하시는 사람으로 정의하고 있다는 사실입니다: "여호와께서는 피 흘리기를 즐기고 속이는 자를 싫어하십니다(6절)." 자신의 원수를 하나님의 혐오가 향하는 대상으로 정의한다는 것은 그만큼 시인이 하나님의 마음에 가까이 있고 하나님의 생각을 잘 알고 있다는 증거일 것입니다. 우리는 "나를 괴롭히는 저 사람좀 패 주세요"라고 기도할 수도 있습니다. 그러나 "하나님 저 악한 사람, 주님 눈에도 못 봐주시겠지요?" 하고 하나님 앞에 문제를 넘겨 드리는 것은 참으로 대담한 믿음의 표현입니다. 8절에 "나의 원수들"은 적수라는 의미보다 "감시자"라 옮기는 것이 적절한 단어입니다. 내 흠을 찾으려 기를 쓰는 사람의 존재란 얼마나 불편합니까? 아무리 강심장인 사람도 자기 주위에 있는 누군가가 자기를 싫어하고 무시하면 위축이 되는 법입니다. 오늘 시인은 하나님께 의미심장한 간구를 합니다. "하나님, 날 째려보는 사람이 있으니 제가 똑바른 길 가게 해 주세요." 이 기도는 사람을 살리는 기도입니다. 이 세상에 흠 없이 완벽한 사람이 어디 있겠습니까만, 시인이 간구하는 것은 완벽함이 아닙니다. 알고도 계속하고 감추는 죄. 세상 기준으로도 비난받아 마땅한 죄행을 피하게 해달라는 간구입니다. 우리도 이렇게 기도하고 살아가야 합니다.

❗ **적용하기**

1. 악인들에게 무관심하지 않고 하나님 앞에 기도하여 맡기고 계십니까?

2. 위기상황에서 하나님을 의뢰하는 훈련을 어떤 방식으로 하고 있습니까?

🙏 **오늘의 기도**

살면서 악한 행동들을 마주칠 때마다 주님께 중보하게 하시고 그들을 반면교사 삼아 믿음의 길을 바로 걷게 하소서.

시편 6:1-10

찬송 300장

주야로 묵상할 말씀

"악을 행하는 너희는 다 나를 떠나라 여호와께서 내 울음소리를 들으셨도다" (6:8)

시인이 처한 곤경은 분명히 심한 질병을 포함하고 있습니다. 몸이 수척해지고 뼈가 떨린다는 고백은 단순히 정신적 고통의 비유적 표현은 아닐 것입니다(2절). 바로 이어지는 3절에서 자신의 영혼도 심히 떨린다고 고백하는 것을 보아도 그렇습니다. 극심한 피로, 슬픔, 근심, 시력저하 등 심각한 증상들이 기록되어 있습니다. 더 속상한 것은 자신의 와병을 두고 원수들이 기뻐하고 그 틈을 타 침략을 준비한 것입니다(7,10절). 다윗은 자신이 이번에는 자신이 죽을 수 있음을 받아들이고 죽음 이후를 생각합니다. "사망 중에서는 주를 기억하는 일이 없사오니 스올에서 주께 감사할 자 누구리이까?(5절)" 얼마나 깊은 믿음인지 감탄스럽습니다. 임사체험(near-death experience)에 관한 보고들을 보면 죽음의 위협을 감지한 사람의 두뇌는 평소와 다른 방식으로 정보를 처리한다 합니다. 생명의 존속과 직결되기 때문에 모든 감각이 깨어나고 상세한 정보까지 각인하다보니 단위시간당 정보 밀도가 높아져 위기의 순간이 영화의 슬로모션처럼 기억된다는 것입니다. 죽나보다 하는 순간 과거의 기억이 주마등처럼 재생되는 것을 경험하는 경우도 많습니다. 또 한 가지 흔한 것이, 남기고 갈 식구들 걱정과 이것저것을 해 뒀어야할 것을 하는 아쉬움들이라 합니다.

그러나 자신의 죽음을 감지한 다윗의 마음을 뒤흔드는 것은 자식에게 왕권을 물려줄 걱정도, 나라살림 염려도, 저지른 일의 후회나 못해본 경험의 아쉬움도 아닙니다. 죽으면 주님과의 이 사귐도 끝나버리는 것인가, 그것이 걱정이라는 겁니다. "내가 죽어 스올에 가있으면 주님을 알아보지도 못하고 감사하지도 못하지 않겠습니까"라며 안타까워합니다. 구약의 세계관에서 죽음 이후의 상태는 세밀한 설명이 없습니다만, 스올은 인격체의 의식이나 활력이 없는 망각의 공간으로 묘사됩니다. 살아서 주를 사랑했으니 죽어서도 주를 떠나고 싶지 않다. 그것이 불분명하다면 죽음을 맞고 싶지 않다며 탄식하고 애통하는 이 사람을, 하나님께서 아직은 차마 부르실 수 없었던가봅니다. 다윗은 생기를 되찾아 일어났습니다. "여호와께서 내 간구를 들으셨음이여!"(9절) 그의 몰락과 죽음을 기대하고, 다윗 사후에 얻을 이익들을 챙기려 분주하던 원수들은 다윗이 일어나자 그를 볼 면목이 없게 되어 떨고 부끄러워하며 물러가고 말았습니다(10절). 생명의 창조자와 주인이신 그분을 믿은 이, 그분과의 사귐이 그 무엇보다 소중해 죽음에게도 기회를 주고 싶지 않아했던 이 사람의 인생이 얼마나 복된지요. 우리의 외침도 이처럼 하나님의 귀에 늘 들려지기를.

적용하기

1. 고통을 당할 때 악감정 없이 하나님께 기도하는 훈련을 하십니까?

2. 나를 둘러싼 "원수들"이 부끄러움을 당하게 하려면 무엇에 집중해야 합니까?

오늘의 기도

혼자 지기 어려운 인생의 무게를 실감할 때마다 우리 짐을 지시는 하나님께 간구하여 해답을 얻는 믿음의 사람 되게 하소서.

007

시편 7:1-17

찬송 397장

주야로 묵상할 말씀

"여호와여 나의 의와 나의 성실함을 따라 나를 심판하소서" (7:8)

8절에 기록된 기도는 사뭇 충격적입니다. 죄인인 우리가 어찌 거룩하신 하나님 앞에서, 그의 불꽃같은 눈앞에서, 감히 우리의 의와 성실함을 내세우며 심판해달라고 요청할 수 있단 말인가! 맞습니다. 우리는 자신의 의와 성실함을 내세울 수 있는 존재가 못됩니다. 그렇다면 이 시인의 기도를 어떻게 이해해야 할까요? 자신의 의를 언급하며 그 의에 근거해서 하나님의 판단(심판)을 요청하는 기도문은 7:8 말고도 시편 여러 곳에 나옵니다. 이들 구절들은 몇 가지 공통점이 있습니다. 첫째, 시인은 원수에게 시달리는 상황에서 하나님께 나아옵니다. 아무런 갈등이 없는 평상시의 상황에서 "하나님, 나를 한 번 평가해 주세요!"라고 말하지 않습니다. 자신을 부당하게 괴롭히는, 특별히 근거 없는 말로 비방하는 적수가 있고, 그들의 거짓됨이 자주 언급됩니다. 둘째, 시인은 자신의 심판(판단)과 함께 원수의 심판(판단)을 요청합니다. 셋째, 시인은 심판하시는 하나님의 의로우심을 의지하기에 "의로우신 재판장(11절)"이란 표현을 즐겨 씁니다. 결국 시인이 요청하는 것은 악한 원수와 자신 사이에 하나님께서 판사가 되셔서 공정한 판결을 내려달라는 것입니다. 우리 그리스도인들이 이런 "심판요청"의 시들에서 당혹감을 느끼는 이유는, 우리가 죄와 심판을 우리가 피고의 자리에서 맞이하는 형벌적 법정으로 이해하기 때문입니다. 그러나 이들 시편이 전제한 심판은 우리가 원고의 입장에서 하나님 앞에 억울함을 호소하는 법정에 해당합니다. 씨 에스 루이스(C. S. Lewis)는 이 대비를 기리켜 시편에서 심판은 민사소송인 반면 신약에서 하나님의 심판/재판은 형사소송에 해당한다고 통찰력 있게 지적했습니다. 이 차이점을 염두에 두고 본문 속으로 들어가 보면 얼마나 공감이 가는지 모릅니다. 나를 쫓아오는 자들(1절), 악을 잉태하고 죄를 낳는 자들(14절: "재앙"의 원문은 재난 혹은 악을 뜻합니다), 억울한 사람을 잡으려 함정을 파는 자들(15절)이 있습니다. 다윗은 이들에게 찢기고 뜯기기 일보직전까지 갔습니다(2절) — 건져낼 이가 없었다면 정말 그렇게 되었을 것입니다. 그러나 그 분이 도우실 것을 시인은 믿고 고백합니다. 이런 이유로 인해 "나의 의로움을 따라… 심판하소서"의 틀을 갖는 시들은 그 비장함에도 불구하고 해피엔딩으로 마칩니다. 악인은 자신이 판 함정에 빠지고, 시인이 당하기를 원했던 재앙을 자기 머리에 붓고 맙니다(15-16절). 시인은 이것이 하나님의 의로움에서 필연적으로 나올 결과임을 알기에 그분을 의지하고 안심합니다. 아직 상황이 어떻게 종료

되었는지 말할 틈도 없이 시인은 하나님의 의로우심과 그에 따라 내려진 판결에 감사하고 지존자이신 하나님께 찬양을 드립니다(17절). 우리에게도 이러한 "원수"가 있다면 우리 역시 "우리의 믿음을 따라 우리를 판단해 달라"는 고백을 드릴 것입니다. 그리고 그분의 판결을 미리 의지하고 감사의 찬양을 드릴 것입니다. 우리가 "우리 의에 따라" 심판을 요청하면, 하늘 재판관께서는 "그분의 의에 따라" 판결해 주십니다. 그분을 믿고 온전히 맡깁시다.

❗ 적용하기

1. 고난의 시간에 억울함을 느낄 만치 오늘 나의 삶에 충실하고 있습니까?

2. 어려운 순간 기도를 방해하는 요소들을 어떻게 제거할 수 있습니까?

🙏 오늘의 기도

잘못한 일 없는 성도들에게 고난을 안기고 기뻐하는 주의 대적들을 당신의 손에 맡기오니 주의 눈에 옳은 대로 행하여 주소서.

008

시편 8:1-9

찬송 33장

주야로 묵상할 말씀

"여호와 우리 주여 주의 이름이 온 땅에 어찌 그리 아름다운지요 주의 영광이 하늘을 덮었나이다" (8:1)

　자연의 아름다움은 시심을 자극합니다. 동서고금을 막론하고 경치 좋은 곳에서 마음이 움직여 써진 시가 수없이 많습니다. 경치를 노래하다 보면 사람을 생각하게 됩니다. 고향 땅이면 어릴 적 추억이 새롭고, 어릴 적 생각하니 돌아가신 부모님이 그립고, 눈물나게 아름다운 절경 앞에선 이 멋들어진 땅에 살면서 세상은 왜 이 모양인가… 그렇게 시상은 이어져 나갑니다. 그런데 구약의 시편을 보면 자연의 아름다움이 시인으로 하여금 그것을 지으신 창조주를 생각하도록 만드는 것을 봅니다. 이론적인 신학이 아니라 감성 속에 녹아든 진한 신앙이 바로 그런 것입니다. 무엇이 나를 자극하든, 그것이 기쁨이든 외로움이든 분노든 감탄이든, 만 가지 심상이 다 하나님에 대한 묵상과 찬탄, 경배로 이어지는 것이 성경적 미학의 끝점일 것입니다.

시편 8편은 자연-인간-하나님으로 이음매 없이 전환되는 시상의 전개라는 면에서 교과서적입니다. 하늘과 달과 별을 보고(3절) "사람이 무엇이기에 주께서 그를 생각하시고 인자가 무엇이길래 주께서 그를 돌보십니까(4절)"라고 감격하는 이 전환은 불친절할 정도로 급격합니다. 밤하늘 어두움의 가늠할 수 없는 깊이라든가, 달빛이 어루만지는 성벽의 질감이라든가, 끓는 물처럼 일렁이는 별빛이라든가 하는 식으로 자신이 본 자연의 아름다움을 전달하려 애쓰지 않습니다. 하늘과 달과 별은 그 자체로서 감탄을 자아내는 존재가 아니라 그것이 "주의 손가락으로 만드신(3절)" 것이기에 시인의 마음을 창조주께로 향하게 하는 표지판으로만 작동하고 있습니다. 많은 시에서 피조세계의 아름다움, 질서, 조화를 강조하는 데 쓰이는 나열의 기법도 (만물 곧 소, 양, 들짐승, 새, 물고기; 6-8절 참조) 이 시에서는 단지 하나님께서 인간에게 만물을 다스리는 권세를 주셨다는 창세기 창조기사의 논지를 되풀이하는 것으로 보입니다.

시인의 생각이 하늘과 달과 별에 좀 더 머물지 않고 "사람이 무엇이길래"로 옮겨가게 하는 동력이 무엇일까요. 아마도 그 답은 인간이 하나님 형상으로 창조되었다는 성경의 근원적 인간관에서 찾아야 할 것입니다. 사람이 하나님의 자리를 탐내서는 안 되지만, 사람이기에 마땅히 지녀야 할 자긍심과 고결함을 버려서도 안 된다는 뜻입니다. 종교들은 사람더러 신이 되라고 유혹합니다: "너희도 하나님처럼 될 수 있다." 에덴에서 뱀이 했던 유혹 이래 무수히 되풀이된, 새로울 것 없는 거짓말입니다. 어떤 철학은 사람에게 너는 동물일 뿐이라고 가르칩니다. 그럴 수 없습니다. 인간은 하나님께서 정해주신 그 자리에 있어야 존귀하고 행복합니다. 흙으로 빚어 우리를 만드시고 당신의 숨결을 불어넣어 주신 하나님께서, 우리 머리에 영광과 존귀의 관을 얹어주시고 모든 피조물을 다스리도록 하셨습니다. 하나님의 이름이 온 땅에 이처럼 아름답다고 노래하는 것이 당연하지 않습니까.

❗ 적용하기

1. 놀라울 것 없는 일상에서도 주님의 영광을 읽어내는 마음의 훈련을 하고 계십니까?

2. 연약한 나의 존재가 어떻게 주의 영광을 드러내 보입니까?

🙏 오늘의 기도

눈으로 보고 귀로 듣는 모든 것을 하나님을 묵상하는 재료로 쓸 수 있는 성화된 감수성을 주셔서 주의 대적들을 침묵시킬 수 있게 하소서.

시편 9:1-20

찬송 395장

주야로 묵상할 말씀

"여호와여 그들을 두렵게 하시며 이방 나라들이 자기는 인생일 뿐 인 줄 알게 하소서" (9:20)

이 시는 하나님을 믿지 않는 이방 나라들을 정죄하고 있습니다. "이방 나라들은 자기가 판 웅덩이에 빠짐이여(15절),"혹은 "악인들은 스올로 돌아감이여 하나님을 잊어버린 모든 이방 나라들이 그리하리로다(17절)" 등의 진술은 오늘 우리의 신앙적 감수성으로는 받아들이기 힘들어 보입니다. 그러나 우리는 이런 진술들을 다원주의가 발언권을 높여가는 21세기의 종교관이 아닌 고대 이스라엘 시인의 관점에서 살펴야 합니다. 시인에게 이방 나라와 이방인의 구별은 사실상 무의미하며, 이방 나라란 하나님을 알려고도 하지 않고 이스라엘의 신앙과 삶을 깔아뭉개려 하는 조직화된 적대세력을 가리킨다는 점을 고려해야 합니다. 그래서 시인은 이방나라들이 자신과 이스라엘에게 준 고통을 상기시킵니다. "주여 나를 미워하는 자에게서 받[은] 나의 고통을 보소서(13절)."

하나님은 시인의 기도를 들으셨습니다. 원수들은 물러갔고(3절) 존재감이 사라졌습니다(5-6절). 적국의 수많은 성읍들을 무너뜨리신 하나님은 과연 압제 당하는 자의 요새이시라는 고백이 절로 나왔습니다(9절). 우리는 시인이 기뻐하는 이유가 단지 이스라엘의 승리에 있지 않다는데 주목해야 합니다. 시인은 이스라엘의 승리를 넘어 하나님의 공의로운 심판을 보았습니다: "주께서 나의 의와 송사를 변호하셨으며 보좌에 앉으사 의롭게 심판하셨나이다(4절)," "공의로 세계를 심판하심이여 정직으로 만민에게 판결을 내리시리로다(8절)." 이스라엘 백성이 기억하고 불러야 할 노랫말이 무엇일까요? 하나님께서 자기 백성을 기억하시고 돌보신다, 당신의 백성이 고통 중에 하나님을 찾을 때 들으시고 기억하사 행동하신다, 그리고 하나님을 알려하지 않는 이방 나라들은 결국 따라야 할 모범도 비켜가야 할 것에 대한 경고도 받지 못하고 스스로를 우상으로 삼는 길로 나아갈 수밖에 없다, 그러한 길을 결국 하나님께서는 심판하셔서 "인생으로 승리를 얻지 못하게 하시고 이방 나라들이 주 앞에서 심판을 받게" 하신다, 그러한 내용일 것입니다. 이것은 이방 나라들을 향한 직접적 경고이자, 이 시를 읽는 성도들을 향한 권면입니다. "여호와여 일어나사 인생으로 승리를 얻지 못하게 하시며 이방 나라들이 주 앞에서 심판을 받게 하소서! 여호와여 그들을 두렵게 하시며 이방 나라들이 자기는 인생일 뿐인 줄 알게 하소서!"(19-20절) 인간됨의 역설적 진리입니다. 인간 이상의 존재가 되려 할 때 우리는 인간 이하로 내려가며, 자신이 그저 인간일 뿐임을 겸손히 인정할 때 우리는 최선의 인간이 됩니다. 세례 요한이 구주 그리스도를 소개할 때 썼던 문구가 생각납니다: 이 사람을 보라!

❗ 적용하기

1. 그리스도의 삶을 더 잘 알고 묵상하기 위해 무엇을 하고 있습니까?

2. 단지 신앙을 가졌다는 이유로 손해를 보는 상황을 만나면 어떻게 대처합니까?

🕯 오늘의 기도

우리는 연약합니다. 당신의 자녀된 우리들을 대적하는 무리들을 살펴 보시고 우리를 보호하시며 저들의 악한 생각들을 좌절시켜 주소서.

시편 10:1-18

찬송 447장

주야로 묵상할 말씀

"여호와여 일어나옵소서 하나님이여 손을 드옵소서 가난한 자들을 잊지 마옵소서"(10:12)

이 시편은 악과 악인에 관한 성찰로 가득합니다. 첫 번째 요소는 악행의 묘사입니다. 악인은 가련한 자를 압박하고(2절) 그들을 덮칠 기회를 찾습니다(8-9절). 동네 으슥한 곳에 숨었다가 무죄한 자를 죽이는데, 우발적으로 벌어지는 과실치사가 아니라 매복했다가 행인을 잡아채는 계획된 살인입니다(9-10장). 악인의 성품은 어떠합니까? 욕심을 남들에게 자랑하는 탐욕스런 성품입니다(3절). 지나가는 행인을 덮치는 노상강도인데 사전에 보아둔 은밀한 장소에 그물을 준비해 기다리는(9절) 치밀한 범죄 마인드를 갖고 있습니다. 시인은 악인의 외적 범행보다도 그 성품과 내면의 동기에 더 깊은 관심을 기울이고 있습니다. 악인은 교만합니다. 그가 입을 열어 말하는 내용을 보십시오. "나는 흔들리지 아니하며 대대로 환난을 당하지 아니하리라(6절)." "여호와께서 감찰하지 아니하신다, 하나님이 없다(4절)." 시인은 악인의 마음속도 살핍니다: "그가 그의 마음에 이르기를 하나님이 잊으셨고 그의 얼굴을 가리셨으니 영원히 보지 아니하시리라(11절)." 악인의 말과 생각을 관찰한 시인이 속이상해 하나님 앞에 읍소합니다: "어찌하여 악인이 하나님을 멸시하여 그의 마음에 이르기를 주는 감찰하지 아니하리라 하나이까?(13절)" 이런 악인이 득세하고 있는 이유가 무엇입니까? 하나님의 심판이 너무 멀리 있기 때문입니다(5절, "주의 심판은 높아서 그에게 미치지 못하오니"). 하나님을 두려워하지 않으니 누구를 두려워 하겠습니까? 후대의 지혜 스승인 전도자는 "악한 일에 관한 징벌이 속히 시행되지 아니하므로 인생들이 악을 행하는 데에 마음이 담대하도다(전 8:11)"라고 탄식한 것을 봅니다. 시인은 그 사슬을 속상해하며 하나님께 호소합니다: "여호와여 일어나옵소서 하나님이여 손을 드옵소서 가난한 자들을 잊지 마옵소서(12절)." 잊지 마시라는 호소는 하나님의 기억을 전제합니다. 하나님은 이전부터 ("벌써부터," 14절) 고아를 도우시는 분이십니다. 아예 "나는 고아와 과부의 하나님이다"라고 선언하신 분이십니다. 그 사실을 믿고 외로운 이들이 주를 의지하기에 주께서 어서 일하셔서 악인의 팔을 꺾고 그가 한 일들을 낱낱이 헤아려 주셔야 한다는 호소입니다(14-15절). 우리에게 위로가 되는 것은, 악인이 아무리 대단해 보여도 그는 결국 "세상에 속한 자"로서 이 세상과 더불어 하나님의 시간표 상에서 유효기간이 정해져 있는 존재라는 사실입니다(18절). 따라서 영원을 바라보는 성도는 악인의 형통 때문에 좌절하거나 냉소적으로 변하는 대신에 시편 10편의 시인과 더불어 이렇게 고백해야 할 것입니다: 여호와여 주는 겸손한 자들의 소원을 들으시나이다.

❗ 적용하기

1. 하나님을 멸시하는 악한 자들을 일상에서 대면하며 살아가십니까?

2. "악인의 팔을 꺾으소서"와 같은 기도를 우리 삶속에 어떻게 응용할 수 있습니까?

🙏 오늘의 기도

하나님을 대적해 스스로 높아진 이들을 회개하게 하시고, 도와줄 사람이 없는 연약한 이들을 위해 저희를 사용하시되 주의 능력의 손으로 함께 하여 주의 뜻을 이뤄 주소서.

011

시편 11:1-7

찬송 449장

주야로 묵상할 말씀

"여호와는 의로우사 의로운 일을 좋아하시리니 정직한 자는 그의
얼굴을 뵈오리로다" (11:7)

    길지 않은 이 시가 형태적으로는 복잡해 보이는 이유는 시인이 자신이 바라본 현실과 그 타개책을 생각의 흐름에 따라 표현하고 있기 때문입니다. 신앙과 도덕이 무너진 세대를 보며 비탄에 잠긴 시인의 고백이 1-3절을 지배한다면 4-7절은 하나님을 향해 고백하는 신뢰시의 성격과 하나님의 능력으로 상황을 바로잡아달라는 기대를 표현하는 탄원의 성격이 융화되어 있습니다. 견고한 신앙은 치열한 인식을 전제로 합니다. 하나님을 능력을 믿는다 해서 우리의 수고가 불필요하지 않은 것처럼, 하나님의 섭리를 믿는다 해서 현실을 파악하는 노력을 게을리 할 수

없는 이치입니다. 시인은 자신의 시대를 정직하게 대면했고 사회의 기초가 붕괴되었다는 결론에 도달했습니다. 시인의 고백은 간결하고도 무겁습니다: "터가 무너졌으니 의인이 무엇을 하랴!" 이 탄식을 내뱉는 지점에서 시인은 기대와 투지를 포기할 수도 있었을 것입니다. 하지만 시인은 현실을 넘어 다른 곳을 바라봅니다. 바로 하나님의 성전입니다. 거기 좌정하신 야웨 하나님에게 시선을 고정하자 그의 생각이 바뀌기 시작했습니다.

늘 다니는 길에 기계식 세차장이 있습니다. 공간이 좁아서인지 차는 가만히 서있고 거품노즐, 강풍 건조기 등 장치가 부착된 암(arm)이 차 길이방향으로 왕복하며 세차하는 방식입니다. 이곳에서 세차할 때마다 관점에 대해 생각하게 됩니다. 분명히 차는 정지해 있고 세차장비가 앞뒤로 오가는데, 그 움직이는 암을 쳐다보고 있으면 차가 앞뒤로 움직인다고 믿게 되고 정말로 움직이는 차에 탄 듯한 몸의 느낌을 경험합니다. 그런데 그 순간 시선을 옮겨서 차가 서 있는 외벽에 눈을 고정시키면, 놀랍게도 이제는 제 몸이 쉬고 있는 느낌이 들고 암의 움직임이 환히 보인다는 것입니다. 이것이 관점의 힘입니다. 악인들이 판치고 의인들을 조롱하고 "마음이 바른 자를 어두운 데서 쏘려 하는" 세대에 눈을 맞추면 "터가 무너졌으니 의인이 무엇을 하랴(11:3)"는 탄식에 도달할 수밖에 없습니다. 다행하게도 시인은 3절에 머물지 않았고, 눈을 옮겨 야웨 하나님의 성전에 시선을 고정했습니다. "의인을 감찰하시고 악인과 폭력을 좋아하는 자를 마음에 미워하시는(5절)" 하나님을 묵상하다가 하나님께서 악인들을 그물로 잡고 "불과 유황과 태우는 바람"을 그들의 잔에 채우시는 광경을 떠올립니다. 그리고 마침내 하나님께서 이 시대를 바로잡아 주시리라는 소망을 키우게 됩니다. 하나님께서 다스리시는 세상에서 의인은 무슨 유익을 얻겠습니까? 놀랍도록 단순합니다. "여호와는 의로우사 의로운 일을 좋아하시나니 정직한 자는 그의 얼굴을 뵈오리이다(7절)." 그것입니다. 의인의 복은 하나님의 인정이요 하나님의 얼굴을 뵙는 것입니다. 예수님께서도 마음이 청결한 자가 복되니 그들이 하나님을 보리라 하셨습니다. 한탄할만한 세태이지만, 하나님 뵙기 원하는 소망을 일깨웁시다.

❗ 적용하기

1. 악한 의도를 갖고 무고한 이를 괴롭히는 사람을 어떻게 처리합니까?

2. 오늘날 어떤 경로로 하나님의 얼굴을 뵙는 체험을 할 수 있습니까?

🙏 오늘의 기도

주님을 위해 감내한 고통을 알아볼 줄 모르는 이들에게 상처받지 않게 해 주시고, 약속하신 말씀대로 의로운 삶의 노정에서 하나님 얼굴을 뵙는 감격을 허락하여 주소서.

시편 12:1-8

찬송 191장

주야로 묵상할 말씀

"여호와의 말씀은 순결함이여 흙도가니에 일곱 번 단련한 은 같도다" (12:6)

이 시는 도움을 간청하는 외침으로 시작합니다. "도우소서"로 번역된 단어(히, 호시아)는 구해달라, 살려달라로 옮겨도 무방합니다. 어떤 상황이기에 살려달라, 구해달라고 간청하고 있을까요? 세상에 경건한 자(하시드)가 사라지고 진실한 사람들이 보이지 않아서랍니다! 통장잔고가 0원이어서, 가게에 불이 나서, F 학점이 나와서가 아니라 주위를 둘러봐도 하나님의 진실함과 견고함을 지닌 사람을 볼 수 없어서 시인이 절망하고 있는 것입니다. 역설적으로, 이런 신앙인이 있었고 이런 고백이 우리에게 말씀의 유산으로 주어져 있다는 것이 얼마나 큰 위로인지 모르겠습니다. 이러한 고백을 할 수 없는 세대는 패역한 세대입니다. 시인이 바로 동일한 시에서 자신의 시대를 "비열함이 인생 중에 높임을 받는 때"라고(8절) 부른 것이 당연합니다. 경건한 이들 진실한 사람들이 설 땅이 없게 하는 세대는 자동으로 "누추한 것을 떠받들어주는 세대"가 될 수밖에 없기 때문입니다. 악명도 명성이다라고 공공연히 말하는 세대, 사적으로 부끄러워해야 할 행동들조차도 SNS에서 주목받으면 인기가 오르는 우리 시대에 참으로 적절한 표현입니다. 이런 세상을 지배하는 것은 당연히 악한 자, 거짓된 자들입니다. 거짓되고 악하게 행동해도 "잘 살아지니" 자신감을 얻고 교만해집니다. 그래서 그들은 이렇게 외칩니다: 우리의 혀가 이기리라! 참으로 가슴 먹먹해지는 한 마디입니다. 현실에선 그 말이 맞아 보이니 진실한 자는 더욱 고통스럽습니다. 이 땅에서 성공하려면 영악해야 하고 거짓말과 아첨을 잘 해야 한다는 것이 상식이 되다보니 진리이신 주님께서는 우리가 진리를 알면 진리가 우리를 자유하게 해준다고 선포하셨는데도 우리는 진리를 귀찮아하면서 진리 대신 편리를 좇아 살고 있습니다.

　이러한 암울한 상황에서 빛은 어디에 있을까요? 지극히 원론적인 대답이지만 오직 하나님께만 해답이 있습니다. 진리 그 자체이신 하나님께서는 거짓을 미워하십니다. 하나님의 말씀은 순결합니다. "풀은 마르고 꽃은 시드나 우리 하나님의 말씀은 영원히 서리라(사 40:8)." 그 하나님께서 아첨하는 입술과 자랑하는 혀를 끊으십니다. 거짓을 힘으로 삼는 이들에게 치여 "가련한 자들, 궁핍한 자들"로 살아가는 믿음의 사람들에게, 친히 일어나 그들을 안전지대로 옮기시겠다는 약속을 주십니다(5절). 순은과도 같은 말씀의 정수를 마음에 품고 지키는 이들은 하나님께서 지키시고 "이 세대로부터 영원까지 보존"하십니다(7절). 그러나 시인은 이 영광스런 약속으로 시편을 마무리짓지 않습니다. 8절은 이 시에 공감하는 주의 사람들이 살아가야 하는 현실은 여전히 누추하고 악인들을 여전히 날뛴다는 것을 기억시킵니다. 그렇습니다. 우리는 광야의 세대를 삽니다. 우리는 좁은 길을 걸어가는 사람들입니다.

❗ 적용하기

1. 사람들의 거짓과 아첨을 보며 낙망하지 않고 진리의 말씀으로 대응하려 애쓰십니까?

2. 성경 말씀을 대할 때 도가니에 정련한 은처럼 귀하게 여기며 읽고 묵상하십니까?

🙏 오늘의 기도

진리이신 하나님. 우리는 연약하지만 주께서 우리를 안전지대로 옮기시고 보존하심을 믿고 감사합니다. 순결한 주의 말씀을 다시 깨닫고 의지하여 오늘 거짓과 불의로 가득한 이 세상을 이겨내게 하소서.

013

시편 13:1-6

찬송 292장

주야로 묵상할 말씀

"나는 오직 주의 사랑을 의지하였사오니 나의 마음은 주의 구원을 기뻐하리이다" (13:5)

"어느 때까지니이까?" (히, 아드 아나)는 탄식의 시편에 종종 쓰이는 간곡한 표현입니다만, 이 시에서처럼 집중적으로 반복해서 (1-2절에 네 번) 나온 곳은 달리 찾아보기 어렵습니다. 언제까지라는 물음은 다윗이 인내의 한계점을 바라보고 있다는 것을 말해줍니다. 언제까지, 언제까지... 이것은 입술에서 흘러나오는 유창한 언어가 아니라 폐부에서 터져 나오는 흐느낌의 언어입니다. 하나님의 능력을 힘입어 사는 성도라 해도 넘기 어려운 장벽과 우리 전부를 부숴버릴 듯한 짓눌림을 경험하면 제발... 언제까지.. 라고 신음할 수밖에 없는 법입니다. 무엇이 이러한 고통을 촉발시켰는지는 본문에 분명히 나오지 않습니다. "사망의 잠"을 염려한 것을 보면 중병을 앓은 것 같기도 하고 "원수가 나를 치며 자랑하기를 언제까지 두시렵니까"는 호소는 이스라엘을 공격해오는 외적을 가리켜 말한 듯합니다. 중요한 것은 그의 번민은 육체의 고통이나 죽음의 공포 자체가 아니라, 자신의 죽음을 기뻐하고 축제를 벌일 원수들의 존재(4절), 그리고 이 급박한 상황에서 하나님이 자신을 잊으신 것이 아닌가라는 불안감에서 (1, 3절) 온다는 사실입니다. 사람이 평탄할 때는 알아볼 수 없고 고난의 자리에 와서야 분명해지는 일들이 있습니다. 진짜 친구가 누구인지, 인격의 바닥이 어떠한지, 무엇보다도 그 사람의 신앙이 진짜인지가 적나라하게 드러납니다. 다른 탄원시에서도 자주 나타나지만 이 시편에도 다윗이 왜 하나님의 마음에 든 사람인지 짐작할 수 있는 힌트가 주어져 있습니다. 고통의 시초가 질병이든 외적의 침입이든 관계없이 그를 괴롭히는 영혼의 "증상"은 모두 하나님과의 관계라는 초점에서 서술되고 있습니다. "하나님의 얼굴을 언제까지 내게서 감추시렵니까, 저를 영영 잊으신 것은 아니시겠지요? 여호와 내 하나님이여 나를 생각해 주시고 내게 응답해 주십시오. 혹시라도 제가 죄를 지었거나 오판을 했거나 고쳐야 할 것이 있다면 깨달아 알 수 있도록 나의 눈을 밝혀 주세요." 그의 기도는 참으로 하나님-중심으로 생각하는 사람의 전형을 보여주고 있습니다.

성경은 우리 삶에 생기는 모든 문제를 하나님께서 일일이 마음먹고 실행하신다고 말하지 않습니다. 그러나 하나님이 전혀 모르시는 상태에서 혹은 제지하실 수 없는 상태에서 우연이나 악의 세력이 그런 일들을 초래한다는 생각도 신학적으로 정당하지 못합니다. 자연재해와 인간의 악행, 사회악을 망라해서 "악의 문제"는 우리가 지성적으로 해결하기 어려운 난제입니다. 그러나 중요한 것은 하나님의 사람은 그 어떤 상황에서도 하나님과의 교제를 누릴 수 있다는 것입니다.

❗ 적용하기

1. 어떻게 해야 "오직 주의 사랑만 의지"하면서도 합리적일 수 있을까요?

2. "사망의 잠"을 두려워할 처지에 있었다면 어떻게 벗어나셨는지요?

🙏 오늘의 기도

주님 저희는 인내심이 약합니다. 너무 지체하지 마시고 악한 자들의 축제를 종결시켜 주시며 저희의 기도에 응답하셔서 당신의 영광을 드러내소서.

시편 14:1-7

찬송 288장

주야로 묵상할 말씀

"너희가 가난한 자의 계획을 부끄럽게 하나 오직 여호와는 그의 피난처가 되시도다" (14:6)

이 시편에는 두 가지 인생의 모습이 극렬한 대조를 이루고 있습니다. 시인의 눈에 먼저 들어온 것은 하나님을 등지고 사는 악한 사람들이었습니다. 자신의 마음과 입으로 "하나님이 어디 있어?"라고 비웃는 사람들입니다. 이들은 어떤 추상적, 철학적 사색으로서의 무신론을 논하는 사람들이 아닙니다. 의도적으로 하나님의 존재를 부정하고 하나님이 미워하는 일을 하는 삶의 태도를 굳힌 사람들입니다. 마음에 하나님 두기를 싫어하는 사람들, 하나님이 미워하는 일들을 스스로 행하고, 남에게 권하고 옹호하는 사람들입니다(롬 1:32).

그러나 세상에 어리석고 악한 이들만 있지는 않습니다. 5-7절은 하나님의 사람들이 어떻게 사는 지를 보여줍니다. 그들은 가난한 자, 다시 말해 약자의 위치에 갈 수 있지만 하나님께서 그들을 구출하십니다(6절). 세상 힘에 눌리고 꺾인다 해도 여호와께서 다시 돌아오게 하십니다. 이들은 여호와를 자기 의로 삼는 의인들입니다(5절). 사실 1-4절의 내용을 읽고 나면, 아니 티비 뉴스를 5분만 보고 있으면 우리가 사는 세상이 "악인의 세대"라고 탄식할 만합니다. 그런데 5절은 놀랍게도 "하나님이 의인의 세대에 계시다"라고 선언합니다. 의인이 전체 인구 50%를 넘어야 의인의 세대가 되는 것이 아닙니다. 악한 이들이 세상에 가득해도, 하나님을 두려워하는 의인이 한 줌 밖에 없어 보여도, 하나님 눈이 당신의 자녀들, 경건한 성도들을 향하고 있는 한, 이 세대는 의인의 세대입니다. 선지자 엘리야, 죽음을 맞지 않고 하늘로 올라간 엘리야, 변화산상에서 예수님과 함께 나타났던 위대한 엘리야를 생각해 보십시오. 하나님의 신비를 늘 보고(선견자) 시대를 향한 하나님의 뜻을 알고(선지자) 하나님의 말씀을 맡아 선포하는(예언자) 엘리야였지만, 그는 자신의 시대를 배역의 시대 절망의 시간으로만 생각했습니다. 그의 눈에는 세상에 의인이 남아있지 않아 보였다는 뜻입니다. 그러나 하나님께서는 그 땅에 바알에게 무릎을 꿇지 않은 7천명을 남겨 두셨다고 말씀하셨습니다(왕상 19:18). 그렇습니다. "하나님이 의인의 세대에 계시다"는 말은 곧 "하나님이 계신 한 희망은 있다"는 말입니다. 낙망케 하는 일이 참으로 많은 우리 시대이지만, 하나님의 눈으로 세상을 볼 수 있도록 기도해야 하겠습니다. 이스라엘을 포로의 처지에서 돌아오게 하신 여호와 하나님이, 예수 그리스도의 아버지시며 우리의 하나님이십니다.

❗ 적용하기

1. 하나님 보시기에 의인은 하나도 없다는 말씀은 문자적으로 이해해야 합니까? 아니라면 그 참뜻은 무엇인가요?

2. 우리를 의인의 세대라 불러주시는 하나님 마음을 기쁘게 하려면 무엇을 해야 할까요?

🙏 오늘의 기도

주님, 우리의 눈이 어두워서 보지 못했던 다른 의인들을 만나게 해 주시고 함께 사귀고 동역해서 주님 나라를 일구는 기쁨이 배가되게 하소서.

시편 15:1-5

찬송 436장

주야로 묵상할 말씀
"이런 일을 행하는 자는 영원히 흔들리지 아니하리이다" (15:5)

"누가 주의 장막에 머물며 주의 거룩한 산에 살 수 있습니까?(1절)" 시인의 질문은 뻔한 답을 기대하는 수사적 질문이 아닙니다. 이스라엘 백성이라면 누구나 성전에 나아갈 수 있습니다. 이방인들도 원하면 이방인의 뜰까지는 접근이 가능합니다. 하나님께 나아가기 원하는 사람은 누구나 주의 장막에 들어갈 수 있습니다 … 다 맞는 대답입니다. 성전과 예배는 믿음의 영역이니까요. 그러나 시인의 자문자답은 뜻밖의 방향으로 갑니다. "정직하게 행하며 공의를 실천하며 그의 마음에 진실을 말하며 … 뇌물을 받고 무죄한 자를 해하지 아니하는 자이니." 2-5절은 한마디 예외 없이 예배드릴 수 있는 자는 이런 일을 하고 저런 일은 하지 않는다는 행위의 문제를 다루고 있습니다. 그러나 이 시편을 읽고 이스라엘 예배는 율법주의 혹은 행위주의라고 단정하는 것은 성급한 일입니다.

　시편 연구가들은 이 시편이 성전에 오는 예배자들이 낭송하는 일종의 입장예식서라고 해석합니다. 예배자가 문에 다가오면 그곳에 있던 문지기가 묻습니다. "당신은 어떤 사람이기에 이 거룩한 곳에 들어오려 합니까?" 그 누가 감히 "아 나는 흠잡을 데 없는 사람이니 예배드릴 수 있지요"라고 대답하겠습니까? 침묵으로 자신의 자격 없음을 시인하는 예배자에게 다시 묻습니다. "하나님을 예배하는 사람은 어떤 삶을 삽니까?" 이 문지기는 레위인들 가운데 선발된 이들이니 예쾌위원이고, 그 문답은 우리 예배의 교독문과도 같았을 것입니다. 그 질문에 화답하며 예배자는 이 시편 혹은 이와 유사한 시를 낭송합니다. 그리고 문을 통해 입장하고 예배로 나아갑니다. 오늘 우리가 예배에 나아가며 이런 장면을 마음속에 상상해 보며 자신을 살피면 좋겠습니다. 그런데 이렇게 사는 이는("이런 일을 행하는 자는") 영원히 흔들리지 않으리라고 맺는 시의 결말부가 의미심장합니다. 1절에서 물었던 질문의 답으로는 초점이 어긋나 보입니다. 질문이 "여호와여 주의 장막에 머무를 자 누구오며 주의 성산에 사는 자 누구오니이까?"이니 "이러이러한 사람이 주의 장막에 머무르고 주의 성산에 살게 될 것입니다"라고 마쳐야 논리적이지 않겠습니까. 그래서 우리는 이 시편 도입부의 질문은 "성전에 머물러 산다고 할 만한 믿음의 소유자라면 어떠한 사람이어야 합니까?"로 읽어야 합니다. 정직과 공의, 진실을 삶의 원칙으로 삼는 사람(2절), 이웃을 멸시하거나 비방하지 않는 사람(3절), 성도를 존대하고 망령된 자를 멸시하는 가치관을 가진 사람(4절), 신의를 지키고 고리대금이나 뇌물증여, 위증 등의 악행을 멀리하는 사람(4-5절)입니다. 이들은 흔들리지 않는 견고한 삶을 삽니다. 연약한 우리이지만 이러한 삶으로 부름 받았기에 그 부르심에 응답해 살아갈 소원과 결기를 오늘도 그분께 간구합니다. 도우소서 주여!

❗ 적용하기

1. 오늘 성도들에게 예배드릴 자격을 물으신다면 어떤 결과가 오겠습니까?

2. 이 시편에 기록된 삶의 모습 중 우리도 동일하게 따라야 할 부분은 얼마나 됩니까?

🕯 오늘의 기도

세상은 악하고 교회는 약하여 슬픔을 자아내는 이 시대에 진리의 말씀을 바르게 깨달아 숭고한 복음의 사역을 감당하기 원하오니, 위로부터 순결한 능력을 덧입혀 주옵소서.

시편 16:1-11

찬송 401장

주야로 묵상할 말씀

"내가 여호와를 항상 내 앞에 모심이여 그가 나의 오른쪽에 계시므로 내가 흔들리지 아니하리로다" (16:8)

행복의 개념은 누구나 이해하지만 지금 나는 참 행복하다고 느끼는 사람은 거의 없다 합니다. 그러나 밝고 생동감이 넘치는 신앙고백이요 기도문인 이 시는 참으로 행복이란 단어가 어울리는 부러운 삶의 모습을 우리에게 보여 줍니다. 어떤 사람이 행복한 삶을 살 수 있을까요. 첫째, 하나님을 자기 삶의 중심에 모시는 사람이 행복합니다. 인생의 어려움이 닥치면 그는 주님께로 피했습니다. 그는 자신에게는 주님 말고는 다른 복이 없다고(2절) 고백합니다. 하나님께서 그가 원하는 것을 늘 들어주셨기 때문은 아닙니다. 누구 못지않게 고난을 겪었고 눈물을 흘려본 사람의 고백입니다. 하나님에게 책망의 매를 맞고도 그는 "나를 훈계하신 여호와를 송축할지라"라는 놀라운 증언을 남겼습니다(7절). 그가 만나고 아는 하나님은 그저 자신이 구하는 것을 주시는 분 정도의 존재가 아니었습니다. 하나님을 가리켜 "나의 산업과 나의 잔의 소득" 즉 내 자부심 내 존재감 내 가치라고 고백을 한 이 시인은, 그래서 늘 행복했습니다. 둘째, 성도들을 존귀하게 여기는 사람이 행복합니다: "땅에 있는 성도들은 존귀한 자들이니 나의 모든 즐거움이 그에게 있도다(3절)." 사도신경을 보면 하나님과 그리스도, 교회에 대한 진술에 연이어 성도의 교제가 ("성도가 서로 교통하는 것"은 오해의 소지가 있는 번역입니다) 언급됩니다. 성도의 사귐이 창조, 동정녀탄생, 십자가 대속 부활, 영생 등에 뒤이어 한 호흡으로 고백해야 할 만큼 우리 신앙의 핵심요소라는 뜻입니다. 성숙한 성도는 교회를 사랑하고 성도를 존귀하게 여깁니다. 주님은 사랑하지만 교인들과 섞이는 것은 귀찮다라고 하는 사람은 주님도 사랑하지 않는 것이며, 주님을 위한다면서 성도를 교회사역의 도구로만 다루는 교회 역시 그리스도를 사랑하는 교회가 아닙니다. 셋째, 자신에게 주어진 삶을 감사하는 사람이 행복합니다. 시인은 자신의 몫이 하나님께서 주신 것이라 인정했고 그것이 귀하다고 고백합니다: "내게 줄로 재어 준 구역은 아름다운 곳에 있음이여 나의 기업이 실로 아름답도다(6절)." 놀라운 고백입니다. 남의 떡이 커 보이는 게 우리 생김새이니 말입니다. 오죽하면 십계명에 네 이웃의 소유를 탐내지 말라, 네 이웃의 아내를 탐내지 말라는 말씀을 주셨겠습니까. 우리는 이웃과 비교해 자신의 우월함을 확인할 때 잠시나마 행복감을 느끼는, 그런 존재들입니다. 그런데 시인은 그것을 넘어섰습니다. 이 모든 것은 그가 늘 하나님과 동행했기에 가능했습니다. "내가 여호와를 항상 내 앞에 모심이여 … 이러므로 나의 마음이 기쁘고 나의 영도 즐거워하며 내 육체도 안전히 살리니 … 주의 앞에는 충만한 기쁨이 있고 주의 오른쪽에는 영원한 즐거움이 있나이다(8-11절). 행복의 비밀이 바로 여기 있습니다.

❗ 적용하기

1. 성도의 교제를 통해 성도의 행복이 있다면 더 나은 교제를 위해 무엇을 할 수 있을까요?

2. 하나님의 훈계를 통해 어떤 것을 깨닫고 성장하게 되었습니까?

🙏 오늘의 기도

주께서 제 인생에 주신 것들의 소중함을 깨우쳐 주시고, 오늘을 위해 주신 사명을 감당할 수 있도록 능력과 지혜를 허락하시며 주님만이 나의 복인 것을 확실히 체험하게 하소서.

017

시편 17:1-15

찬송 386장

주야로 묵상할 말씀

"나는 의로운 중에 주의 얼굴을 뵈오리니 깰 때에 주의 형상으로 만족하리이다" (17:15)

하나님 앞에서 자신의 의로움을 선언한다는 것은 경건한 신자로서 상상하기 어려운 만용처럼 느껴집니다. "거짓되지 아니한 입술에서 나오는 나의 기도에 귀를 기울이소서," "주님, 나를 판단하시고 주의 눈으로 살피소서," "나는 스스로 삼가서 포악한 자의 길을 가지 않았고 나의 걸음이 주의 길을 굳게 지키고 실족하지 않았습니다(2-4절)." 이런 고백 이런 기도가 과연 가능한 것일까 싶은데, 이 시편의 시인은 망설임 없이 하나님 앞에 그렇게 선언합니다. 우선 알아야 할 것은, 그의 "결백선언"이 하나님 앞에서 무죄주장이 아니라는 사실입니다. "사람의 행사로 논하면(4절)"이라는 전제가 그것을 말해줍니다. 하나님께서 자신을 샅샅이 살펴보시면 좋겠다는 그의 호소는 자신을 몰아세우는 원수의 고소가 정당하지 않다는 선언이며, 주께서 공정히 살펴보시면 원수들이 떠들어대는 그의 죄목들이 근거 없다고 동의하실 것이라는 신앙고백입니다. 사실은 다윗을 공격하는 그 적들이야말로 생각과 언행이 교만에 가득 배어있는 자들, 숨어 있다가 무고한 사람을 덮쳐 해치려는 불한당들이기 때문입니다. 씨 에스 루이스는 신약성경의 재판은 우리가 피고로 소환된 형사재판, 구약성경 특히 시편에서의 심판은 우리가 원고로서 제기한 민사소송과도 같다고 비유했습니다. 즉 원수들을 심판해달라는 시인의 요청들은 본질상 자신을 억울하게 "이유 없이" 괴롭히는 이를 향한 민사소송 당사자의 재판청구에 해당한다는 것입니다. 우리가 시인의 이러한 기도를 어색하게 생각하는 것은 우리가 자신을 신약적 심판대의 피고석에 앉혀놓는 습관이 있어서입니다. 그 적수들의 묘사가 신랄합니다. "그들은 주의 재물로 배를 채우고(도) 자녀로 만족하고 그들의 재산을 아이들에게 상속시키는 자들입니다(14절)." 상황이 이렇다보니 "여호와여 일어나 그를 대항하여 넘어뜨리시고 주의 칼로 악인에게서 나의 영혼을 구원하소서"라는 요청이 가능한 것입니다. 하나님의 공의로우심을 새삼 확인한 시인은 거침없이 외칩니다: "하나님이여 내게 응답하시겠으므로 내가 불렀사오니…" 얼마나 당당합니까. 성도가 하나님 앞에 이러한 확신이 없으면 인생의 고난은 모두가 그가 감당할 수 없는 일처럼 여겨지게 됩니다.

❗ 적용하기

1. 시인은 자신의 결백과 의로움을 확신하며 하나님의 승인을 요청합니다. 이러한 태도를 오늘 우리 기도생활에 어떻게 적용할 수 있습니까?

2. "세상 살 동안 자기 분깃을 다 받은 자"라는 악인의 묘사는 인생의 결말에 대해 무엇을 암시해 줍니까? 그에 기초해볼 때 의인은 무엇을 목표로 살아야 합니까?

🐝 오늘의 기도

주님 따라 나선 저의 발이 평생토록 길을 벗어나지 않게 해 주시고, 땅의 보물이 아닌 주의 기이한 사랑에 만족하며 살도록 허락하소서.

018

시편 18:1-30

찬송 401장

주야로 묵상할 말씀

"내가 주를 의뢰하고 적군을 향해 달리며 내 하나님을 의지하고 담을 뛰어 넘나이다" (18:29)

오늘 시편은 승리의 노래입니다. "나를 강한 원수와 미워하는 자에게서 건지셨음이여 그들은 나보다 힘이 세기 때문이로다"(17절). 자신보다 강한 상대에게 거둔 승리는 통쾌합니다. 기대하지 않았던 약자의 승리를 가리켜 "다윗이 골리앗을 이겼다"는 상투어가 쓰일 정도로 기적적 승리의 상징같은 삶을 산 사람이 바로 다윗입니다. 다윗은 객관적인 열세가 분명한 상황에서 하나님의 도우심을 얻어 기대할 수 없었던 승리를 거둔 감격을 노래하고 있습니다. 이 시편 전체를 지배하는 그림 언어 역시 "사망의 줄이 나를 얽고 불의의 창수가 나를 두렵게 하였으며, 스올의 줄이 나를 두르고 사망의 올무가 내게 이르렀도다(4-5절)"같은 구절에서 보듯 절망적 상황들을 가리킵니다. 다윗이 할 수 있는 일이라고는 자신이 의지해온 여호와 하나님을 의지하는 것밖에 없었습니다. 그래서 시편 23편은 "여호와는 나의 목자시니"라고 시작하지만 여기서는 "나의 힘이신 여호와여"가 첫 고백입니다. "여호와는 나의 반석, 요새, 바위, 방패, 구원의 뿔, 산성…" 모두가 하나님이 자신을 보호하고 도우셨음을 알리는 표상들입니다. 그 하나님을 믿고 다윗은 싸웠습니다. 아니, 하나님이 싸우셨습니다, 다윗을 위해! 오늘 시편에는 싸우시는 하나님을 묘사하는 표현들로 가득합니다. 하나님이 나타나시자 땅이 진동하고 산들이 뿌리부터 흔들리고 사방이 캄캄해집니다. 하나님께서는 그룹을 타고, 바람 날개를 타고 솟아오르십니다(7-10절). 우박과 숯불, 광채와 우레, 화살, 번개, 꾸지람 … 온 땅이 초토화되고 바다 밑바닥과 세계의 기초가 벌거벗겨 드러납니다. 물론 다윗과 사울이 싸울 때 이런 일이 문자적으로 일어났다는 뜻은 아닙니다. 이것은 이른바 신화적 언어입니다. 고대근동의 오랜 뿌리를 가진 우주적 전투 주제인, 세상의 혼돈과 악의 세력을 정복하고 질서와 평화를 이루는 하늘의 신이 그것입니다. 다윗은 독자들에게 친근한 그림언어를 통해 자신이 처했던 상황이 얼마나 절망적이었는지, 자신의 승리가 얼마나 기적적인지를 그려주고 있는 것입니다. 그는 자기보다 강한 적을 피하려 하지 않았습니다. 그러다가 더 이상 어찌할 수 없는 막다른 골목에 이르렀을 때 믿음의 점프를 했습니다 "내가 주를 의뢰하고 적군을 향해 달리며 내 하나님을 의지하고 담을 뛰어넘나이다(29절)." 막다른 골목까지 가 보아야 이 고백의 감격을 체험할 수 있겠지요. 우리가 약자일 때가, 승리 주시는 하나님을 경험할 최적의 기회가 됩니다. 그때 다윗은 깨달았습니다. 자신이 부족하나마 하나님 앞에 깨끗하고자 애쓰고 그 율법과 규례를 순종하였을 때 하나님께서 그것을 의로움으로 여기시고 그 의를 따라 갚아주셨으며(20-24절), 주께서는 곤고한 백성은 구원하시고 교만한 눈은 낮추신다는 것을 말입니다(27절). 하나님의 위대하심을 알고 그분의 마음에 들기 위해 힘을 다한 것. 그것이 다윗을 위대하게 했습니다.

적용하기

1. "하나님께서 내 손이 깨끗한 만큼 내게 갚으셨다"는 생각을 스스로 가져본 적이 있다면 어떤 상황에서였습니까?

2. 우리의 능력으로 맞설 수 없는 적을 하나님을 의지해 물리치는 승리의 경험을 지속할 수 있는 방법이 있다면 무엇일까요?

오늘의 기도

우리보다 강한 적에게 둘러싸여 사는 우리에게 긍휼을 베푸시고, 주의 능력의 도우심을 힘입어 담장을 뛰어넘고 높은 곳에 거하는 승리자로 살도록 허락하소서.

018

시편 18:31-50

찬송 351장

주야로 묵상할 말씀

"주께서 주의 구원하는 방패를 내게 주시며 주의 오른손이 나를 붙들고 주의 온유함이 나를 크게 하셨나이다" (18:35)

시편 18편의 후반부는 멈출 수 없는 기쁨의 폭포수입니다. 자신의 능력으로 이길 수 없는 적을 꺾고, 적의 추격을 더 이상 따돌릴 수 없는 지점에서 담을 뛰어 넘는 황홀한 승리의 경험을 한 다윗이 두 팔을 번쩍 들고 맹수의 포효를 내지르는 모습이 눈에 선합니다. "여호와 외에 누가 하나님이며 우리 하나님 외에 누가 반석이냐!(31절)" 물론 하나님밖에 없습니다. 하지만 살다 보면 그것을 믿기 어렵고 소리치기는 더더욱 힘든 때도 있습니다. "여호와여, 어느 때까지니이까-"라는 탄식이 적합한 때입니다. 약속을 붙들고 견뎌내는 인내의 시간, 승리의 환호를 미완료시제로만 말해야 하는 때가 분명히 있습니다. 삶의 화폭이 온통 어두운 때입니다. 그러다가, 한 줄기 빛이 비칩니다. 시야가 온통 빛으로 가득 찹니다. 승리는 완료시제가, 약속은 사실이 되었고 인내는 고스란히 열매로 녹아들었습니다. 이 시를 노래할 때가 된 것이지요. "여호와 외에 누가 하나님이며 우리 하나님 외에 누가 반석이냐! 이 하나님이 힘으로 내게 띠 띠우시며 내 길을 완전하게 하시며 나의 발을 암사슴 발 같게 하시며 나를 나의 높은 곳에 세우시며 내 손을 가르쳐 싸우게 하시니 내 팔이 놋 활을 당기도다(31-34절)." 다윗과 이스라엘의 기세는 참으로 대단했습니다. "그들이 부르짖으나 구원할 자가 없었고 .. 내가 그들을 바람 앞에 티끌 같이 부숴뜨리고 거리의 진흙같이 쏟아 버렸나이다… 주께서 나를 여러 민족의 으뜸으로 삼으셨으니 내가 알지 못하는 백성이 나를 섬기리이다(42-44절)."

파죽지세란 말이 있습니다. 아무도 말릴 수 없는 기세, 연승가도, 무패 우승 … 빛나는 시간들입니다. 개인에게도 교회에도 나라에도 누구도 말릴 수 없는 승리의 순간들이 찾아옵니다. 그 때를 만나면 그저 놀라워하고 감사하며 승리의 기쁨을 맛보는 것이 좋습니다. 이 기간이 지나가겠지. 다시 패배의 순간이 오겠지. 이번에 불가능해 보이던 승리를 했으니 다음 시합은 패할 확률이 높겠지 하며 감격의 봉우리들을 다 잘라버리고 감정의 평균치를 유지하는 것은 어리석은 짓입니다. 성경의 스토리보드는 높은 산과 깊은 골짜기로 가득합니다. 이스라엘은 이 시가 완성된 후에도 수없이 패전을 경험했고 이 시를 우리에게 남겨준 다윗 역시 훨씬 더 많은 지면에서 자신의 곤비함과 두려움, 패배의 쓰라림과 죽음의 공포를 서술하고 있다는 것을 우리는 잘 압니다. 그러나 다윗은 승리의 감격이 생생한 그 순간을 놓치지 않고 환희의 춤을 추고 있습니다. "여호와는 살아 계시니 나의 반석을 찬송하며 내 구원의 하나님을 높일지로다 … 여호와여 내가 이방 나라들 중에서 주께 감사하며 주의 이름을 찬송하리이다(47, 49절)." 우리도 이 거침없는 감사와 찬양의 춤을 배워 주 앞에서 뛰어 놀 수 있기를!

❗ 적용하기

1. 이스라엘 왕의 책임과 특권에 관한 이 시편을 오늘 우리에게 어떻게 연결해야 합니까?

2. 승리와 성취의 기쁨을 어떻게 다루는 것이 성경적인 방법일까요?

🙏 오늘의 기도

하나님의 위엄과 능력을 온전히 알게 해 주시고 우리에게 주신 영적 전투의 현장에서 하나님의 그 능력을 힘입어 싸워 이기게 하소서.

019

시편 19:1-14

찬송 9장

주야로 묵상할 말씀

"나의 반석이시오 나의 구속자인 여호와여 내 입의 말과 마음의 묵상이 주님 앞에 열납되기를 원하나이다" (19:14)

이 시편은 자연(1-6절)과 율법(7-11절)의 놀라움을 예찬하고 개인적 묵상과 기도문을 덧붙인 구조로 되어 있습니다. 피조세계의 아름다움을 노래하는 시는 물론 수없이 많고 율법에 대한 묵상도 시편 119편을 포함해 여럿 있습니다만, 자연과 율법을 이만큼 깊고도 균형 있게 다룬 시는 달리 없을 것입니다. 기독교변증가이자 탁월한 영문학자였던 씨 에스 루이스가 시편 19편을 『시편』 전체는 물론 세계에서 가장 뛰어난 서정시 중 하나라고 찬탄한 것이 과장이 아닙니다. 시인의 예민한 귀는 피조물들끼리 소통하는 "소리 아닌 소리"를 듣습니다: "날은 날에게 말하고 밤은 밤에게 지식을 전하니, 언어도 없고 말씀도 없으며 들리는 소리도 없으나 그의 소리가 온 땅에 통하고 그의 말씀이 세상 끝까지 이르도다(2-4절)." 자연이 들려주는 이 메시지를 알아듣는 사람은 하나님을 보게 됩니다. 하나님께서 거기에 스스로를 나타내셨기 때문입니다. 사도 바울도 인간은 복음을 받기 이전에도 하나님의 거룩하심 앞에 노출되어 있었기에 죄에 대해 변명할 수 없다고 설명합니다: "이는 하나님을 알만한 것이 그들 속에 보임이라 창세로부터 그의 보이지 아니하는 것들 곧 그의 영원하신 능력과 신성이 그가 만드신 만물에 분명히 보여 알려졌나니(롬 1:19-20)." 이 지점에서 시편 19편은 로마서 1장과 상통하고 있습니다. 이 시의 도입부를 다시 보십시오. "하늘이 하나님의 영광을 선포하고 궁창이 그의 손으로 하신 일을 나타내는도다!" 자연을 바라보며 하나님을 느끼는 것이 시인에게는 숨을 쉬듯 자연스럽습니다. 문제는 모든 사람이 그러지 못한다는 데 있습니다. 피조세계의 신비와 섭리를 보고 창조주를 생각하지 못하는 사람에게는 희망이 없다는 말인가요? 그에 대답하기 위해 시인의 시적 상상력은 하나님의 율법으로 옮겨 갑니다. "여호와의 율법은 완전하여 영혼을 소성시키며 / 여호와의 증거는 확실하여 우둔한 자를 지혜롭게 하며 / 여호와의 교훈은 정직하여 마음을 기쁘게 하고 / 여호와의 계명은 순결하여 눈을 밝게 하도다(7-8절)." 시행 간에 완벽한 균형을 이루고 있는 "율법예찬"입니다. 이 율법을 들으면 "여호와를 경외하는 도"(9절)에 이르게 됩니다. 이 율법은 "꿀과 송이꿀보다 더 달고" 그 가치로 말하면 "금 곧 많은 순금보다 더 사모할"만 합니다(10절). 지상의 피조물이 하늘 이편에서 저편으로 운행하는 태양의 빛과 열기를 피할 수 없듯이(6절), 이 율법이 사람의 마음을 환히 비춰

주기에 우리는 그로부터 경고를 받고 그것을 따를 때 상을 받습니다(11절). 타락한 우리는 스스로 제 허물을 깨닫지 못하지만 하나님의 말씀 앞에 서면 숨겨진 허물을 벗어날 수 있습니다(12절). 이 광대한 묵상 끝에 시인은 고백합니다. "나의 반석이시요 나의 구속자이신 여호와여 내 입의 말과 마음의 묵상이 주님 앞에 열납되기를 원하나이다(14절)." 이 이상 적절한 응답이 달리 있을까요?

❗ 적용하기

1. 자연의 아름다움과 신비를 통해 하나님을 묵상할 때 얻는 유익은 무엇입니까?

2. 율법의 효용을 한껏 칭송한 내용을 신약성도로서 삶에 어떻게 적용하고 있습니까?

🙏 오늘의 기도

우리의 마음이 조화로운 자연과 숭고한 율법을 찬탄하는 데 머물지 않고, 우리 마음에 그것을 녹여 아름답고 고상한 생각과 말로 열매맺게 하소서.

시편 20:1-9

찬송 430장

주야로 묵상할 말씀

"어떤 사람은 병거, 어떤 사람은 말을 의지하나 우리는 여호와 우리 하나님의 이름을 자랑하리로다" (20:7)

이 시는 시편을 연구하는 학자들이 "제왕시"라고 부르는 유형의 시입니다. 신정국가인 이스라엘에게 왕은 하나님을 섬기는 종이자 하나님의 뜻을 대행하여 백성들을 이끄는 지도자였기에 왕을 위해 부르는 노래는 개인숭배가 아닌 하나님을 향한 믿음의 표현이었습니다. 역대하 20장에 보면 암몬과 모압 군대의 침공을 접한 여호사밧 왕이 백성들과 함께 금식하고 하나님 앞에 백성을 이끌어 기도했으며, 그 기도에 응답하시는 하나님의 메시지를 받아 선포하자 온 백성의 화답하여 여호와 하나님의 약속을 믿는 신앙고백을 드렸습니다. 오늘 시편 역시 전쟁을 앞둔 이스라엘이 자신들의 제사를 받아 달라 요청하고, 임박한 전쟁에서의 승리를 간구하고 하나님 앞에 감사하며 헌신을 서약하는 내용입니다. 개역개정판은 "환난 날에 여호와께서 네게 응답하시고 야곱의 하나님의 이름이 너를 높이 드시며(1절)"처럼 왕을 "너"로 호칭했지만, 이 시는 이스라엘 회중이 인도자를 따라 낭송 혹은 제창하는 노래이기에 "환난 날에 여호와께서 왕께 응답하시고.."로 옮기는 것이 더 적절합니다. 여호와께서 성소에서 왕을 도와주시고, 시온에서 그대를 붙드시며, 왕의 모든 소제를 기억하시고, 당신의 번제를 받아 주시기를(2-3절)! 백성의 열망은 그들의 왕이 하나님의 마음에 들게 행동하고 하나님께서 그를 축복하심으로 그를 통해 온 이스라엘이 하나님의 복을 누리는 것입니다. "우리가 그대의 승리로 말미암아 개가를 부르며 우리 하나님의 이름으로 우리의 깃발을 세우리니 여호와께서 그대의 모든 기도를 이루어 주시기를 바랍니다(5절)." 이것은 미신행위도, 개인숭배도 아닙니다. 신정국가 이스라엘에서 왕은 하나님의 대리인입니다. 따라서 왕은 자신의 목표와 자기 후손들 즉 왕조의 이익을 위해서가 아니라 "오늘 여기" 임하시고 말씀하시는 하나님의 뜻을 위해 일해야 합니다. 그가 하나님의 뜻을 받들어 섬기는 한 하나님이 복주시고 함께 하시지만, 불순종하면 하나님의 징계가 따르고 폐위하시거나 생명을 거두시는 결과가 나타나는 것입니다. 그래서 백성들은 왕을 위해 기도하고 복을 빌었습니다. 하나님 앞에 선 신앙공동체에게 연대성은 오늘 우리에게도 분경히 존재합니다. 물론 우리는 신정시대 이스라엘처럼, 예를 들면 아간의 경우와 같이 직접적 책임관계가 요구되는 상황에 있지 않습니다. 궁극적으로 신앙은 개인적 결단의 문제입니다. 그러나 우리가 함께 믿고 섬기고 사귀는 믿음의 공동체 안에서 우리는 서로를 세우기도 하고 헐기도 합니다. 따라서 우리는 이스라엘이 왕을 향해 했듯이 서로를 위해 축복해 주어야 합니다. "하나님께서 그대의 기도에 응답해 주시기를! 그리스도의 하나님께서 그대를 도우시기를!"

❗ 적용하기

1. 왕에게 바쳤던 존경과 복종에 비추어 그리스도께 대한 우리의 헌신은 어떠한가요?

2. 다른 사람의 삶을 진심으로 이해하려 애쓰고 축복하고 있습니까?

🙏 오늘의 기도

우리가 땅에서 풀면 하늘에서도 풀린다 하신 주님, 우리와 만나고 동역하는 이들을 깊이 알고 축복해주는 일을 기꺼이 감당하게 하소서.

021

시편 21:1-13

찬송 390장

주야로 묵상할 말씀

"왕이 여호와를 의지하오니 지존하신 이의 인자함으로 흔들리지 아니하리이다" (21:7)

왕을 칭송하는 시편들은 이스라엘 공동체가 하나님을 참된 왕으로 모시는 나라였다는 전제에서 이해해야 합니다. 이스라엘이 자기들을 이끌어온 사무엘 선지자에게 "우리도 다른 나라들처럼 왕을 모시게 해달라" 요구하자 사무엘은 하나님께 그 일을 여쭈어봅니다. 하나님께서는 "그들이 너를 버림이 아니요 나를 버려 자기들의 왕이 되지 못하게 함이니라"라고 정곡을 짚어주셨습니다. 사람을 왕으로 세우면 참된 왕이신 하나님으로부터 마음이 멀어질 것을 아셨기 때문이지요. 눈에 보이지 않는 하나님, 당신의 형상을 만들지 못하게 하시는 야웨 하나님보다는 보이는 인간 왕을 앞세우고 따르기를 원했던 이스라엘에게 하나님께서는 왕정을 허락하셨지만 사람인 왕이 가져올 위험에 대해 분명히 경고해 주셨습니다(삼상 8:4-9). 그 이후 펼쳐진 이스라엘 역사가 보여준 교훈은 명백합니다. 왕의 존재는 이스라엘에게 축복이기보다는 무거운 짐이 될 때가 더 많았습니다. 하나님을 의지하는 소수의 왕들은 나라를 평안하게 했지만, 훨씬 많은 수의 왕들이 자신을 높이고 죄악된 길을 걸어 백성을 도탄에 빠뜨렸습니다. 이스라엘의 스승들과 예언자들은 끊임없이 왕들을 깨우치고 경계해야 했고 그로 인해 고통받고 때로 목숨을 앗기기도 했습니다.

오늘 시편은 그러한 위험과 한계를 지녔음에도 여전히 백성에게 절대적 존재인 왕에 대해 노래합니다. 그는 하나님이 주시는 능력과 구원을 기뻐하고(1절) 하나님 앞에 기도하여 그 응답을 받습니다(2절). 이 왕은 하나님께서 복을 주셔서 명예와 장수를 허락하신 왕이며(3-4절), 무엇보다도 하나님을 의지하고 지존자의 인애에 힘입어 흔들리지 않는 왕입니다(7절). 왕은 하나님의 진노의 대상이 되는 외적들을 물리치고 나라를 지켰습니다(8-12절). 1절과 13절이 수미쌍관을 이루어 보여주는 것은, 왕이 주의 힘과 구원을 기뻐하고 즐거워하면 야웨 하나님께서 높임을 받으시고 그 권능이 찬양받으신다는 대응관계입니다! 불행한 일이지만 이런 묘사가 적절했을 왕은 이스라엘 역사 속에서 매우 드물었습니다. 표제에 있는 "다윗의 시"로 번역된 원어는 "다윗에게 드려진" "다윗에게 속한" "다윗을 위한" 시로 다양하게 해석될 수 있기에 이 시편이 다윗을 염두에 두고 지어졌는지는 알기 어렵지만, 이상적 왕의 전형으로서 다윗을 이 시의 "왕"에 대입시켜보는 것은 이 제왕시를 우리에게 의미 있는 방식으로 적용하는 데 큰 도움이 됩니다. 이 시편에서와 마찬가지로 우리도 지도자들이 하나님을 의지하고 그분의 신실함을 통해 견고한 지도력을 갖도록 기도하고 도와야 할 것입니다. 지도자들이 하나님의 마음에 합하면 우리도 복을 누리고, 하나님께서도 높임을 받기 때문입니다.

❗ 적용하기

1. 이스라엘을 특정해 말씀하시는 본문들을 나에게 연결하기 위해 어떻게 노력하십니까?

2. 우리 지도자들이 하나님 앞에서 "존귀와 위엄"을 얻도록 우리는 기도합니까?

🙏 오늘의 기도

왕들을 세우고 폐하시는 주님! 하나님의 뜻을 구하는 지도자들을 우리나라와 교회들을 위해 세워 주시고 이미 세워진 이들을 인도하사 지혜와 긍지를 가지고 일하게 하소서.

022

시편 22:1-31

찬송 381장

주야로 묵상할 말씀

"나의 하나님, 나의 하나님, 어찌 나를 버리셨나이까?" (22:1절)

"나의 하나님, 나의 하나님, 어찌 나를 버리셨나이까?(1절)" 예수님께서 십자가상에서 드린 기도문으로 너무나 잘 알려진 이 시편은 수많은 탄원시들 중에서도 내면의 아픔을 가장 절실하게 드러낸 시문으로 꼽기에 무리가 없습니다. 위기에서 부르짖는 기도에 하나님께서 귀를 닫으셨다고 생각하니 시인은 미칠 것만 같습니다. 원수들은 입을 비쭉이고 머리를 흔들며 비난합니다. 심적 고통이 어찌나 심했던지 시인은 자기가 죽음의 진토에 파묻혔다고 서술합니다(13절). 그러나 이 고통은 단지 시인 개인의 것이 아니었습니다. 역사상 최악의 형벌이라고들 하는 십자가에서 예수님이 겪으셨을 고통은 이 시의 묘사와 기막히게 일치합니다(14-15절). 거의 손발이 십자가에 못박혔던 일(16절), 십자가형의 관례와 달리 집행관이 예수님의 다리뼈를 꺾지 않고도 사망판정을 내린 점(17절), 그의 옷을 로마 군인들이 제비뽑아 차지한 사실(18절)등이 교회가 시 22편을 그리스도의 수난과 연관 지어 온 근거들입니다.

그러나 시 22편이 무겁고 암울한 정서로 고통을 노래하고 있지만은 않습니다. 1-21절이 하나님께 버림받은 고통의 절규, 그리고 원수들의 공격으로 인한 죽음과도 같은 경험에 대해 말하고 있다면, 22-31절은 앞부분과 뚜렷한 대조를 이루는 감사와 찬양으로 가득 차 있기 때문입니다: "내가 주의 이름을 형제에게 선포하고 회중 가운데에서 주를 찬송하리이다(22절)." 무엇이 이러한 전환을 가져왔을까요? 그것은 고통의 호소를 들으시는 하나님을 만나는 경험입니다. 시인의 외침을 들어 보십시오: "(여호와는) 곤고한 자의 곤고를 멸시하거나 싫어하지 아니하시며 그의 얼굴을 그에게서 숨기지 아니하시고 그가 울부짖을 때에 들으셨도다(24절)." 이 놀라운 변화, 하나님이 자신을 버리셨다는 탄식에 잠겼던 사람이 이제는 하나님께서 자신의 기도를 들으셨다고 기뻐하는 이 변화야말로 하나님 백성에게 허락된 신비입니다. 하나님의 뜻 안에서 겪는 성도의 고통은 하나님의 의를 이룹니다. 그리스도에 관한 구체적 지식이 없었던 구약성도가 어떻게 자신의 고통을 넘어서 "땅의 모든 끝이 여호와를 기억하고 돌아오며 모든 나라의 모든 족속이 주의 앞에 예배하리니 나라는 여호와의 것이요 여호와는 모든 나라의 주체심이로다(28절)"라고 노래할 수 있었겠습니까? 신비 중의 신비가 아닐 수 없습니다. 성령님께서 이 시를 시인의 경험과 이스라엘의 인식을 초월해 그리스도 안에서 온 세상을 구원하시는 아버지의 뜻을 알리는 거룩한 글로 승화시키신 것입니다. 그래서 이 시를 묵상하는 우리는 연약한 우리의 삶도 하나님 손에 붙들리면 놀랍고 위대한 그분의 뜻을 수행하는 영광을 입게 될 것을 믿을 수 있습니다. 믿어야 합니다. 예수님의 생애가 수난과 십자가를 지나 부활의 승리와 감격으로 나아갔던 것처럼 우리도 탄식을 넘어 감사로 행진하도록 하신 것을 믿어야 합니다.

❗ 적용하기

1. 예수님께서 십자가상에서 하나님께 버림받는 아픔을 이 시편 구절을 빌어 토로하신 것은 우리가 시편 구절에서 개인적 적용을 도출하는 것에 대해 무엇을 말해줍니까?

2. 살면서 자신으로서는 부당한 고통이나 손해를 참은 것이 공공의 선 혹은 하나님 나라를 위한 유익한 결과로 이어진 경험이 있으십니까?

🫁 오늘의 기도

죄로 죽었던 우리를 살리시기 위해 극단의 고통과 죽음을 불사하신 그리스도의 사랑에 감복하여 우리 삶을 드리오니 주님께서 원하시는 대로 사용하소서.

023

시편 23:1-6

찬송 570장

주야로 묵상할 말씀

"내가 여호와의 집에 영원히 살리로다" (23:6)

시편 23편은 시편 중에서뿐만 아니라 성경 전체를 통틀어서도 가장 널리 알려지고 애송되는 노래일 것입니다. 그렇게 친숙해지다보니 자칫 이 시편의 놀라움을 잊게 됩니다. "여호와는 나의 목자이시다"라는 뜻을 평상적인 히브리어로 쓰자면 목자라는 단어가 먼저 나올 것인데, 시인은 하나님의 이름 여호와로 첫 문장을 시작합니다. 이것은 강조를 위한 것입니다. 누가 내 목자냐고? 여호와 하나님 그분이시지! 라는 외침입니다. 여호와가 내 목자라는 표현도 범상치 않습니다. 하나님이 목자이시고 이스라엘이 그분의 양떼라는 관념은 다른 곳에도 나옵니다만(시 100:3; 겔 34:23) 늘 이스라엘 전체를 양무리로 표현하지 여기처럼 1인칭으로 "나의 목자"라고 부르지 않습니다. 이 시에서만큼은 시인이 한 마리 양의 관점에서 하나님을 바라보고 있다는 독특한 관계가 설정된 것입니다.

 양은 무력합니다. 목자가 풀밭으로 인도하고 물가로 이끌어 먹고 마시게 하며 휴식을 취해 생기를 되찾게 해 주어야 늘 제 길을 찾아("의의 길"은 곧은 길입니다) 살아갈 수 있습니다. 팔레스틴의 배경에서 하나님과 우리의 관계를 설명하기에 이처럼 친근하고 아름다운 그림을 달리 찾기는 어려울 것입니다. 5절에서는 시상의 공간이 미묘하게 전환되면서 하나님과 사람이 마주앉은 광경으로 옮겨갑니다. 성 안에서 공격당해 위태로운 처지에 있는 주인공을 하나님께서 초청하시고 공성 중인 원수들의 정찰 아래 멋진 상을 차리십니다. 환대의 기름을 부어 주시고 성찬을 나누는데도 원수는 그저 쳐다볼 뿐 할 수 있는 일이 없습니다. 얼마나 통쾌합니까.

 이 시의 참된 의미는 여섯절의 시행들 안에서 완전히 드러나지 않습니다. 비록 신약성경이 이 시편을 직접 인용되지는 않아도 예수님과 성도 간에 목자-양의 상호관계가 그대로 계승되고 있다는 것은 분명합니다(요 10:11; 벧 2:25). 더구나 예수님의 이른바 "I AM (나는 존재한다, 나는 …이다)" 선언들이 이스라엘을 부르신 하나님께서 모세에게 당신의 이름을 풀어주신 말씀 "I am who I am (나는 스스로 있는 자니라)"을 반영하고 있다는 것을 생각하면 "여호와, 나의 목자"라는 아름다운 신앙고백은 "예수, 나의 목자"라는 버전에서 완성되었다는 것을 알 수 있습니다. 나 한 사람을 세상에 유일한 존재로 여기고 돌보시는 나의 목자. 그분 안에 있으면 나는 부족함이 없습니다. 그 분의 지팡이와 막대기가 나를 이끌고 지키십니다. 그 분께서 상을 차려주시니 내 잔이 넘쳐납니다. 그 분의 선하심과 인자하심은 내 평생 나를 떠날리 없으며 나는 그분의 집에 영원히 살 것입니다. 구약 이스라엘의 성도도, 신약교회의 그리스도인들도, 이 고백을 자신의 것으로 드리며 기쁨과 안식을 누려왔습니다. 이 시는 모든 그리스도인의, 아니 온 인류의, 영원한 보배입니다.

❗ 적용하기

1. 이 시편이 묘사하는 광경들을 머릿속에 재구성할 때 당신에게 가장 뚜렷한 인상을 남기는 "장면"이 어느 것입니까? 그 이유가 무엇이라고 생각하십니까?

2. 모세, 다윗, 예수님 모두 백성을 위한 "목자"의 역할을 수행했습니다. 21세기 한국, 특별히 도시 환경에서 사신다면 목자 이미지를 충분히 이해하기 위해 어떤 노력을 해야 합니까?

👤 오늘의 기도

오늘도 푸른 초장과 쉴만한 물가로 인도해 주심을 감사하오며 주님을 나의 목자로 고백하기에 두려움 없이 주의 인도하심 따라 살게 하소서.

024

시편 24:1-10

찬송 102장

주야로 묵상할 말씀

"여호와의 산에 오를 자가 누구며 그의 거룩한 곳에 설 자가 누구인가" (24:3)

풍자만화 The Far Side 시리즈를 보면, 천국문 앞 입국수속 줄에 선 노인의 모습을 그린 컷이 있습니다. KFC 창업주인 샌더스 중령이 특유의 흰 머리에 지팡이를 든 모습으로 낭패한 표정을 짓고 있습니다. 이유인즉슨… 천국문 문지기가 닭이었습니다!

개혁주의의 자손인 우리는 사람은 믿음으로 구원받고, 그 구원은 잃어버릴 수 없기에 한 번 믿은 사람은 다 천국에 입성한다고 압니다. 언젠가 미국 보수파 루터교 목사님 한 분과 신학토론을 한 적이 있습니다. 그분은 우리가 어느 시점에서든 믿음을 부인하면 이미 받았던 구원을 잃어버린다고 믿는 분이었습니다. 오직 믿음으로 오직 그리스도를 통해서만 구원받는다는 것에는 동의하는데, 구원 이후 의지적 순종 혹은 배도 여부에 따라 그 구원이 취소될 수도 있다는 생각이 제게는 낯설었고, 한 번 믿으면 죄를 짓고 심지어 믿음을 포기해도 하나님 편에서 변한 것이 없기에 구원은 영원하다는 생각이 그에게는 낯설었습니다.

구약성경을 연구하면서 신약성경 혹은 기독교교리체계에 의해 규정된 개념과 범주를 통해 정밀한 해석을 시도하는 것은 늘 조심스러운 일입니다. 오늘 본문에는 거룩한 시온산과 신비한 성전에 누가 다가갈 수 있는지 묻는 질문이 나옵니다. "누가 여기 있을 자격을 갖췄습니까?" 학자들은 이 질문의 본래 맥락이 성전에 예배드리러 온 성도들에게 제사장이 묻는 일종의 "통과의례"였다고 추측합니다. 당신이 누구인데, 어떤 사람인데, 무슨 배짱으로 거룩하신 야웨 하나님 앞에 나아옵니까? 그렇게 질문하면 예배자는 4절에 있는 말로 혹은 그와 유사한 말로 대답을 했으리라는 것이지요. "저는 손이 깨끗하고 마음이 청결하며 뜻을 허탄한 데 두지 않고 거짓맹세하지 않았습니다"라고 말입니다. 물론 정말로 그러한 조건을 완전히 충족시켜서가 아니라, 아 나도 불합격이다 그런데 자비하시고 길이 참으시는 하나님 은혜가 있어서 여기 서 있다… 그렇게 생각하고 6절이나 그와 유사한 뜻으로 "저는 하나님을 찾는 백성 중 한 사람, 야곱의 하나님 얼굴을 구하는 자입니다"라고 고백했다고 설명하기도 합니다. 이러한 재구성의 정확성은 판정하기 어렵습니다만 그러한 정황을 생각해봄으로써 예배에 임하는 우리 자신을 돌아보는 유익이 있다 생각됩니다. 이 시가 일관되게 강조하는 것은 야웨 하나님이 주님이시고(1-2절) 그분 앞에 서려는 자는 마땅히 두려움을 가져야 하며

(3-5절), 그의 나라에 들어가기 위해서는 그분께서 자기의 전용 문을 여시고 들어가시는 길에 합류해 (7-10절) 들어가야 한다는 점입니다. 그런 뜻에서 천국 문을 여는 특별한 천사는 없습니다. KFC 회장님도 믿음만 있으면 걱정 없이 들어갈 수 있습니다. 영존하시는 하나님 평화의 왕 되신 그분을 믿는 우리는 "여호와께 복을 받고 구원의 하나님께 공의를" 얻은 이들입니다.

❗ 적용하기

1. 덕행이 구원의 조건이 아니라면 오늘 시편이 말하는 "깨끗한 손"은 우리에게 어떤 목적을 위해 필요합니까?

2. 구원관이 다른 종교인들과 (그리스도인도 물론 포함해서) 토론한다면 "오직 믿음"을 어떻게 설명하시겠습니까?

🙏 오늘의 기도

여전히 죄인이어도, 하나님을 위해 일하면서 반듯한 생각과 성실한 행동으로 주님과 사람의 인정과 칭찬을 받는 사람이 되도록 은혜를 베풀어 주소서.

025

시편 25:1-22

찬송 569장

주야로 묵상할 말씀

"여호와의 친밀하심이 그를 경외하는 자들에게 있음이여 그의 언약을 그들에게 보이시리로다" (25:14)

다윗의 시로 알려진 시편들 가운데 상당수는 제의에 사용될 법한 정형적인 모습을 갖추고 있고, 그들 중 일부는 내용 중에 왕에게 바치는 혹은 왕을 찬양하는 대목이 있기도 합니다. 이런 시들은 애초에 공공적으로 낭송 혹은 제창될 작품으로 후대에 만들어져 다윗의 이름으로 봉헌되었거나 아니면 다윗의 오리지널 작품을 후대에 개작한 것일 수도 있습니다. 하지만 "다윗의 시" 중에 유독 개인적 소회가 깊고 어린 시절 혹은 청년기에 대한 언급이 있는 경우, 위기와 고난의 정황이 상세히 기록된 경우들은 그 시의 대부분이 다윗의 것이라 보아도 무방하리라 생각됩니다. 오늘 시편이 바로 그런 시도로 보입니다. 다윗은 원수들의 거짓 비방에 시달렸습니다: "주여 나는 외롭고 괴로우니 내게 돌이키사 나에게 은혜를 주소서(16절)." 예나 지금이나 악의를 가지고 비방 공격을 하는 대적들에 대해서 할 수 있는 일이란 그리 많지 않습니다. 물론 다윗은 이스라엘의 왕이니 허튼 말하는 자를 잡아다 감옥에 보내면 되겠지만, 체포 명령 한 마디로 해결될 경우라면 애초에 억울함과 고통을 호소하는 시를 써야 할 이유가 없었을 것입니다. 어떤 상황이 되었든 이들 시들이 전제하고 있는 상황은, 다윗의 경우조차도 거짓과 비방을 일삼고 음모를 꾸미는 상대방을 오직 하나님의 손에 맡기기로 결심했다는 것입니다. 기도했더니 원수가 회개하고, 가십이나 고소를 멈추었다면 좋은 일입니다. 그렇지 않으면, 시인의 탄식이 반복되고 과거의 회상이 길어졌을 것입니다. 흥미롭게도 이 시의 경우 자신을 반성하고 회개하는 내용이 많아졌습니다. 때로 하나님은 우리 기도의 응답을 지연시키심으로써 우리의 회개와 깨달음이 깊고 견고해지도록 허락하십니다.

다윗은 자기 원수들이 승리를 거둠으로써 자신이 수치를 당하는 것을 원치 않습니다. 그러나 그가 더 싫어하는 상황은 자신을 돌아볼 기회를 놓치고 어렴풋이 평가받는 것이었습니다. 그래서 그는 자신을 들여다보고 또 들여다보았습니다. 어린 시절의 죄를 다 회개하고 하나님의 자비를 빌었습니다: "여호와여 내 젊은 시절의 죄와 허물을 기억하지 마시고 주의 인자하심을 따라 주께서 나를 기억하시되 주의 선하심으로 하옵소서(7절)." 자신 앞에 닥친 고난과 씨름하는 과정에서 내면을 살피고 죄를 회개하고 나니 하나님과 더 가까워졌습니다. 문제의 해결을 위해 간구했었는데 성령의 역사하심을 체험하게 되니 하나님에 대해 더 알고 싶

어졌습니다: "여호와여 주의 도를 내게 보이시고 주의 길을 내게 가르치소서." 그분의 은혜를 더 간절히 전하고 싶어졌습니다. "여호와의 모든 길은 그의 언약과 증거를 지키는 자에게 인자와 진리로다." "여호와의 친밀하심이 그를 경외하는 자들에게 있음이여 그의 언약을 그들에게 보이시리로다." 하나님과의 친밀한 교제를 통해 다윗은 하나님을 새롭게 알게 되었고 그분을 향한 열망을 품었습니다: "주의 진리로 나를 지도하시고 교훈하소서.. 내가 종일 주를 기다리나이다(5절)." 탄원과 찬양과 감사가 섞여 있는 이 시는 그래서 성도의 삶을 닮았습니다. 성도로서 우리 삶이 순탄하지 못해도 그분과 함께 하시면 괜찮습니다.

❗ 적용하기

1. 나를 괴롭게 하는 이들에 관해 얼마나 구체적으로 하나님 앞에 아뢰어 기도합니까?

2. 기도를 통해 인간관계의 어려움들을 해결하게 된 경험이 있으십니까?

🙏 오늘의 기도

연약하고 무능해서 주님 도움 없이는 설 수도 없사오니, 저를 넘어뜨리려 하는 자들의 공격으로부터 보호해 주시고 지혜를 주셔서 주님 주신 사명을 이루게 하소서.

026

시편 26:1-12

찬송 68장

주야로 묵상할 말씀

"나는 나의 완전함에 행하오리니 나를 속량하시고 내게 은혜를 베푸소서" (시 26:11)

우리는 하나님의 은혜와 우리의 죄성을 대비시키는 것을 자연스럽게 느낍니다. 자격이 없지만 구원해 주신 것에 감격하며 "내가 한 일이라고는 죄뿐이라" 고백하기에 익숙하다보니, 하나님 앞에서 내 자신의 의로움을 선언하면서 나를 판단해 주십사고 기도한다는 것은 매우 낯설고 심지어 불신앙적인 태도로 들리기까지 합니다. 그러나 오늘 본문은 바로 그러한 고백과 기도로 채워진 놀라운 시편입니다. 시의 첫마디부터 시인은 "나는 내 완전함을 따라 행동했고, 흔들림 없이 여호와를 의지했습니다"로 시작해서(1절) "나는 주의 진리 가운데 행했습니다(3절)," "나는 허망한 사람과 동행하지 않았습니다(4절)," "나는 악한 무리의 모임을 혐오하고 그들과 합석하지 않습니다(5절)," "내가 무죄하니 손을 씻고 주의 제단에 두루 다니며 감사의 소리를 들려주고 주의 기이한 모든 일을 알리겠습니다(6-7절)"에 이르기까지 줄곧 자신의 무죄와 온전함을 주장합니다. 학자들이 이 시편을 "무죄선언의 시"라 명명한 것도 무리가 아닙니다.

그러나 이 시편 전체를 주의해 읽은 독자는 시인의 최종 관심사가 단순한 자기변호에 있지 않다는 것을 알게 됩니다. 만일 시인이 단지 자신의 탁월한 행실과 도덕적 우월함을 주장하기 위해 이 시를 썼다면, 오늘 이 시편이 거룩한 성경이 되어 우리 앞에 놓여야 할 이유가 충분치 못했을 것입니다. 궁극적으로 시인이 청원하는 것은 하나님께서 자신을 돌아보시고 시험하셔서 (철저히 조사한다는 의미) 자신의 결백함을 밝혀 주실 뿐 아니라 그 결과로 하나님과 자신의 막힘없는 사귐이 분명해지고, 자신이 악한 무리와 구별되는 하나님 백성이라는 점이 명백히 드러나는 것입니다.

악의에 찬 비방이나 근거 없는 모함을 당하는 것은 사람이 살면서 겪는 여러 고통들 중 단연 윗자리에 속하리라 생각합니다. 살다보면 누구나 이러한 고통을 당할 때가 있습니다. 저 역시 목회현장에서 절대로 사실일 수 없는 거짓고소를 당하고 귀를 의심할 만한 악의적인 비난을 당했을 때에서야 비로소 시편에 자신의 결백함을 주장하는 호소문이 왜 그렇게 빈번한지를, 그리고 참소자들로 인한 고통을 호소하는 시인들의 심정이 어떤 것인지를 마음으로 느끼고 이해하게 되었습니다. 그러한 상황에서 우리가 하나님께서 억울함을 신원하시고 누명을 벗겨 주시길 기대하는 것은 전혀 잘못된 일이 아닙니다. 아니, 하나님을 사랑하는 성도는 마땅히 그것을 간구해야 합니다. "여호와여 내가 주께서 계신 집과 주의 영광이 머무는 곳을 사랑하오니 … 나를 속량하시고 내게 은혜를 베푸소서(8,11절)." 고통 중에도 하나님의 임재를 사모하고, 인내의 시간을 지나 주의 건지심을 경험하고 증거할 수 있는 것, 바로 그것이 우리에게 부당한 고통을 안겨준 악한 자들을 향한 "거룩한 복수"입니다.

❗ 적용하기

1. 어려움에 맞닥뜨릴 때, 특별히 억울한 비난을 받을 때 하나님 앞에 자신을 정직히 돌아보고 하나님의 평가와 인정을 사모합니까?

2. 하나님께 아뢰는 기도의 근거가 그분을 향한 사랑인 것을 확인하며 기도합니까?

🙏 오늘의 기도

주여, 악한 이들의 공격에 노출된 연약한 우리를 긍휼히 여기셔서 주의 자비와 은혜로 덮으시고 변호하여 주소서. 완전할 수는 없지만 주님을 사모하고 당신 안에서 살아왔으니 하나님께서 인정해 주시고 세워 주시는 은혜를 기대하고 간구합니다.

027

시편 27:1-14

찬송 60장

주야로 묵상할 말씀

"내 부모는 나를 버렸으나 여호와는 나를 영접하시리이다" (시 27:10)

"군대가 나를 대적하여 진 칠지라도 내 마음이 두렵지 아니하며(3절)." 중학생 때 일입니다. 어둑해지는 저녁 시간 동네 길을 걷다가 불량배 셋을 만났습니다. 잠시 멈칫하고 있는데 한 녀석이 칼자국 난 얼굴에 쓱 째려보는 눈이 아주 고약했습니다. 비겁하게 셋이서 저러니 주는 거지… 스스로 위안하며 주머니를 탈탈 털어주고 왔습니다. 셋만 둘러싸도 겁납니다. 그런데 이 시인은 군대가 자기를 둘러싸도 안 무섭고 전쟁이 일어나도 자기는 태연하다고 외칩니다. 뭘 믿고 큰소리냐? 라는 표현이 있지요. 이 사람, 뭘 믿어 이렇게 큰소리를 칩니까? 우리는 잘 압니다. "여호와는 나의 빛이요 나의 구원이시니 내가 누구를 두려워 하리요 여호와는 내 생명의 능력이시니 내가 누구를 무서워 하리요(1절)." 그렇습니다. 시인은 오랜 경험을 통해 적들은 오고 가지만 하나님은 한결같으시다는 것을 알게 되었습니다. 그래서 그는 자기를 둘러싼 군대를 물리칠 수 있는 더 큰 병력을 달라고, 원군을 보내달라고 구하는 대신 놀라운 청원을 합니다. "내가 여호와께 바라는 한 가지 일 그것을 구하리니 곧 내가 내 평생에 여호와의 집에 살면서 여호와의 아름다움을 바라보며 그의 성전에서 사모하는 그것이라(4절)." 곱씹고 암송할 가치가 있는 문장입니다. 하나님의 능력을 구하는 사람은 넘치지만, 하나님과의 사귐을 갈망하는 사람은 적습니다. 진정한 믿음은, 사랑으로 나타납니다. 그 유명한 웨스트민스터 신앙고백서 소요리문답 1번에 보면 인생의 궁극적 목적(the chief end = the ultimate purpose)이 무엇인지 묻고, "하나님을 영화롭게 하고 그를 영원토록 즐거워하는 것"이라 답합니다. 하나님의 아름다우심을 알고 그분과 함께 있기를 즐거워하는 사람은 절대 실망하지 않습니다. 이러한 확신의 지점에 오기까지 시인에게도 고통의 시간이 있었던 것을 봅니다. "나의 구원의 하나님이시여 나를 버리지 마시고 떠나지 마소서. 내 부모는 나를 버렸으나 여호와는 나를 영접하시리이다." 부모를 일찍 여의었다는 말인지 아니면 우리말 번역의 어감대로 자식을 버려두고 떠나간 경우인지는 알아낼 길이 없지만, 이 구절의 문맥을 보면 시인의 아픔만큼은 충분히 공감할 수 있습니다. 부모는 자식을 아끼고 사랑합니다. 자기 생명을 주어서라도 자식을 지키려 합니다. 그러나 살다보면 부모도 어찌하지 못하는 지점이 있고, 세상에는 부모답지 못한 부모도 간혹 있습니다. 부모가 날 실망시키고, 버리고, 떠나가더라도 하나님은 변함없이 우리 곁에 계십니다. 이 시인은 그 하나님의 선하심을 맛보고 알았습니다. 그래서 어떤 일에도 흔들리지 않는 견고한 믿음을 갖게 되었습니다. 오늘 우리도 이 믿음을, 정말로, 원하는지요? "나는 여호와를 기다리리라. 강하고 담대하게 여호와를 기다리리라(14절)" 이 고백이 우리 모두의 것 되기를!

❗ 적용하기

1. 성전을 사모하여 평생 그곳에 살기 원했던 시인처럼 우리도 교회를 사모합니까?

2. 주님이 당신으로부터 "얼굴을 가리신" 경험이 있습니까? 어떻게 그 상태를 벗어났습니까?

🙏 오늘의 기도

하루하루 살아가기 어려운 각박한 시대이지만 하나님과의 교제를 최고의 가치로 여기는 성도의 자리를 지키며 주 안에서 안연할 수 있도록 도와 주소서.

028

시편 28:1-9
찬송 524장

주야로 묵상할 말씀

"그들은 여호와께서 행하신 일과 손으로 지으신 것을 생각하지 아니하므로 여호와께서 그들을 파괴하고 건설하지 아니하시리로다"
(28:5)

다윗은 매우 급박한 상황에 몰려 있습니다. 자신을 공격하는 적들이 점점 다가와 조금만 있으면 적들에게 패배해 목숨을 잃을 것만 같은 순간을 묘사합니다. "주께서 내게 잠잠하시면 내가 무덤에 내려가는 자와 같을까 하나이다(1절)." 이 한 절을 보아도 다윗의 마음에 하나님의 자리가 얼마나 큰 지 실감납니다. 나 죽습니다라고 호소하는데 내가 패하면, 저들이 날 붙잡으면, 당장 도와주시지 않으면, … 다르게 말할 방법이 무수하지만 다윗은 "주께서 내게 잠잠하시면"을 택했습니다. 그리고 외치는 요청이 주님의 지성소를 향해 부르짖는 내 간구에 대답해 주세요! 입니다. 하나님이 대답해 주시면, 그것으로 족하다는 이 사람은 믿음의 사람 맞습니다. 어떤 이유로 우리는 내가 원한 것이 이루어지는 것을 "기도응답"이라고 부르게 되었을까요. 이 시편에서의 다윗처럼 내가 기도하는데 하나님 대답 안하시면 나 죽습니다 부르짖고, 답변을 기다린다는 의미로서의 기도응답을 새롭게 생각해봅니다.

다윗의 간구가 악인에 관한 구체적인 요청으로 옮겨 갑니다. "악인과 악을 행하는 자들과 함께 나를 끌어내지 마옵소서." 원문에서 사용한 단어 자체는 다릅니다만 의미상으로는 시 1:1을 반추하고 있습니다. "악인들의 꾀를 따르지 않고 죄인들의 길에 서지 않고 오만한 자들의 자리에 앉지 않는" 사람이라야 복된 인생일 터인데, 지금 다윗은 자기 인생이 불한당 행악자들과 함께 한 무더기가 된 듯해 견디지 못하겠다는 것입니다. 얼마나 공감이 되는지요. 학교 다닐 때 나는 안 떠들었는데도 시끄럽다고 반 전체가 벌을 서면 억울하지 않았습니까? 나는 약속을 지켰는데, 나는 세금 다 냈는데, 나는 성실히 일했는데… 다른 이들의 잘못에 뭉뚱그려져 비난받거나 공동의 책임을 질 때 우리는 억울합니다. 다윗의 토로는 바로 그러한 억울함입니다. 이웃에게 다정히 인사하지만 속으로는 악독을 품은 자들, 좋은 말은 모둠으로 하면서 뒤로는 나쁜 짓만 하고 다니는 인간들… 나도 도매금으로 취급당하고 싶지 않으니 섞어놓지 마시고 "그들이 하는 일과 그들의 행위가 악한 그대로 갚아 주시고, 그들의 손이 한 짓대로 그들에게 갚아 주십시오. 그들이 마땅히 받아야 할 만큼 그들에게 갚아 주십시오(4절)." 속이 시원해지는 요구입니다만, 우리가 이렇게 기도해도 되는지 망설여지기도 합니다. 악인도 품고 원수도 사랑해야 하지 않나요… 그러나 성도로서 나의 자긍심과 신앙양심이 훼손되면서까지 악인과 섞이고 뒹굴 필요는 없습니다. 다윗의 기도도 응답을 받았습니다. "여호와를 찬송함이여 내 간구하는 소리를 들으심이로다 .. 내 마음이 그를 의지하여 도움을 얻었도다(6-7절)." 악한 세상에서 주의 뜻을 순종하고 사는 것은 고된 장정입니다. 당장 악인을 이겨낼 수 없다면 내 자신이라도 지켜야 합니다. 다만 악에서 구하옵소서. 아멘.

❗ 적용하기

1. 스스로의 결심과 구별되는, 하나님께서 주시는 확신을 경험해 보셨습니까?

2. 하나님의 뜻을 따르기 어렵게 하는 환경을 어떻게 극복해 나가고 있습니까?

🙏 오늘의 기도

저의 충성과 애정이 하나님께로만 향하게 하시고, 죄 많고 불의한 세상이지만 주님 의지하여 주의 나라와 의를 세워나가는 일에 쓰임받게 하소서.

029

시편 29:1-11

찬송 42장

주야로 묵상할 말씀

"여호와께 그의 이름에 합당한 영광을 돌리며 거룩한 옷을 입고 여호와께 예배할지어다" (29:2)

이 시는 형태상으로는 찬양시에 속합니다. 여호와께 찬양을 돌리라는 촉구(1-2절)와 그가 찬양받으셔야 하는 이유(3-9절)를 노래하는 구조는 찬양시의 전형적 형태이고, 하나님의 왕권을 언급하는 10-11절 역시 복합적 형태의 찬양시에서 찾아볼 수 있는 요소입니다. 그런데 찬양의 이유를 제시하는 중간부분의 내용이 매우 특이합니다. 찬양시에 흔히 등장하는 하나님의 영광이나 인자함, 긍휼 같은 내용이 없습니다. 하나님께서 이스라엘을 위해 베푸신 기적이나 해방의 사건도 나오지 않고 오직 세상을 압도하고 두렵게 하는 여호와의 목소리(콜 아도나이)만 일곱 번 울리고 있습니다(3, 4[2x], 5, 7, 8, 9절). 히브리어 콜 은 사람 목소리를 포함한 모든 종류의 소리를 지칭하니 콜 아도나이는 여호와의 목소리입니다(개역개정판은 여호와의 소리로 번역했음). 대지를 다 부술 듯 천둥번개가 사방을 압도하는 가운데 시인의 영적 감수성이 그 속에서 하나님의 목소리를 들은 것이지요. 시인의 묘사를 찬찬히 보고 있으면 귀를 찢는 천둥소리와 함께 우뢰가 치는 장면을 떠올릴 수 있습니다. 폭풍이 일어 나무들이 "송아지같이 뛰고" 벼락을 맞은 나무와 들풀에서 산불이 입니다. 하늘을 찌를 듯 당당하던 거목들이 부러지고 쓰러집니다. 세차게 몰아치는 바람이 화염을 가르면서 빽빽하던 산림이 어느새 말갛게 벗겨져 가는 무시무시한 광경... 그 현장에 있었다면 누구라도 "하나님의 목소리"를 들을 수밖에 없었을 것입니다.

   그런데 이 시는 단순히 천둥번개의 위력을 보여주기 위해 쓴 것이 아닙니다. 여호와의 소리가 울려 퍼지는 공간은 이방 땅 레바논 삼림과 가데스 광야입니다. 8절을 보면 하나님께서 직접 가데스 광야를 흔들고 계십니다. 이 광경을 바라보는 무리가 있습니다. 바로 "그의 성전"에 있는 "그의 모든 것들"입니다. 그들이 무엇/누구인지 그곳이 어디인지 확실히 알기에는 표현이 너무 우회적이지만 이 성전과 관중이 예루살렘 성전에 있는 이스라엘 사람들이 아니라는 것만은 확실해 보입니다. 이 시는 전체적으로 고대근동 신화의 언어와 이미지들을 배경으로 지어졌습니다. 여호와를 찬양하도록 초청받고 있는 대상들은 "신의 아들들"입니다(브네이 엘. 개역개정에는 "권능 있는 자들"). 그들더러 여호와께 영광을 돌리라는 것은 이방 종교가 섬기는 신적존재들의 무의미함을 인정하고 여호와 하나님의 주권 앞에 굴복하라는 말입니다. 11-12절의 결말부는 "홍수 때에" 여호와께서 당신의 왕좌에 "좌정"하시고 자기 백성에게 힘을 주시고 자기 백성에게 평강의 복을 주시는 장면으로 마칩니다. 이 평강은 하나님께 도전하는 잡신들을 정복함으로써 실현됩니다. 이방인들의 신화적 틀을 빌어 하나님의 영광을 선포하고 그들이 여호와 하나님을 믿도록 전하는 이 탁월한 시를 보며 동일하신 하나님을 믿는 우리도 이런 노래를 지어 부르기를 애써야 하겠다고 생각해봅니다.

❗ 적용하기

1. 살면서 마주치는 크고 작은 일속에서 하나님의 자취를 보고자 노력하십니까?

2. 이웃에게 우리의 신앙을 설명하기 위한 좋은 접촉점을 어떻게 찾을 수 있습니까?

🙏 오늘의 기도

하나님이 말씀하시는 데 천둥소리만 듣고 말지 않도록 마음의 귀를 열어 주소서.

030

시편 30:1-12

찬송 312장

주야로 묵상할 말씀

"그의 노염은 잠깐이요 그의 은총은 평생이로다 저녁에는 울음이 깃들일지라도 아침에는 기쁨이 오리로다" (30:5)

이 시는 성전 낙성가 즉 성전을 봉헌하며 부르는 노래입니다. 히브리어로 '하누카 하바잇'이라 해서 이 시의 표제로 통합니다. 유대인 풍습에 하누카 축제가 있습니다. 주전 165년 안티오쿠스 4세 때 유대인들의 신앙을 멸절하려 성전을 부정하게 만들고 배교를 강요하던 식민지배자들과 싸워 성전을 탈환하고 정결케 했던 사건을 기념하는 명절입니다. 유대인들은 헬라 지배기의 레지스탕스라 할 이 저항운동을 마카비의 전쟁이라 부르며, 성전에서 외적을 몰아내고 성전을 탈환한 날을 기념해 하누카 명절로 지키는 전통을 이어오고 있습니다. 오늘 이 시편 30편이 바로 그 하누카 축제 때 유대인들이 애송하는 찬송입니다. 1절에 외친 대로 "원수가 승전의 기쁨을 누리지 못하게 하신" 하나님을 높이는 노래이기 때문일 것입니다.

원수를 만들고 싶어 하는 사람은 없지만, 살다보면 원수가 생기기도 하는 것이 인생이지요. 다윗은 원수에 대해 할 말이 많은 사람입니다. 직업군인들 장정들이 골리앗 앞에서 다 꼬리를 내리고 떨 때 소년의 몸으로 분연히 나서서 그를 죽이고 전세를 역전시켰습니다. 그리고 그 댓가로 … 결국 사울에게 쫓기는 몸이 되었습니다! 배은망덕이란 말은 이럴 때 쓰라고 있을 것입니다. 나라를 구하고 사울의 왕권을 세워주었는데, 날마다 큰 절을 해도 시원찮을 사울이 날마다 자신을 죽이러 다니다니요. 원수라 불러 마땅합니다. 기나긴 도피생활을 이겨내고 왕이 되어서도 험난한 길을 걸었습니다. 사람으로서 견디기 어려울 신산과 고통을 경험한 사람입니다. 사랑했던 아들, 믿었던 부하, 영적으로 의지했던 제사장까지 다윗을 배신한 사람은 많습니다. 그이들이 다 망하고 죽기를 바랄 수 있습니다. 그러나 다윗은 딱 한 마디로 상황을 종료시킵니다. "하나님, 내 원수가 나(의 몰락) 때문에 축배를 들지 못하게 하셨으니 내가 주를 높입니다!" 원수는 갚는 것이 아닙니다. 원수가 이기지 못하게 주의 도우심을 구하고 하나님께서 우리를 위기에서 건지시면 찬양하는 것이 우리의 생존방식이 되어야 합니다. 다윗은 적과 다투지 않고 적을 물리치는 법을 배웠고, 그렇게 승리했습니다.

승리에 대한 감사는 찬양으로 이끕니다. 찬양과 감사가 갈라놓기 어려울 만치 잘 녹아 있는 시행들을 보십시오. "주의 성도들아 여호와를 찬송하며, 그의 거룩함을 기억하며 감사하라 / 그의 노염은 잠간 그의 은총은 평생, 저녁에는 울음이 있어도 아침에는 기쁨이! (4-5절)" 10-11절도 그보다 못하지 않습니다: "주께서 나의 슬픔이 변하여 내게 춤이 되게 하시며 / 나의 베옷을 벗기고 기쁨으로 띠 띠우셨나이다." 운율과 평행구조의 정제된 아름다움을 보여주는 이 해묵은 시행들은 다윗의 때로부터 수천 년이 지난 오늘도 빛이 바래지 않았습니다. 우리도 슬픔이 변하여 춤이 되고, 노염은 잠깐이나 은총은 평생 가는 복된 인생 되게 하소서.

❗ 적용하기

1. 슬픔과 아픔을 주께로부터 오는 위로로 이겨낸 적이 언제였습니까?

2. 억울한 상황에서 보복하고 싶은 마음을 어떻게 이겨내고 있습니까?

🙏 오늘의 기도

제 삶의 희비가 하나님의 존귀보다 중요하지 않음을 깨닫게 하시고, 주의 손에 맡겨진 인생이오니 주께서 이끌고 이루어 가시는 대로 순종하며 가게 하소서.

시편 31:1-24

찬송 618장

주야로 묵상할 말씀

"주를 두려워하는 자를 위하여 쌓아두신 은혜 곧 주께 피하는 자를 위하여 인생 앞에 베푸신 은혜가 어찌 그리 큰지요" (31:19)

이 시는 순교자의 기도문으로 유명합니다. 예수님께서 십자가에서 숨을 거두실 때 "나의 영을 주의 손에 부탁하나이다"라는 5절의 기도를 하나님께 올려드린 이래로, 스데반 집사, 개혁자 얀 후스를 비롯한 성도들이 그 문장을 자신들의 지상 생애 마지막 기도로 사용했기 때문입니다. 그런 역사 때문에 우리는 이 시편을 대하며 숙연하지게 됩니다. 하지만 시 31편 전체, 특히 종결부 "너희 모든 성도들아 여호와를 사랑하라… 여호와를 바라는 너희들아 강하고 담대하라"를 보면 고난과 비애만큼이나 깊은 확신과 밝은 정서도 느낄 수 있습니다. 많은 탄원시에서 보듯 시인은 고통을 직시하고 그 안에서 하나님과 대화하는 가운데 먼 미래가 아닌 현재로서의 도우심과 구원을 경험하고 있는 것을 확인할 수 있습니다. 고난의 제거나 문제의 해결 이전에 신뢰와 감사가 구현되는 것, 이것이 성도의 영혼 안에 일어나는 신앙의 비밀입니다.

시인의 고통은 다각적으로 그려집니다. 그를 대적하는 무리들의 증오와 비방이 동인이 되었고, 그로 인해 시인은 심신의 극심한 쇠약과 고통을 겪게 됩니다. 그의 묘사는 독자들의 몸이 움찔거릴 정도로 생생합니다. "내가 근심 때문에 눈과 영혼과 몸이 쇠하였나이다. 내 일생을 슬픔으로 보내며 나의 연수를 탄식으로 보냄이여 내 기력이 나의 죄악 때문에 약하여지며 나의 뼈가 쇠하도소이다(9-10절)." 대적들로 인한 스트레스가 병인일 듯한데, 자신의 죄를 언급합니다. 육신의 병으로 인해 마음이 약해지니 공연히 죄책감이 일어 한탄한 것이 아니라, 성숙한 신앙인답게 몸의 아픔을 통해 자기 영혼을 들여다보았기 때문입니다. 몸과 맘은, 두 글자가 닮았듯이, 상대편 없이 홀로 있을 수 없고 서로를 만들어가는 파트너입니다. 나를 공격한 자들 때문에 겪는 '울화증이다' '심인성 질환이다'라고 생각했다면, 그의 병은 사람과의 관계를 해결해야 치료되었을 것입니다. 그러나 시인은 아픔과 고통을 자기 영혼의 것으로 이해하고 그 해결을 하나님과의 관계에서 찾았습니다. 하나님과 어떤 관계성 속에 있는지가 자신의 평안, 본래 의미에서의 온전함(웰빙)을 좌우한다는 것을 그야말로 뼛속 깊이 깨달았기 때문입니다. 오늘 너무 많은 성도들이 건강과 행복에 관해 매우 비성경적 태도를 갖고 살아갑니다. 말씀과 기도로 하나님과 생동하는 교제를 갖지 않아도 웰빙 음식에 보약 먹고 운동 열심히 하면 "심신이 건강해서" "행복하게" 살 수 있다고 믿는다면, 그것은 신앙의 관점이 아닙니다. 그것은 우리의 육체는 후패해도 속사람은 날로 새롭다는 사도의 인식과 (고후 4:16) 너무나 동떨어진 생각입니다! 우리는 심신의 연약함을 통해서라도 이것을 체험하고 고백하는 일이 필요합니다: 주께 피하는 자를 위하여 인생 앞에 베푸신 은혜가 어찌 그리 큰지요!

❗ 적용하기

1. 평소 자신의 몸의 상태를 영적인 면에 연결해서 생각하는 편이십니까?

2. 죽음이 닥친 순간에 낭송하고 싶을만치 사랑하는 성경구절이 있다면 무엇입니까?

🙏 오늘의 기도

슬픔과 고난을 스스로 피하지 못하는 인생이오니, 하나님 앞에 피하는 자에게 약속하신 은혜를 베푸셔서 건지시고 구원해 주소서.

시편 32:1-11

찬송 388장

주야로 묵상할 말씀

"악인에게는 많은 슬픔이 있으나 여호와를 신뢰하는 자에게는 인자하심이 두르리로다" (32:10)

그 죄를 고백하지 않아 "뼈가 쇠하고 … 진액이 빠지는" 고통을 겪었다고 말했을 만큼 다윗을 괴롭힌 죄가 무엇이었는지 우리는 모릅니다. 성경이 기록하지 않았으니 사실 알 필요도 없습니다. 중요한 것은 자기 죄를 고백하고 누리게 된 다윗의 자유와 기쁨을 이해하고 공감하는 일입니다. 객관적으로 좀더 심각한 죄이든 가벼운 죄이든, 거듭난 주의 백성은 죄를 품고 살아가지 못하도록 되어 있습니다. 그래서 죄를 토설하지 못하고 품으면 자신의 영혼에 독소가 되어 심신이 피폐하게 됩니다. 그 상태를 절실히 체험했던 다윗은, 죄를 자백하고 용서받지 못한 상태를 여름 가뭄에 바짝 말라버린 식물에 비유합니다. 견디다 못해 죄를 고백하고 난 후 하나님의 사하심을 받게 되자 그는 노래하지 않을 수 없었습니다. "허물의 사함을 받고 자신의 죄가 가려진 자는 복이 있도다. 마음에 간사함이 없고 여호와께 정죄를 당하지 아니하는 자는 복이 있도다"(1-2절). 의인 선인 위인이 다 복됩니다. 그러나 거기까지 미치지 못하더라도 매일 삶의 현장에서 정직과 후의를 붙들어 보려고 씨름하는 보통 사람들도, 복됩니다. 허물을 용서받은 것만으로도, 하나님의 정죄에서 벗어나 있는 것만으로도, 그들은 복된 사람들입니다. 거룩하신 하나님 앞에서 자신의 죄악됨을 실감하고 떨어보지 않은 사람들은 하나님의 정죄의 대상이 아니라는 말이 얼마나 엄청난 말인지 알기 어렵습니다. 사도바울은 "오호라 내가 곤고한 사람이로다 누가 이 사망의 몸에서 나를 건져낼꼬!"하며 탄식을 거듭하다가 "그리스도 예수 안에 있는 자에게는 결코 정죄함이 없다!"라는 환호를 터뜨렸습니다(롬 7:24-8:2). 사죄를 경험한 다윗은 그것을 모든 사람에게 권합니다. 신앙인이라면 주 앞에 나아갈 기회를 얻어 기도하라고, 어리석은 가축처럼 재갈로 단속해야할 존재가 되지 말고, 스스로 깨닫고 고쳐 새롭게 살라는 부탁입니다. 이 시편은 완벽한 삶을 요구하지 않습니다. 자기 죄를 고백하고 용서받은 자가 곧 마음이 순진한 자요 의인이요 경건한 자입니다. 그 회개를 위해 거창한 준비가 필요하지도 않습니다. "내 허물을 여호와께 자복하리라" 그렇게 결심만 하면, 그 결심을 실행만 하면, 주께서 죄악을 사하시고(5절) 홍수조차 위협할 수 없는 견고한 삶을 우리에게 주십니다(6절). 이런 경험을 한 사람은 하나님을 기뻐하고 즐거워할 수밖에 없기에 모든 이를 그 찬양으로 초청하게 됩니다: "너희 의인들아 여호와를 기뻐하며 즐거워할지어다 마음이 정직한 너희들아 다 즐거이 외칠지어다"(11절). 이것을 이해하지 못하면 죄 속에 살다 죽는 짐승만큼 딱한 인생, 악인의 인생이 되고 말 터이니, 우리는 반드시 여호와를 신뢰하고 그의 인자하심의 울타리 안에 보호받는 삶을 살아야겠습니다.

❗ 적용하기

1. 악한 사람에게 근심과 슬픔이 많다고 생각하십니까?

2. 하나님 앞에 죄를 토설하는 습관을 가지려면 어떻게 해야 합니까?

🙏 오늘의 기도

주 앞에 비밀이 없는 사람. 죄를 짓지만 회개하고 용서받는 사람. 죄인이기에 더더욱 주님과 가까이 있는 사람. 언제나 주님을 신뢰하는 사람. 이런 사람 되게 하소서.

033

시편 33:1-22

찬송 39장

주야로 묵상할 말씀

"우리 영혼이 여호와를 바람이여 그는 우리의 도움과 방패시로다"
(33:20)

하나님을 만난 사람은 자신이 감히 하나님을 안다고 말할 수 있는지 두려워합니다. 그러나 역설적으로 그런 두려움을 가진 사람이라야 비로소 하나님에 관하여 말할 수 있을 것입니다. 오늘 시인은 하나님의 권능과 위엄 앞에 압도되어서 "온 땅은 여호와를 두려워하며 세상의 모든 거민들은 그를 경외할지어다"라고 외칩니다(8절). 하나님은 말씀으로 천지를 지으셨고 우주를 질서와 조화로 다스리십니다(6–7절). 하나님이 뜻하시고 명령하시면 그대로 이루어지고 흔들림이 없습니다(9절). 세상에서 가장 힘센 것은 군주이고 국가들이겠지만 하나님 앞에서 그들은 아무것도 아닙니다. 열국의 계획도 하나님께서 승인하지 않으면 아무 일도 일어나지 않습니다(10절). 그러니 주목받을 분은 오직 하나님이십니다. 그분의 계획과 설계는 영영히 우뚝 서기 때문입니다(11절). 이 두려움은 성도라면 당연히 경험하는 경외감이며, 모든 종교성과 지식의 출발점입니다(잠 1:7). 단언컨대 하나님을 두려워해보지 않은 사람은 하나님을 만난 일이 없는 사람입니다. 그러나 하나님에 대한 두려움이 믿음의 종착역일 수는 없습니다. 하나님과의 사귐을 가진 성도는 그 두려움의 자리에 머무르지 않는 법입니다. 그분의 말씀과 행동은 모두 올곧고 진실합니다(4절). 당신의 거처인 하늘에서 우리들의 삶을 굽어 살펴보시고(13-15절), 당신을 경외하고 그 인자하심을 바라는 자들을 주목하셔서 그들의 생명을 보존해 주십니다(18-19절). 이 하나님은 세상 어떤 힘과 비할 수 없는 힘을 가지셨지만 하늘 높은 곳에서부터 우리에게 마음을 두시고 굽어보시는 다정한 하나님이십니다.

이것을 이해한 사람에게 찬양은 숨쉬듯 자연스럽기 마련입니다. 시편의 많은 찬양시와 마찬가지로 여기서도 찬양의 촉구가 첫머리에 오지만, 특이하게도 찬양의 자리에 초대받은 이들은 의인 즉 정직한 자입니다: "너희 의로운 이들아 여호와를 즐거워하라 찬송은 반듯한 이들이 마땅히 할 일이다(1절, 사역)." 공의와 정의를 사랑하시는 하나님께서 (5절) 당신의 보좌로 부르시는 무리는 짜디킴(의로운 사람들)과 여샤림(반듯한 사람들)입니다. 이것은 하나님께서 죄인을 물리치신다는 의미가 아니라 하나님과의 올바른 관계에 있는 자(의로운 사람), 자신을 둘러싼 이웃과 올바른 관계에 있는 자(반듯한 사람)라야 참으로 하나님을 경배할 수 있다는 의미입니다. 예수께서도 예배드리다가 형제와 우애하지 못한 일이 생각난 사람은 가서 먼저 화해하고 오라는 말씀을 하셨습니다(마 5:23). 하나님께서는 타락한 사람의 화려한 노래보다 반듯하고 올곧은 의인의 투박한 찬미를 더 기뻐하십니다. 그분의 전존재가 진실이요 정직이기 때문입니다(4절). 그분에게 합당한 찬송을 드릴 적격자로 판정받고 싶습니다!

❗ 적용하기

1. 예배자로서 가족 그리고 이웃과의 관계를 좋게 하기 위해 어떻게 애쓰시는지요?

2. 하나님을 향한 두려움과 기뻐함을 균형 있게 누리고 있으신가요?

🙏 오늘의 기도

주를 경외하고 주의 인자하심을 바라보오니 우리를 버리지 마시고 우리의 도움과 방패가 되사 승리케 하옵소서.

034

시편 34:1-22

찬송 412장

주야로 묵상할 말씀

"너희는 여호와의 선하심을 맛보아 알지어다. 그에게 피하는 자는 복이 있도다" (34:8)

이 시는 "다윗이 아비멜렉 앞에서 미친 체 하다가 쫓겨나서 지은 시"라는 설명으로 시작합니다. 다윗은 골리앗을 죽이고 이스라엘의 영웅이 되었지만 사울의 질투로 인해 생명이 위태롭게 됩니다. 천만다행히도 생명을 바꿀만한 친구인 요나단이 왕명이기도 한 아버지의 뜻을 거스르면서 다윗을 도피시켜 주었고, 제사장 아히멜렉 역시 자신의 목숨이 위태로와질 것을 알면서도 다윗에게 음식과 무기를 내어주며 하나님의 뜻을 여쭈어 주었습니다. 그러나 아무리 요나단과 아히멜렉이 다윗을 아껴주어도 사울의 손으로부터 보호해 줄 힘은 없다는 것을 다윗은 잘 알았습니다. 그래서 그는 놉 땅을 떠난 즉시로 국경을 넘어 가드 왕 아기스에게 망명을 신청합니다. 사울이 너무나 두려웠기 때문입니다(삼상 21:10). 아기스의 신하들은 다윗이 누군지를 잘 알았습니다. 사방을 두렵게 하던 거인 골리앗을 죽인 사내요 "사울이 죽인 자는 천천이요 다윗은 만만이로다"는 노랫말처럼 이스라엘의 에이스로 추앙받는 용사인 다윗은 그들이 받아들이기에는 부담스런 존재라고 왕에게 전언했습니다. 아마도 이미 정보망을 통해 사울이 다윗을 죽이려 한다는 것을 파악했을 것입니다. 돌아가는 상황을 본 다윗은 다시 마음에 두려움이 차올랐습니다(삼상 21:12). 자신을 경계하는 이들을 안심시키기 위해 광인 행세를 하자 아기스는 이런 사람을 데려왔느냐고 역정을 내며 다윗을 물리칩니다. 아기스의 경계심이 풀린 것을 파악한 다윗은 바로 몸을 피해 아둘람 굴로 은신하게 됩니다(삼상 22:1).

이 상황에 비추어 보면 "여호와에게 피하는 자는 복이 있다"는 8절의 선언이 얼마나 절실하고 삼엄한 현실에서 길어올린 고백인지를 생각하게 됩니다. 생명의 위협 앞에서 사람에게 피해 보고, 그 허망함을 절실히 경험해 본 사람, 그리고 새로운 각오로 하나님 앞에 나아가 위험에서 건지시고 필요를 채우시는 은혜의 풍성함을 맛본 사람의 기도입니다. "이 곤고한 자가 부르짖으매 여호와께서 들으시고, 모든 환란에서 구원하셨도다(6절)," "여호와를 경외하는 자에게는 부족함이 없고, 설령 젊은 사자가 굶는 일이 있다 하더라도 여호와를 찾는 이에게는 부족함이 없으리로다(9-10절)" 이 고백이 어떻게 아둘람 굴에 숨고 골짜기를 누비며 사울의 추적을 피해 다니는 곤비한 삶 속에서 나올 수 있었단 말입니까! 신앙은, 그래서 기적입니다. 신앙을 통해 기적을 경험하는 이상으로, 우리가 붙들어야 할 중요한 사실입니다. 도무지 믿음을 지탱할 수 없어 보이는 절망적 상황에서도 오히려 믿음이 굳세어지고 하나님의 은혜를 깊이 경험하는 성도들을 볼 때마다, 믿음 자체가 하나님의 선물이심을 새삼 확인합니다.

❗ 적용하기

1. 어려울 때 사람보다 하나님의 도움을 찾는 일에 좀더 익숙해져가고 있습니까?

2. 하나님의 크심을 노래하고 높여드리며 나 자신도 커가는 경험을 하고 있습니까?

🙏 오늘의 기도

의인의 고난 중에 건지시고 보호하시는 하나님, 저는 의인이라 불릴 자격이 없지만 크신 은혜에 의지하여 나아가오니 도우시고 건져 주소서.

시편 35:1-28

찬송 38장

주야로 묵상할 말씀

"여호와여 나와 다투는 자와 다투시고 나와 싸우는 자와 싸우소서"
(35:1)

인생의 영욕을 다 맛봤다는 표현이 상투적이지 않을 수 있는 사람. 다윗이 그런 사람입니다. 사람으로 경험할 수 있는 최정상의 체험부터 살아야 할 이유를 모르겠다할 바닥 체험까지… 다윗은 그 정상에서도 하나님을 노래했고 바닥에서도 하나님을 찬양했습니다. 채신머리없다고 아내에게 핀잔을 들을 지경으로 기뻐 뛰면서, 눈물에 침상이 뜰만치 슬픔에 몸부림치면서, 세상 누구도 자기를 이해해주지 못할 것 같은 고독의 순간에, 찬양했습니다. 그 다윗이 이 시에서 하나님께 드리는 노래는, 흐느낌이고 절규입니다. 친구들이 나를 배신했습니다. 병든 그들을 위해 금식하고 기도했는데 내가 넘어지니 죽어버리라 달려드네요 … 이런 처지에 제가 하나님 말고 누구에게 가겠습니까 … 이 배신은 다들 모이자 해놓고 정작 본인은 급한 일이 생겨 못온다는 친구에게 "배신때렸다" 타박하는, 그런 것이 아닙니다. 다윗이 그들을 위해 어떻게 했는지 알아야 합니다: "내가 나의 친구와 형제에게 행함같이 그들에게 행하였으며 내가 몸을 굽히고 슬퍼하기를 어머니를 곡함같이 하였도다(14절)." 그런데 지금, 바로 그 사람들이, 웅덩이에 그물을 쳐 놓고 "까닭 없이" 다윗을 해하려 기를 씁니다(7절). 다윗의 몰락에 박수를 치고 신나서 파티를 엽니다. 오죽하면 다윗이 "그들이 나로 말미암아 기뻐하지 못하게 하소서(24절)"라고 기도하겠습니까. 내가 힘들 때 기뻐하고, 내가 망하기만 기다리고, 내가 한숨 쉴 때 웃음을 터뜨리는 사람들! 내 주위에 그런 사람들이 있다면, 내 몰락이 자신의 기도제목인 그런 사람들을 알면서도 함께 지내야 한다면, 내 마음이 어떨지 감히 상상만 해봅니다. 이 시의 상황은 전혀 매력적이지 않습니다. 할 수만 있으면 피하는 것이 당연합니다. 그런데 우리 인생에 그런 순간 그런 상황은 찾아오게 되어 있습니다. 험한 꼴은 면피해 주시면 좋으련만, 원수가 독한 마음을 먹고 괴롭힙니다. 뭘 어떻게 해야 하지요? 다윗의 대답은 언제나 같을 것입니다. "내 모든 뼈가 이르기를 여호와와 같은 이가 누구냐 그는 가난한 자를 그보다 강한 자에게서 건지시고 가난하고 궁핍한 자를 노략하는 자에게서 건지시는 이라 하리로다(10절)." 십대소년의 몸으로 괴물장수 골리앗을 노려보며 "만군의 여호와의 이름으로 나아간다!" 외치고 승리했던 다윗. 그 승리는 하나님이 도우셔서 이루어진 기적임을 알았기에 그는 늘 여호와를 의지했고 그 믿음의 확증을 얻었습니다. 위기상황이 해결되지 않으면, 기도가 응답되지 않으면, 더 오래 기도했습니다. 탄식하고 호소하고 부르짖으며 요청했습니다. "주여 어느 때까지 관망하시려 하나이까 내 영혼을 저 멸망자에게서 구원하시며 내 유일한 것을 사자들에게서 건지소서(17절)." "잠잠하지 마옵소서 주여 나를 멀리하지 마옵소서(23절)." 우리가 누구이길래, 다윗처럼 기도하지 않고 살 수 있을까요. 다윗처럼 기도하고, 다윗의 고백을 우리 것 삼았으면 좋겠습니다. "나의 혀가 주의 의를 말하며 종일토록 주를 찬송하리이다(28절)."

❗ 적용하기

1. 믿음의 길을 함께 격려하고 지켜줄 당신의 파트너와 어떻게 교제하고 있습니까?

2. 우리 사회에 만연한 거짓과 몰염치를 이기고 위해 기도하고 투쟁하십니까?

🙏 오늘의 기도

공평과 정의로 다스리시는 하나님. 저는 연약하오니 악한 자들의 공격에 꺾이지 않도록 지켜 주시고 주를 따르는 저의 발걸음이 어긋나지 않게 하소서.

036

시편 36:1-12

찬송 447장

주야로 묵상할 말씀

"하나님이여 주의 인자하심이 어찌 그리 보배로우신지요 사람들이 주의 날개 그늘 아래에 피하나이다" (36:8)

이 시편은 악에 붙들린 삶(1-4절), 하나님의 보호 아래 있는 삶(5-9절), 그리고 양자를 대비해 보여주는(10-12절) 구조로 되어 있습니다. 악에 대한 관찰과 이해는 그리스도인에게 매우 중요합니다. 선하고 거룩한 것만 생각하기에도 벅찬데 악하고 추한 것에 관심을 두지 말자는 생각은 성경의 관점과 다릅니다. 적을 알고 나를 알아야 백전백승한다는 말처럼 악이 어떻게 작동하는지, 사람의 마음을 장악한 악이 어떻게 인격을 파괴하는지를 알아야 죄인의 절망과 복음의 충격, 구원의 감격을 제대로 이해할 수 있습니다. 성경이 악인이라 부르는 사람은 우발적 범죄자가 아니라 오랜 시간에 걸쳐 죄를 습성화한 사람, 죄의 지배력에 이미 굴복한 사람입니다. "악인의 마음 깊은 곳에는 죄의 속삭임만 있어, 그의 눈에는 하나님을 두려워하는 기색이 조금도 없습니다. 그의 눈빛은 지나치게 의기양양하고 제 잘못을 찾아서 버릴 생각은 전혀 없습니다(2절—표준새번역)." 바늘 도둑이 소도둑 된다는 속담처럼 처음에는 겁내며 짓던 죄가 거리낌 없는 정도를 지나 오히려 의기양양해하는 그곳이 "죄의 노정"이 그를 이끌어 데려온 지점입니다. 어쩌다 실수로라도 지혜롭고 선한 행동을 하는 일조차 없을만치 악이 내면화되어버린 이 사람은 잠자리에서도 죄지을 궁리를 하고 누가 시키지 않아도 악한 일에 나서고 악한 일을 할 기회가 생기면 절대로 거절하지 않습니다. 그야말로 요즘말로 웃프다는 표현이 생각나는 광경입니다. "죄의 중독"이라고 부를 이 상태에 이르기 전에 멈춰야 합니다.

하나님 안에 있는 삶은 완전히 다릅니다. 그의 인자와 진실은 온 세상을 채우고, 그의 의로운 심판은 대해와 같이 만유를 품습니다(5-6절). 당신의 피조세계를 사랑하시는 하나님이시기에 사람뿐 아니라 짐승도 건져주시며, 사람들은 그의 인애(헤세드)를 찾아 그분의 날개 아래 피하고 그의 집에서 복락의 강수를 길어 마십니다. 그분 안에서는 굶주림이 없고 목마름이 없습니다(6-8절). 복된 삶에 대한 이러한 묘사가 "환상적"으로 들릴 수는 있지만 일부 학자들이 부르듯 "종말적"이지는 않습니다. 시인이 이 복락을 마지막 때에 혹은 내세에서나 경험할 것으로 본다는 증거가 전혀 없기 때문입니다. 우리는 말씀대로 "생명의 원천이 주께 있사오니 주의 빛 안에서 우리가 빛을 봅니다"라고 현재시제로 고백하고, "주를 아는 자들에게 주의 인자하심을 계속 베푸시며 마음이 정직한 자에게 주의 공의를 베푸소서"라는 기도로 우리의 미래를 맡기면 됩니다. 모든 것을 잃고 오직 시어머니를 따라 이스라엘로 온 모압 여인 룻에게 보아스는 "여호와께서 그의 날개 아래에 보호를 받으러 온 네게 온전한 상 주시기를 원하노라(룻 2:12)"라는 말로 축복하고 자신의 호의를 베풀었습니다. 하나님의 인애가 필요한 이에게 우리의 호의를 베푸는 것, 그것이 우리의 인애입니다.

❗ 적용하기

1. 하나님의 인애가 필요한 분을 위해 당신의 호의를 어떻게 전해주고 있습니까?

2. 소모되지 않고 끊임없이 생명의 강수로 채워지는 신앙생활의 비결은 무엇일까요?

🙏 오늘의 기도

인애로 우리를 살리시고 붙드시는 하나님, 당신의 인애가 절실히 필요한 분들이 많습니다. 그들을 위한 하나님의 계획에 저를 사용해 주셔서 당신의 인애를 전하게 하소서.

037

시편 37:1-40

찬송 375장

주야로 묵상할 말씀

"여호와께서 온전한 자의 날을 아시나니 그들의 기업은 영원하리라" (37:18)

　기독교 신앙에 대한 도전중 하나가 "당신들이 믿는 신이 선하고 위대한 신이라면 왜 세상에 악을 허용하는가?" 아니면 "하나님이 계시다면 왜 악한 사람들이 잘 먹고 잘 살도록 내버려두시고 저렇게 착한 사람이 고생하는데 가만히 계시는가?" 같은 질문으로 표현되는 이른바 신정론의 문제제기입니다. 시편 37편은 신정론을 다루는 시로 흔히 알려져 있습니다만 이 시에서 시인의 질문과 고민을 읽을 수 있고 하나님에 관한 그의 믿음을 짐작할 수는 있어도 그것은 "신정론"에 관한 철학적 논의가 아닙니다. 시인은 하나님의 존재 여부나 하나님의 도덕성에 관한 이론적 설득 대신 고난과 의문투성이인 세상에서 나는 무엇을 해야 하는가? 오늘 내 삶의 자리에서 내가 하나님의 사람이라는 것이 어떤 차이를 드러내는가? 라는 문제의식을 갖고 씨름하고 있습니다.

우리에게 주시는 말씀의 시작이 의미심장합니다: "악을 행하는 자들 때문에 불평하지 말며 불의를 행하는 자들을 시기하지 말지어다(1절)." 우리는 먼저 자신이 악인의 존재감에 의해 휘둘리는 상태를 벗어나야 합니다. "악의 문제"는 사실 우리 앞에 보이는 악인의 문제이고 우리가 찾아야 할 답 역시 우리 삶의 반경 내에서의 행동방침으로 표현되어야 합니다. 오늘 시편은 손해볼 줄 알면서도 여전히 하나님을 따르고 신앙과 양심을 지키는 이들, 악인의 비난과 조롱이 힘겹지만 꿋꿋이 의로운 길을 걸어가는 사람들에게 위로와 확신을 줍니다. 첫째, 악인의 형통은 한시적이라는 것입니다. 악인은 결국 "끊어지고," "사라지고," "그곳을 자세히 살펴도" 찾지 못하게 될 것입니다. 당장은 그들이 득세하고 재물을 쌓고 있지만 악인의 자손은 끊어지고 "어린 양의 기름같이 타서 연기가 되어" 사라집니다. 반면에 의인은 결국 땅을 차지하고 의인의 자손들이 복을 받으며 그들의 기업이 영속합니다. 의인의 삶이 결국에는 우월하게끔 되어 있다는 말씀입니다. 둘째, 의인은 악인들이 이해할 수 없는 전혀 다른 종류의 형통을 누립니다. 의인이 세상의 경주에서 뒤처지거나 넘어지는 것으로 보여도 그는 "아주 엎드러지지" 않습니다. 하나님의 손이 붙들고 있기 때문이지요(23절). 악인들은 자신을 의지하지만 의인은 하나님께서 구해주시고 지켜주십니다(39-40절). 악인을 향해 의로운 분을 품을 수 있지만 그것이 성도의 마음을 지배하고 시기와 증오를 일으키도록 해서는 안 됩니다. 성도의 마음은 주의 영이 거하시는 처소이니까요. 우리가 할 일은 불의한 세상 속에서도 하나님을 의지하고 선을 행하며 그의 신실하심을 삶의 원칙으로 삼는 것입니다(3절). 그렇게 할 때 하나님의 약속이 이뤄집니다: "네 길을 여호와께 맡기라 그를 의지하면 그가 이루시고 네 의를 빛같이 나타내시며 네 공의를 정오의 빛같이 하시리로다(5-6절)."

❗ 적용하기

1. 여호와를 의뢰하고 선을 행하라는 명령을 어떻게 실행하십니까?

2. 인생길을 하나님께 맡기는 데 어려움을 겪는 이유가 무엇인가요?

🙏 오늘의 기도

불의를 행하는 무리 때문에 낙심하지 말게 하시고, 공의로 다스리시며 자기 백성을 버리지 않으시는 하나님만 믿고 따르게 하소서.

038

시편 38:1-22

찬송 543장

주야로 묵상할 말씀

"주여 나의 모든 소원이 주 앞에 있사오며 나의 탄식이 주 앞에 감추이지 아니하나이다" (38:9)

시인은 심한 고통을 겪고 있습니다. "주의 화살이 나를 찌르고 주의 손이 나를 심히 누르시나이다"라는 충격적인 서술로 시작해 이어지는 고통과 상처에 대한 묘사는 읽는 독자를 고통스럽게 만들 정도로 세밀합니다. 살과 뼈에 성한 곳이 없고(3절) 두통은 견딜 수 없으며(4절) 상처는 썩어 냄새가 납니다(5절). 척추만곡과 우울증(6절), 신열과 각종 피부질환(7절), 만성피로와 심인성 불안강박(8절), 심박 불규칙, 탈진, 시력저하, 무기력증(9-10절)에 이르기까지 질병의 목록이 암울합니다. 그 누가 됐든지 이런 병력을 지니고는 정상적인 생활을 할 수 없을 것입니다. 과연 시인의 주위에 있던 사랑하는 이들은 그를 떠나고 그에게 관심을 갖는 사람은 오직 그의 적들뿐인 처지가 되었습니다(11절). 자신이 가졌던 모든 것을 빼앗기고 남은 것은 언제 죽을지 모르는 피폐한 몸뚱이와 자신이 사랑했던 하나님에게 느낀 실망, 그리고 그의 죄를 지적해 그를 굴복시키는 데만 관심이 있는 "친구이기를 포기한 친구들"뿐이었던 욥의 처지와 꼭 닮아있습니다. 이 시편의 시인도 육체의 통증보다 더 심한 것이 악한 "원수"의 공격인 것을 경험했습니다. 그 원수는 강합니다. 한둘이 아니고 여럿입니다(19-20절). 선행을 할 능력이 있음에도 선행을 할 기회를 악행에 씁니다(20절). 시인이 선을 추구한 것을 비아냥거리는 것만으로 모자라 세력을 만들고 온 힘을 다해 그의 일을 방해합니다(20절). 그가 넘어지라고 덫을 놓고 어떻게 해야 그를 파멸시킬 수 있을지를 드러내 놓고 의논합니다(12절). 이런 형편이 되면 화병으로 쓰러지지 않을 사람이 없어 보입니다.

그러나 놀랍게도 시인은 그처럼 작심해서 덤벼드는 악인들에게 대응하지 않습니다. 자신은 듣지 못하고 말하지 못하는 사람처럼 입을 열지 않겠다 말합니다(13-14절). 그는 악인들을 자기 인생문제의 핵심으로 보지 않고 오직 하나님에게로 향했습니다. "주님, 내가 기다린 분은 오직 주님이십니다. 나의 주, 나의 하나님, 나에게 친히 대답하여 주실 분도 오직 주님이십니다(15절, 표준새번역)." 고난의 시간을 통해 주님을 기다린 시인은 자신의 잘못과 죄를 깨달아 뉘우치고 애통해합니다(17-18절). 이 시편은 대부분의 탄원시와 달리 시 안에서 아무런 해결이 나타나지 않은 상태에서 기도응답의 증거도 힌트도 없이 끝납니다. 그러나 우리는 압니다. 이 시의 초두에서부터 하나님의 긍휼을 구했고("여호와여 주의 노하심으로 나를 책망하지 마시고 주의 분노하심으로 나를 징계하지 마옵소서," 1절) 도움을 간청하며 시를 마무리한 시인이 ("여호와여 나를 버리지 마소서 나의 하나님이여 나를 멀리하지 마소서. 속히 나를 도우소서 주 나의 구원이시여," 21-22절) 그 기도의 응답을 받았으리라는 것을. 수많은 성도들, 구름같이 둘러선(히 12:1) 믿음의 선진들이 그것을 증거하고 있습니다.

❗ 적용하기

1. 억울한 일을 당할 때 하나님께서 해결하실 것을 기대한다면 어떻게 행동해야 합니까?

2. 심신의 고통을 겪을 때 끝까지 주님을 붙드는 힘을 어디서 얻습니까?

🙏 오늘의 기도

현실이 바뀌지 않고 질문에 대답이 없으셔도, 육체의 기력이 쇠하고 소망이 멀어 보여도, 생명의 언약을 주신 하나님을 믿고 따르게 하소서.

시편 39:1-13

찬송 365장

주야로 묵상할 말씀

"주는 나를 용서하사 내가 떠나 없어지기 전에 나의 건강을 회복시키소서" (39:13)

다윗이 중병에 걸렸습니다. 어지간히 아픈 것이 아니라 목숨이 오락가락했던 것 같습니다. 죽음의 문턱에 다녀오는 임사체험을 한 사람들은 삶을 보는 눈이 달라진다고 합니다. 자기 인생이 주마등처럼 눈앞에 지나간다든지 복잡하고 어려워서 어찌하지 못하던 일이 일순간 명확해지는 "개안"을 경험하기도 합니다. 오늘 시편에서 다윗의 "개안" 체험을 엿볼 수 있습니다. 첫째, 그는 삶이 헛되다는 것을 분명히 보았습니다. "주께서 나의 날을 한 뼘 길이만큼 되게 하시매 나의 일생이 주 앞에는 없는 것 같사오니 사람은 그가 든든히 서 있는 때에도 진실로 모두가 허사뿐이니이다(5절)." 우리 생이 덧없다는 것을 모르는 사람은 없습니다. 그러나 그것을 절실히 아는 사람도 없습니다. 정말 자기 삶이 막바지에 다다랐다는 것을 인정하기까지는 말입니다. 사실 다윗이 이 병을 앓기 전에 자신의 삶을 돌아보았었던 심경이 기록되어 있습니다: "나의 종말과 연한이 언제까지인지 알게 하사 내가 나의 연약함을 알게 하소서(4절)." 이런 기도를 드릴 때 그는 연약하지 않았습니다. 자신이 약하다는 것을 확인하고 싶어 하는 사람은, 약한 사람이 아닐 것입니다. 다윗이 참으로 자신의 연약함을 체험한 후의 고백은 6절에 있어 보입니다: "진실로 각 사람은 그림자 같이 다니고 헛된 일로 소란하여 (재물을, 업적을) 쌓으나 누가 거둘는지 알지 못하나이다(6절)." 자신의 수고가 아무리 대단한 결과를 낳아도 그것을 자기가 가져갈 수 없다는 말입니다. 그림자와 같아 거기 있지만 있다고 할 수 없는, 연약하고 허무한 존재가 우리입니다. 다윗이 그것을 알게 되었습니다. 둘째, 다윗은 자신이 죄인인 것을 확인했습니다. 자신이 겪는 질병이 인간의 죄에서 비롯되었고, 직접적으로는 자신의 죄행과 연결되어 있음을 재확인하고 그의 고백이 계속됩니다. "나의 행위를 조심하여 내 혀로 범죄하지 아니하리니(1절),""나를 모든 죄에서 건지시며(8절),""주의 징벌을 나에게서 옮기소서(10절),""주께서 죄악을 책망하사 사람을 징계하실 때에…(11절)" 다윗이 얻은 새로운 이해는 지식적으로 심화된 이해 정도의 것이 아닙니다. 알았던 지식 그러나 몰랐던 실체를 새롭게 경험함으로써 나의 존재 전체를 흔들고 바꾸어놓는 경험일 것입니다. 오늘 우리도 같은 체험이 필요합니다. 위대한 교리 정통적 신학을 장착하면 내가 말씀대로 살아지고 능력이 나를 통해 일하신다는 보증이 없습니다. 우리는 믿는 바를 늘 점검하고 그것을 오늘 나의 현실로 체험하고자 하는 좋은 욕구를 늘 놓지 말아야 합니다. 마침내 다윗이 새로와진 눈으로 다시 고백합니다. "주여 이제 내가 무엇을 바라리요 나의 소망은 주께 있나이다(7절)." 주밖에 없습니다. "주의 징벌을 나에게서 옮기소서(10절)." 이 고백을 쓰라린 고난이나 몰락을 통하지 않고도 자기의 것으로 삼을 수 있다면 정말로 축복된 인생일 것입니다. 다윗은 생명이 위태로운 지점에서 삶을 돌아보고 묵상하여 우리에게 이 시를 남겨 주었습니다. 우리는 어떤 시를 믿음의 후손들에게 남겨주고 있는지요.

❗ 적용하기

1. 삶의 덧없음을 알면서도 사명에 충성할 수 있는 믿음을 늘 공급받고 있습니까?

2. 기도의 열정과 응답의 확신이 선순환을 이루는 체험을 하고 있습니까?

🙏 오늘의 기도

세상 권세가 헛되고 인생이 덧없는 것을 깨달았으니 이제부터는 영원하신 하나님께만 소망을 두고 주께서 이끄시는 대로 살게 하소서.

시편 40:1-17

찬송 303장

주야로 묵상할 말씀

"새 노래 곧 우리 하나님께 올릴 찬송을 내 입에 두셨으니 많은 사람이 보고 두려워하여 여호와를 의지하리로다" (40:3)

이 시를 짓게 된 구체적인 배경이 무엇인지는 알려져 있지 않습니다만 다윗이 일생일대의 위기를 통과한 것만큼은 확실해 보입니다. 그는 자신이 깊이를 알 수 없는 소용돌이에 빠졌고 그곳에서 부르짖었으며 하나님께서 응답하셔서 그를 건져올리셨다고 표현합니다(1-2절). 그 소용돌이는 아무래도 현실 지형이기보다는 삶의 위기를 생생하게 그린 수사적 지형일 터인데, 그가 그곳에서 허우적대는 동안 곁을 지나치며 하하 꼴 좋다고 비웃던 원수들, 그가 죽게 된 것을 좋아라 하며 아예 확실하게 그의 명줄을 끊어놓으려 하던 이들이 자세히 묘사된 것을 보면(14-15절),

그의 위기는 사람들에게 알려진 공적인 일이면서 생명이 경각에 달린 일이니 아마도 회복할 가능성이 없어 보일만치 위중한 질병이었을 것으로 추측됩니다.

왕이 노환으로 병상에 누웠다는 소식이 알려진 순간 주변에서는 왕권 계승과 그 이후에 일어날 일들을 놓고 온갖 의논과 계략들이 숨가쁘게 돌아갔을 것이고, 노골적으로 다윗이 죽기를 바라는 행보를 보여준 이들 중 일부는 다윗이 깊이 신뢰한 측근이었을 것입니다. 그것을 지켜보며 다윗은 하나님의 도움을 간청합니다: "나는 가난하고 궁핍하오나 주께서는 나를 생각하시오니 주는 나의 도움이시오 나를 건지시는 이시라 나의 하나님이여 지체하지 마소서(17절)." 가난하고 궁핍하다는 표현은 재물의 유무보다 억울한 처지에 있는 상황을 묘사하는 관용적 표현입니다. 물론 다윗이 밥을 굶지는 않았겠지만 믿던 이들에게 배신당하는 슬픔이, 자신은 몸져누운 병상에서 다시 일어설 수 있는지조차 모르는 데 둘러선 이들이 자기를 욕하고 조롱하며 "왜 빨리 안 죽나"하고 떠드는 것을 듣는 처지가, 그래도 밥은 먹으니 경제적 빈곤보다는 낫다 말할 수 있을까요. 그는 눈물을 흘리며 기도했습니다. "여호와여 주의 긍휼을 내게서 거두지 마시고 .. 은총을 베푸사 나를 구원하소서 여호와여 속히 나를 도우소서(11, 13절)." 자신을 살려주시고 자신이 죽기를 바래 안달하는 자들이 수치를 당하게 해달라고 간구했습니다.

그리고, 그 기도가 응답되었습니다. 다윗은 살아났고, 그를 산송장 취급했던 자들은 낭패를 당했으며, 위대한 시인 다윗은 또 하나의 찬송을 지어 하나님께 바쳤습니다. 그 제목이 "그가 주신 새 노래" 바로 시편 40편입니다. "새 노래 곧 우리 하나님께 올릴 찬송을 (그가) 내 입에 두셨다

(3절)." 죽음의 심연에서 건져 새 인생 주시고, 닫혀버렸을 입을 열어 새 노래를 주신 주님을 평생토록 노래하겠다는 그의 고백이 아름답습니다: "내가 많은 회중들 가운데에서 의의 기쁜 소식을 전하였나이다 여호와여 내가 내 입술을 닫지 아니할 줄을 주께서 아시나이다(9절)." 너나할 것 없이 모두 죽다 살아난 인생인 것을, 우리 입술에도 늘 이 새 노래가 담기기를!

❗ 적용하기

1. 다윗이 겪었을 상황에 대해 어떤 면에서 공감하십니까?

2. 내 손의 수고이지만 "이것은 하나님이 주셨다"라고 고백했던 상황이 있으신지요?

🙏 오늘의 기도

연약한 우리 인생 언제든 거두실 수 있사오나 주신 사명 위하여 오늘도 하루를 주셨으니, 제게 주신 새 노래를 부르며 주의 영광 위해 달려가게 하소서.

041

시편 41:1-13

찬송 392장

주야로 묵상할 말씀

"그러하오나 주 여호와여 내게 은혜를 베푸시고 ..." (41:10)

이 시편은 여호와 하나님을 영원토록 찬양하자는 초대로 한껏 고조되어 마칩니다. 시편 1권(1-41편)의 마무리로서 적절한 엔딩입니다. 위기에서 건져주신 하나님께 감사하고 찬양하는 것은 많은 시편에 나오는 정황입니다만 이 41편에는 특이하게 강렬한 초점이 있습니다. 그것은 바로 인간의 배신과 하나님의 의리가 이루는 극명한 대조입니다. 시인은 중병을 앓았습니다. 주위 사람들이 모두 이번에는 가망이 없다고들 했습니다. 그러나 시인은 알았습니다. "여호와께서 [나]를 병상에서 붙드시고 [내]가 누워있을 때마다 [나]의 병을 고쳐 주시나이다(3절)." 이것은 의학적 진단도 확률상의 예측도 아닙니다. 하나님과 동행해 온 자신의 삶 전체를 조망하며 하나님의 신실하심을 의지하는, 오직 성숙한 신앙인만이 드릴 수 있는 고백입니다. 과연 이번에도 하나님께서는 치료와 회복을 청하는 그의 간구에 응답해 주셨습니다! 그러나 이 시의 스토리는 질병-기도-신유라는 감동의 공식으로 요약되지 않습니다. 시인의 몸은 나았지만 그의 마음이 치명상을 입을 지경이었습니다. 왜 그랬을까요? 그가 쓰러지자 저놈이 왜 빨리 안 죽나, 신문에 부고 나는 걸 언제나 보게 되나 하고 말하는 사람들이 있었습니다. 이번엔 못 일어나겠지? 자기들끼리 수근대고는 막상 병석을 찾아와서는 다정하게 위로하고 쾌차를 빈다고 말하고 있었습니다. 시인은 그 이중성에 치를 떨면서 그들은 입으로는 아름다운 말을 하며 속으로는 악을 쌓았다가 나가서는 악을 쏟아놓았다고 표현합니다. 그것까지도 어쩌면 받아들일 만한 일이었습니다. 내 원수들이야 나를 미워하기 마련 아니겠습니까? 슬픈 것은 그들 가운데 "내가 신뢰하며 내 떡을 나눠먹던 나의 가까운 친구"(9절)도 있었다는 것입니다! 질병은 몸을 상하게 하지만 배신의 상처는 마음을 후벼 팝니다. 어쩌면 시인은 차라리 이대로 눈을 감고 말지.. 그런 심정이 되었을지도 모르겠습니다. 시인의 간구가 터져나옵니다. "여호와여 내게 은혜를 베푸소서 내가 주께 범죄하였사오니 나를 고치소서"(4절). 병상에 누워있으려니 자신의 죄가 깨달아졌기도 하겠지만, 시인은 아마도 친구의 배신이 가슴을 저밀 때 이게 인간이구나, 이게 나로구나. 내가 악한이고 배신자이고 죄인이로구나 깨닫지 않았나 생각해봅니다. 주여 우리를 불쌍히 여기소서. 그의 기도는 더 이상 치료만을 위한, 자신만을 위한 기도가 아닙니다. 불쌍히 여기소서 주여. 연약한 자의 몰락을 바라고 저주하는 악한 마음이 흡족해하지 않도록 막아 주십시오. 약하고도 악한 우리. 은혜를 베푸시고 건져 주소서. 그 기도를 주께서 들으셨습니다. 시인은 병상에서 일어났고, 원수들은 무릎을 꿇었으며 주님께서 기뻐하셨습니다. 그래서 시인은 자신이 영원히 주 앞에 설 것을 확신하며 목메어 외칩니다. 우리 하나님 여호와께서 영원토록 찬송받으시리라, 아멘 아멘!

적용하기

1. 과거 믿던 사람에게 실망한 경험들이 당신에게 어떤 영향을 주었습니까?

2. 주위에 병약한 분들에게 더 관심과 사랑을 드리기 위해 무엇을 할 수 있을까요?

오늘의 기도

나의 연약함이 주의 강하심을 드러내는 자리가 되게 하시고, 병상에서 깨닫고 결심한 것들을 실천할 수 있는 기억력과 끈기를 허락해 주소서.

042

시편 42:1-11

찬송 393장

주야로 묵상할 말씀

"낮에는 여호와께서 그의 인자하심을 베푸시고 밤에는 그의 찬송이 내게 있어 생명의 하나님께 기도하리로다" (42:8)

믿음의 사람은, 믿음 없이는 못사는 사람입니다. 신앙이 흔들리면 삶 전체가 흔들리고, 누군가가 기독교신앙을 비난하면 자신의 인격 전체가 모욕 받은 것으로 느끼는 사람이 참 신앙인입니다. 오늘 시인은 자신의 믿음을 비웃는 원수의 말을 "내 뼈를 찌르는 칼"같다고 표현합니다(10절). 기독교를 조롱하는 것이 지성의 증거인 양 여기는 이들이 늘어만 가는 세대를 살면서, 오늘 나는 그러한 말들을 "내 뼈를 찌르는 칼"로 느끼고 있는지 돌아보게 됩니다. 이 시인의 시대가 이스라엘의 국운이 기운 시대인지는 알기 어렵지만, 신앙의 쇠퇴기인 것은 분명해 보입니다. 이

전에 함께 하나님을 섬기던 이들이 믿음을 버린 시인의 믿음을 조롱합니다: "사람들이 종일 내게 하는 말이 네 하나님이 어디 있느뇨 하오니... 이제 이 일을 기억하고 내 마음이 상하는도다"(3-4절). 시인은 낙망과 불안을 경험합니다. 5절 하반부의 "(내 영혼아) 너는 하나님께 소망을 두라 그가 나타나 도우시리니 내가 다시 찬송하리로다"는 외침은, 내상을 극복한 승리의 함성이기보다는 아직도 낙심하고 불안해하는 스스로의 내면을 향한 자기-격려에 가까워 보입니다. 이것은 이 시편이 두 연으로 분할되며 첫 연(1-5절)의 정서적 싸이클이 둘째 연(6-11절)에 다시금 되풀이되는 현상에서도 확인됩니다.

아마도 시인은 그러한 영혼의 어둠을 탈출하기 위해 고적한 곳을 찾은 것 같습니다. "내 하나님이여 내 영혼이 내 속에서 낙심이 되므로 내가 요단땅과 헤르몬과 미살 산에서 주를 기억하나이다"(6절). 시인이 이 장소들을 순회했다는 의미인지, 이 세 지명이 묶인 것에 특별한 의미가 있는지는 알려져 있지 않습니다. 어쩌면 6-7절에 그려진 모습은 시인의 마음속에서 합성된 비경인지도 모릅니다. 구체적 장소가 어디였든지 우리는 시인이 자연의 신비 속에서 하나님을 새롭게 만났다는 것을 아는 것으로 족합니다. 높은 산에서 떨어지는 폭포수의 소리, 깊은 바다가 요동치는 소리, 나를 휩쓸어버릴 것 같이 요동치는 파도소리 가운데서 시인은 하나님의 신실하심("인자"=헤세드)을 마음에 새기고 그의 노래("찬송")를 입술에 담습니다. 원수들의 조롱은 멈추지 않았고 이스라엘의 영적회복도 아직은 요원해 보였을지라도 "생명의 하나님께 기도하리라"(8절) 외치는 시인은 더 이상 영적 어둠 속에 있지 않습니다. 영적회복이 고난의 상황종료를 뜻하지는 않습니다. 내 믿음의 벗들이 넘어지고 온 세상이 맘몬 우상에게 영혼을 다 내어주는 배교의 시대를 살면서 나만은 천국의 기쁨을 늘 맛보겠다는 것은 지나친 욕심일 것입니다. 다만 우리 영혼이 주를 갈망하고(1-2절) 그의 임재의 신비에 잠기며(6-7절) 그의 인자하심을 다시 붙들어 기도하고 찬송할 수 있다면(8-9절), 그것으로 족하지 않을까요. 내 영혼이 주를 찾기에 갈급하니이다(1절) … 내 하나님을 여전히 찬송하리로다(11절). 할렐루야!

❗ 적용하기

1. 지금 우리 시대에 성도들의 신앙과 열심이 식어가고 있다고 생각하십니까?

2. 특정한 장소나 환경에서 믿음의 격려와 회복을 얻은 경험이 있으십니까?

🙏 오늘의 기도

믿음을 버리는 이가 늘고 열정이 식어가는 어려운 시대이지만 믿음안에 자라고 다른 이들의 믿음을 북돋울 수 있도록 도와 주소서.

043

시편 43:1-5

찬송 378장

주야로 묵상할 말씀

"주의 빛과 주의 진리를 보내시어 나를 인도하시고 주의 거룩한 산
과 주께서 계시는 곳에 이르게 하소서" (43:3)

시편 43편은 내용이나 형식이 42편과 닮았습니다. 무엇보다도 후렴에 해당하는 42:5과 11절, 그리고 43:5의 세 절이 같습니다: "내 영혼아 네가 어찌하여 낙심하며 어찌하여 내 속에서 불안해 하는가 너는 하나님께 소망을 두라 그가 나타나 도우심으로 말미암아 내 하나님을 여전히 찬송하리로다." 그러나 43편은 단지 42편의 "떨어져 나온 세 절"일 수 없는 특유의 방향성과 초점을 갖고 있습니다. 바로 강경하고 분명한 어조로 자신의 결백함을 호소하는 시인의 태도입니다. 경건하지 않은 무리들("나라")과 간사하고 불의한 자들이 치밀한 계략을 동원하고 거짓 증인

을 세워 달려든다면 고소당한 입장에서 얼마나 두려움이 일겠습니까. 시인에게는 그들의 계획을 무력화할만한 신의 한 수도, 자신의 무죄를 입증할 용기 있는 목격자나 증인도 없어 보입니다. 아무리 애쓴들 결국 악한 계략을 이길 수 없어 보입니다. 2절이 그런 심정을 잘 대변해 주고 있습니다: "주는 나의 힘이 되신 하나님이시거늘 어찌하여 나를 버리셨 나이까 내가 어찌하여 원수의 억압으로 말미암아 슬프게 다니나이까." 비열한 모함과 계략에 의해 고통당하는 이의 절규에는 그저 삶이 힘들고 어렵다 하는 일반적인 호소와 비교할 수 없는 억울함과 분노의 에너지가 있습니다. 오늘도 세상에는 악인의 계획으로 억울한 처우를 받고 거짓 증언에 몰려 부당한 손해를 보는 사람들의 신음 소리가 가득합니다. 시편 곳곳에 특별히 이른바 탄식시로 불리는 시들 가운데 거짓 증언하는 이에 대한 정죄와 심판의 요청이 그리도 많은 것은 놀랄 일이 아닙니다.

이 시편이 우리에게 소중한 이유는 시인이 억하심정을 풀어달라는 호소에서 출발해 하나님을 신뢰하는 이가 갖는 확신으로, 다시 승리의 감격과 찬송이 있는 지점으로 우리를 이끌기 때문입니다. 1절에서 시인은 하나님께서 자신을 판단하시고 송사를 변호해 달라 요청합니다. 판단해 달라는 것은 하나님을 재판관의 위치에 두고 하는 요청이고 송사의 변호는 하나님을 변호사로 여기는 진술입니다. 사람과 사람 사이에서 약자의 자리에 있을지 모르지만 하나님의 법정에서 재판관과 변호인이 내 상황을 알고 인정해 준다면 승리는 자신의 것임을 확신하게 됩니다. 시인의 시선은 법정에서 성전으로 옮겨 갑니다: "그런즉 내가 하나님의 제단에 나아가 나의 큰 기쁨의 하나님께 이르리이다. 하나님이여 나의 하나님이여 내가 수금으로 주를 찬양하리이다."(4절) 이 시는 우리 성도들의 삶에서 일어나는 과정의 모범을 보여줍니다. 억울함, 슬픔, 근심이 있는 자리에서 찬송과 기쁨이 넘치는 자리로 옮기기 위해서는 3절의 간구를 잊지 말아야 할 것입니다: "주의 빛과 주의 진리를 보내시어 나를 인도하시고 주의 거룩한 산과 주께서 계시는 곳에 이르게 하소서(3절)."

❗ 적용하기

1. 낙심했을 때 자신을 향하여 믿음과 소망을 격려하는 방법들을 알고 계십니까?

2. 악한 사람들과의 부대낌 속에서 얻은 유익이 있다면 무엇입니까?

🙏 오늘의 기도

쉽게 낙심하고 불안해하는 제 중심을 성령께서 견고하게 해 주셔서, 진리 중에 거하고 진리로 사람들을 이끌 수 있도록 허락하옵소서.

044

시편 44:1-26

찬송 585장

주야로 묵상할 말씀

"주여 깨소서 어찌하여 주무시나이까 일어나시고 우리를 영원히
버리지 마소서" (44:23)

고난을 다룬 시편은 많습니다만 이 시의 절박한 어투는 참으로 특별합니다. 옛적부터 베풀어주신 하나님의 구원을 기억하고(1-3절) 구원을 베풀어달라는 요청과 하나님의 능력만이 승리를 준다는 믿음의 고백(4-7절), 그리고 승리를 예감하며 하나님의 이름에 감사하는 8절까지 익숙한 주제와 표현이 이어집니다. 그러나 거기까지입니다. 하나님께서 이스라엘을 버리시고 이스라엘이 치욕을 당하고 패전하게 하셨다(9절), 패퇴하고 약탈당하게 하셨다(10절), 이스라엘을 적들에게 넘겨주시고 사방에 흩어 버리셨다(11절), 국제적인 조롱거리가 되게 하셨다(13-14절)는 상황

보도가 모두 "하나님 당신 때문입니다" 라는 정확한 2인칭 문장들로 표현됩니다! 12절은 그중에서도 압권입니다: "당신께서 당신의 백성을 헐값으로 파셨군요. 그 판 값으로 이익도 못 남기면서" 얼마나 신랄한 비판입니까. 하나님께 드리는 공적인 시편에서 말입니다.

놀라운 것은 그것만이 아닙니다. 시인은 재난을 일으킨 책임만이 아니라 이스라엘과의 언약을 파기한 책임도 하나님께 있다고 선언합니다! "우리 걸음이 주의 길을 떠나지 아니하였으나 주께서 우리를 승냥이의 처소에 밀어 넣으시고 우리를 사망의 그늘로 덮으셨나이다(18-19절)." 하나님은 언약을 지키시고 사람은 배도하는 법인데, 여기서는 그러한 역학관계가 완전히 역전되어 있습니다. 그래서 시인은 하나님더러 상황을 깨닫고 어서 일어나 자기들을 구하라고 재촉합니다: "주여 깨소서 어찌하여 주무시나이까 일어나시고 우리를 영원히 버리지 마소서.. 일어나 우리를 도우소서 주의 인애로 말미암아 우리를 구원하소서(23, 26절)."

이 시의 어조가 특별했던 이유는 상황의 다급함이 특심했기 때문이라고 이해하는 것이 옳겠습니다. 하나님께서 언약을 기억하시고 인애를 베풀어 구원하실 줄은 시인도 압니다. 그러나 시인은 기다릴 시간이 없습니다. 지금 이스라엘은 모두 도살장의 양처럼 "종일 주를 위하여 죽임을(22절)" 당하고 있기 때문입니다. 다 죽어 넘어지는데, 우리는 이렇게 급한데 왜 하나님은 가만 계신걸까 라는 안타까움이 하나님을 향한 쓴소리가 되었지만, 하나님께서는 진노하시는 대신 이 시를 영원히 울려 펴질 『시편』에 담아 주셨습니다. 우리도 우리의 환난 날 이 노래를 부르라는 뜻으로 압니다. 이 시는 고난에 대한 일반적인 조언을 주지 않습니다. 시인을 그처럼 다급하게 하고 하나님 앞에 예의를 갖추지 못하게 했던 그 상황이 어떻게 종료되었는지 우리는 모릅니다. 그러나 최소한 우리에게는 망설이지 않고 도와달라 외칠 상대가 있다는 것을, 그분이 우리 아버지시고 우리를 건지시는 전능하신 하나님이라는 것을 우리는 압니다. 우리를 구하소서!

❗ 적용하기

1. 하나님을 힐난해 보신 경험이 있으신지요? 그 상황을 어떻게 극복하셨는지요?

2. 하나님을 깨우는 자가 되어 세상을 품고 도고하며 기도하십니까?

🙏 오늘의 기도

하나님께서 길이 참으시는 그 너그러우심이 나에게도 부어지고 있음을 생각하며, 환란 중에 인내하고 난맥상 중에도 소망을 붙드는 기도의 사람이 되게 하소서.

시편 45:1-17

찬송 87장

주야로 묵상할 말씀

"왕은 진리와 온유와 공의를 위하여 왕의 위엄을 세우시고 병거에 오르소서" (45:4)

이 시는 제왕시 즉 왕을 칭송하는 노래이자 결혼축가인, 시편에 유일무이한 시입니다. "고라 자손의 마스길, 사랑의 노래"란 부제가 가리키듯이 성전의 사역을 맡은 전문가들이 부르는 노래이며, 왕의 결혼식을 위해 준비된 왕실예전상의 축가로 추정됩니다. 이런 노래가 거룩한 『시편』에 포함된 것은, 신정국가 이스라엘 왕은 단지 정치군사적 통치자가 아니라 이스라엘의 진정한 군주이신 야웨 하나님의 대리자였고, 왕의 결혼 같은 경사는 하나님께서 왕을 사랑하시고 그의 통치를 축복하신다는 증거였기 때문입니다. 이 노래는 왕에게 헌정하는 노래이자 하나님께 영광을 돌리는 찬양이었습니다. 시인은 자신의 혀를 "글 솜씨가 뛰어난 서기관의 붓끝"에 비유합니다. 원어의 간결함을 살리면 "능숙한 필치"나 혹은 "숙련된 붓놀림" 정도의 번역이 적당해 보입니다. 왕과 왕비에게 바치는 노래 첫마디에 일종의 자화자찬을 하는 것이 익살스럽게도 보입니다. 축가의 시작은 왕에게 보내는 찬사입니다. "왕의 용모는 백성들 가운데 으뜸이고 말씀에는 품위가 멋이 넘치시니 하나님께서 왕에게 영원히 복을 주시기를!(2절)" 우리가 하는 결혼식에서 주례가 신랑칭찬 신부칭찬 하는 것과 다를 것이 없어 보입니다. 연이어서 3절과 5절은 정치지도자 군통수권자로서 왕의 위엄을 언급합니다. 그런데 그 사이에 4절의 한 문장이 눈에 띄입니다: "왕은 진리와 온유와 공의를 위하여 왕의 위엄을 세우시고 병거에 오르소서." 어찌 보면 이 한 절이 이 시편을 단순한 결혼축가 이상의 신학적 메시지를 가진 시로 만들어주는 지도 모릅니다. 왕의 위엄은 그 자신과 자기 왕조를 위한 것이 아니라 백성들을 섬기며 실현할 덕목들 즉 진리, 온유, 공의를 위해 주어진 것이라는 교훈입니다. 왕을 한껏 추어주는 말들 사이에 스승의 엄한 가르침이었을 이 말이 끼워져 있는 것은, 왕의 심기를 건드리지 않으면서 올바른 제왕의 자세를 가르치는 마스킬 즉 지혜송의 진수를 보여주고 있다 하겠습니다. 4절이 언중유골, 왕에게 주는 껄끄러운 한마디였다면 나머지는 부드럽고 유쾌하게 왕을 칭찬하고 왕후가 될 새 신부를 칭찬하는 표준적 레퍼토리로 진행됩니다. 왕후는 뭇 나라의 귀부인들과 가까이하는 사이이고 혼인을 위한 치장에 쓴 오빌의 금은 전설적인 명품입니다(9절). 왕후는 궁중에서 모든 영화를 누리고 금으로 수놓은 옷을 입으며 마침내 두 사람은 "기쁨과 즐거움으로 인도함을 받아" 왕궁에 들어갈 것입니다(13-15절). 이들이 결혼해 낳게 될 아들들은 조상들의 뒤를 이어 대대로 "세계의 군왕"이 됩니다. 마침내 왕을 만민이 칭송하게 되리라는 기원으로 찬가가 마칩니다(16-17절). 하나님께서는 "진리와 온유와 공의를 위하여" 왕의 위엄을 세워주십니다. 오늘 우리는 왕 같은 제사장 백성입니다. 이 독특하고 유쾌한 결혼송을 통해 하나님 앞에 "왕 같은 제사장"으로 섬겨 선 우리들의 특권과 영예를 새삼 감사해 봅니다.

❗ 적용하기

1. 다른 성도의 삶에 좋은 일이 있을 때 마음을 담아 함께 기뻐하고 축하합니까?

2. 내가 일하는 현장에서 나는 진리와 온유와 공의를 힘써 추구합니까?

🙏 오늘의 기도

사람을 세워주고 가르칠 수 있는 학자의 혀와 숙련된 붓놀림을 주셔서, 우리가 일하는 곳마다 진리와 온유와 공의가 든든히 세워져 가게 하소서.

046

시편 46:1-11

찬송 70장

주야로 묵상할 말씀

"하나님은 우리의 피난처시오 힘이시니 환난 중에 만날 큰 도움이시라(46:1)"

고라 자손의 시라고만 알려진 이 시편은 고난 가운데 있는 수많은 성도들에게 하나님의 위로와 힘을 공급해 주었습니다. 독일의 종교개혁자 마르틴 루터도 이 시편에서 감동을 얻어 유명한 찬송 "내 주는 강한 성이요"(찬 585장)를 지었다고 합니다. 시인이 묘사하는 상황은 공포 그 자체입니다: "땅이 변하든지 산이 흔들려 바다 가운데에 빠지든지 바닷물이 솟아나고 뛰놀든지 그것이 넘침으로 산이 흔들릴지라도…(3절)" 지진, 화산폭발, 쓰나미… 이스라엘의 지형과 기후의 현실감각을 뛰어넘는 "종말론적" 상황에서도 시인은 "하나님이 우리의 피난처이시다"는 믿음을 재확인합니다(1,7,11절). 요즘 식으로 말하면 초거대 운석이 지구에 충돌하더라도, 대륙간 탄도미사일 수백 개가 폭발해도, 우리는 두려워하지 않는다! 라는 선언입니다. 시인은 무엇을 근거로 이런 확고한 믿음을 고백할 수 있었을까요? 그 답은 7-8절의 문장에서 찾아야 합니다: "만군의 여호와께서 우리와 함께 하시니 … 와서 여호와의 행적을 볼지어다." 그렇습니다. 시인은 하늘 군대의 사령관이신 여호와가 자신의 하나님임을 믿습니다. 그리고 그 하나님께서 과거에 행하신 일들을 기억해 냅니다. 신앙 공동체의 위대한 특권 한 가지는, 공동체가 물려받은 공동의 기억을 예배의 현장에서 재현하며 함께 체험하는 일입니다. 예수님의 제자들이 전한 글을 통해 그분을 믿고, 예수님을 "만나지 못했으나 사랑하고(벧전 1:8)," 예수님이 분부하신 대로 성례를 행하며 그분의 임재를 체험하는 것, 이것이 믿음의 신비이고 교회의 영광입니다. 오늘 시편을 읽으며 우리는 시인의 거룩한 상상력의 도움을 입어 전장을 누비고(8-9절), 현실 예루살렘에는 존재하지 않는 도도한 강물이 흘러 "지존하신 이의 성소를 기쁘게 하는(4절)" 광경을 바라보며, 이적을 베푸시는 현장에 함께 서서 "너희는 가만히 있어 내가 하나님 됨을 알지어다" 외치시는 포효를 듣습니다(10절). 적진을 초토화하고, 적을 섬멸하여 전쟁을 끝내시는 분. 적군의 활을 꺾고 창을 끊으며 수레를 불사르시는 하나님 … 과연 그분은 만군의 여호와이십니다! 우리가 고백할 때 그것은 더 이상 시인의 비전이 아닌 우리의 공동체험이자 신조가 됩니다. "아브라함의 하나님, 이삭의 하나님, 야곱의 하나님"은 죽은 자의 하나님이 아니라 영존하시는 하나님이시며, 이 시인의 하나님이시고, 복음전파를 위해서는 자신의 생명을 조금도 귀한 것으로 여기지 않았던 바울의 하나님이시며, 하나님의 말씀 아닌 그 무엇에도 복종하지 않겠노라 선언한 루터의 하나님이시며, 하나님 아닌 인간에게 절하는 배도를 할 수 없노라 죽음을 불사한 주기철의 하나님이십니다. 그분이 우.리. 하나님이십니다.

❗ 적용하기

1. 하나님의 두려움을 실감하고 숙연해지는 경험을 하고 계십니까?

2. 만민 중에서 하나님이 하시는 일들을 알아가려면 어떤 노력을 해야 합니까?

🕊 오늘의 기도

우리의 좁은 마음과 근시안을 고쳐 주셔서 주님께서 이 땅위에 펼치시는 위대한 일들의 지평을 보게 하시고, 거기에 쓰임받고자 하는 열망으로 살아가게 하소서.

047

시편 47:1-9

찬송 35장

주야로 묵상할 말씀

"하나님은 온 땅의 왕이심이라 지혜의 시로 찬송할지어다" (47:7)

다른 "고라 자손의 시"와 마찬가지로 이 시는 공동체의 예배를 염두에 두고 지어진 의전적 시편입니다. 시인은 야웨 하나님을 이스라엘의 하나님으로 노래하지 않고 온 땅의 왕, 만민을 다스리는 분, 세상 모든 권세를 소유하신 분으로 부릅니다. 물론 이 시인도, 이 시를 함께 낭송 혹은 제창하면서 예배드린 공동체도, 이스라엘의 선민의식을 버리거나 언약백성으로서의 책임감을 버렸을 리는 없습니다. 하나님의 위대하심이 한 눈에 들어올 수 없고, 우리 마음속에 진리의 모든 면을 한 번에 품기도 지극히 어렵습니다. 그래서 우리는 때로는 내 안에 계신 하나님을 노래하고, 때로는 하늘 위에 계신 주를 찬송합니다. 동일하신 하나님을 예배하면서도 "온 땅이여 여호와 앞에 잠잠하라(합 2:20)"는 말씀으로 묵도와 더불어 시작할 수도 있지만, 오늘 시편처럼 "너희 만민들아 손바닥을 치고 즐거운 소리로 하나님께 외칠지어다(47:1)"를 앞세울 수도 있습니다. 어느 한 면을 절대화하는 것은 어리석은 일일 것입니다만, 오늘 시편의 강조점은 환호하고 박수치고 즐겁게 찬송하는 데 있습니다. 찬송하라 하나님을 찬송하라! 찬송하라 우리 왕을 찬송하라! 찬송에 대한 지침도 있습니다(6절). 7절을 보면 "온 땅의 왕"이신 하나님을 "지혜의 시"로 찬송하라고 촉구합니다(7절). 지혜의 시라 번역된 원어표현의 의미는 현명하고 적절한 노래입니다. 하나님의 영광을 바르게 드러내면서 예배공동체에게 맞는 것을 찾으라는 의미입니다. 그레고리안 성가나 칸타타도 좋지만 타령도 뽕짝도 재즈도 힙합도, 누군가에게는 적절하고 감동적인 전달도구일 수 있습니다. 우리를 공동체를 이루어주신 주님의 뜻을 구하며 "우리의 노래," "새 노래," "지혜의 노래"를 주께 드리면 됩니다. 이 시편은 교회사에서 예수님의 승천일에 읽는 찬송이 되었습니다. "하나님께서 즐거운 함성 중에 올라가심이여 여호와께서 나팔소리 중에 올라가시도다"라는 5절 말씀 때문이라 생각됩니다. 언젠가 세계 곳곳 어린이들이 그린 예수님 얼굴을 모은 화집을 본 적이 있습니다. 금발에 푸른 눈을 가진 예수님도 있고, 까무잡잡한 얼굴에 흰 터번을 쓴 예수님도, 긴 망토를 걸친 예수님도 있었습니다. 그 그림들은 모두가 틀렸기도 하고 모두가 정답이기도 합니다. 저는 역사속의 예수님 초상이 남지 않은 것은 하나님 섭리라고 생각합니다. 이따금씩 SNS 에서 컴퓨터 시뮬레이션으로 재현한 1세기 유대인 표준형 남성이라며 "예수님 얼굴은 이랬다"는 식의 기사를 봅니다. 그것이 얼마나 맞는지도 의문이지만, 필요하다는 생각도 들지 않습니다. 만왕의 왕, 만주의 주이신 그분은 한 개의 초상화에 담을 수 없고 한 가지 음악만 편식하시지도 않습니다. 온 땅의 왕이신 주께 "지혜의 노래"를 올립시다. "하나님께서 즐거운 함성 중에 올라가심이여 여호와께서 나팔소리 중에 올라가시도다."

❗ 적용하기

1. 지금 나의 "신앙생활과 사역"을 최선의 것으로 만들기 위해 어떤 노력을 합니까?

2. 나는 주님을 큰 감격을 느끼며 찬양합니까? 그것을 위해 기도합니까?

☀ 오늘의 기도

그저 소문으로 들은 것이 아닌, 참으로 나의 체험에서 나온 고백으로 함성을 지르며 찬양할 수 있도록 허락하소서.

048

시편 48:1-14

찬송 550장

주야로 묵상할 말씀

"하나님이여 우리가 주의 전 가운데에서 주의 인자하심을 생각하였나이다" (48:9)

하나님은 온 우주 어디에나 계십니다. 이 세상에 하나님의 눈길이 미치지 않는 곳은 단연코 없습니다. 그러나 하나님은 또한 시온에 계시고, 그의 성전에 계십니다. 그리고 이 진술은 서로 모순이 아닙니다. 어렵습니다. 하나님에 관해 설명하려 애쓰다보면 이렇게 우리 이해력과 언어표현의 한계점에 도달합니다. 그러나 이것이 어찌 못 알아들을 말이겠습니까. 존재의 방식이니 하나님의 편재성이니 하는 철학적 틀에 담기는 어려울지 모르지만, 시온에 성전에 나와 성심으로 예배드리는 성도에게는 하나님이 시온에 계신다, 성전에 오셔서 우리를 만나 주신다는 것은 당연한 현실이고 일상의 경험이었지 복잡한 설명이 필요한 신학적 명제가 아니었습니다. 그들은 사실 성전예배를 가리켜서 "하나님을 만나러" 성전에 간다 하지 않고 성전에 가서 "하나님께 (자신을) 보여 드린다"고 말하기를 더 좋아했습니다. 참 귀한 표현입니다. 그분이 먼저 거기 계시고, 그리로 우리를 부르신다는, 우리를 아끼시는 하나님께서 우리를 보시도록 그 앞에 나아간다는 마음, 그것이 바로 성전신학 시온신학입니다.

시편 44편은 그 시온 신앙을 담은 대표적인 "시온의 노래"입니다. 시온은 물리적 공간으로는 수도 예루살렘과 동등하지만 성막에서 성전으로 이어지는 하나님의 임재와 거룩함을 강조한 이름입니다. 후대의 시편에는 그 성을 유린한 이방민족의 잔혹함과 이스라엘의 처참한 수난을 애곡한 노래도 있습니다만, 오늘 시편은 성전이 건재할 당시 시온을 통해 경험되던 하나님의 영광스런 임재를 잘 드러내 주는 찬송입니다. 시온의 아름다움은 천혜의 자연미나 산물의 풍성함, 그곳에 세워진 건축물들의 탁월함에 있지 않았습니다. 시온이 시온인 이유는 오직 하나, 즉 하나님께서 그곳에서 자신의 임재를 드러내시기로 정하셨다는 데 있습니다. 그래서 시온은 여호와의 성, "큰 왕의 성"이고 거룩한 산이라 부립니다. 그곳에서 하나님의 명성과 찬송이 퍼져나가고(10절) 율법이 전파됩니다(사 2:3). 이스라엘은 그곳에서 하나님을 뵙고 그의 인자하심을 기억하고 묵상했습니다(9절). 자신들의 "은혜체험"이 쌓인 그곳을 그들은 사랑했고, 잘 보존해 후대에 물려주기를 원했습니다(13절). 하나님의 섭리 가운데 물리적 성전은 폐지되었습니다. 성전이 의도한 모든 영적 실체가 그리스도 안에서 완성되었고, 이제는 성령님께서 내주하시는 성도들과 그들의 연합체인 교회가 거룩한 성전입니다. 그러나 "하나님 계신 그곳"을 사랑하고 그리워하는 그 마음만큼은 우리 신약성도들이 여전히 간직해야 할 영적 유산입니다. 시온의 하나님은 영원히 우리 하나님이시기에 이 시의 메시지도 영원히 유효합니다: "그가 우리를 죽을 때까지 인도하시리로다(14절)."

❗ 적용하기

1. 하나님께 나를 보여 드리러 온다는 마음으로 예배를 드리면 어떤 변화가 있을까요?

2. 당신이 하나님의 역사를 경험하는 영적인 현장, 당신의 시온성은 어디입니까?

🙏 오늘의 기도

보이는 것이 전부인 줄 아는 불쌍한 시대정신에서 놓임 받게 하시고, 오직 주가 계신 그곳이 영광스런 시온인 것을 참으로 믿고 체험하며 살게 하소서.

시편 49:1-20

찬송 377장

주야로 묵상할 말씀

"존귀하나 깨닫지 못하는 사람은 멸망하는 짐승 같도다" (49:20)

보물을 갖고 있어도 진가를 모르면 소용이 없는 법입니다. 유명화가의 그림을 몇 푼 받고 고물상에 팔았던 사람도 있고 알래스카를 푼돈에 넘긴 나라도 있습니다. 우리 나라가 힘없는 시절 알면서 빼앗기고 몰라서 팔아넘긴 문화재가 얼마나 많은지 모릅니다.

이 시편은 지혜를 가르치는 교훈시입니다. "뭇 백성아 이를 들으라 세상의 거민들아 모두 귀를 기울이라(1절)." 잠언서에 나오는 아버지(스승)의 말씀과 똑같은 어조입니다. "내 입은 지혜를 말하겠고 내 마음은 명철을 읊조리로다. 내가 비유에 내 귀를 기울이고 수금으로 나의 오묘한 말을 풀리로다(3-4절)." 시인이 전하는 지혜의 말씀. 멋있지 않습니까. 무슨 지혜일까요. 자기의 재물을 의지하고 부유함을 자랑하는 자들이 있지만, 아무리 큰 부자라 해도 단 한 사람도 돈으로 구원하지 못한다는 메시지입니다. 왜냐하면 한 사람의 생명은 그 가치가 "너무 엄청나서" 그 속전은 "영원히 마련하지 못할" 지경이기 때문입니다(6-8절). 하지만 어리석은 사람들이 자기 재물을 과신한 나머지 자기가 영원히 살기라도 할 듯 착각하고, 자기 재산과 거처가 언제까지나 대물림될 것으로 생각들 하고 있으니(9-11절) 얼마나 한심한 일입니까. 결국 그들은 지혜자도 죽고 어리석은 자도 죽어 그 재물들을 그저 남겨놓은 채 떠나게 될 텐데 말입니다. "사람이 치부하여 그의 집의 영광이 더할 때에 너는 두려워하지 말지어다 그가 죽으매 가져가는 것이 없고 그의 영광이 그를 따라 내려가지 못함이로다(17절).

그렇습니다. 살아서 아무리 칭송이 자자하고 떵떵거리고 지냈다 해도 죽어서 명예를 들고 저승으로 갈 수는 없는 법입니다. "사람은 존귀하나 장구하지 못함이여, 멸망하는 짐승 같도다(12절)." "존귀하나 깨닫지 못하는 사람은 멸망하는 짐승 같도다(19절)." 철학과 종교의 역사는, 아니 인류 역사 자체가, 사람의 가치를 놓고 시계추처럼 오간 족적입니다. 인간을 높인 나머지 복종해야 할 권위가 없어져 쾌락주의로 빠지든지, 인간을 무시해 통제와 착취의 대상으로 삼는 전체주의에 굴복할 위협을 둘 다 피하기는 결코 쉽지 않습니다. 새삼스럽지만 성경의 위대함과 참 가치가 여기 있습니다. 성경이야말로 가장 정확한 신론, 인간론은 물론, 가장 냉철하고 실질적인 인생관을 우리에게 제공합니다. 영원을 사모하지만 지금 여기에 충실하고, 덧없는 인생이지만 초월을 꿈꾸며 비상하는 아름다운 삶은, 그 어떤 경우에도 흔들림 없는 말씀의 진리 위에서만 가능하기 때문입니다.

❗ 적용하기

1. 나도 이 땅에 영원히 살 것처럼 재산과 명예에 집착하며 살지는 않습니까?

2. 우리가 이 땅의 현실을 바꾸어 나가는 교회가 되기 원한다면 무엇을 해야 할까요?

🙏 오늘의 기도

그리스도의 손과 발이 되어 이 땅에 하나님 나라를 건설하는 교회. 하나님이 기뻐하시는 일만 행하는 교회. 우리 교회가 참으로 그런 교회가 되게 하소서.

050

시편 50:1-23

찬송 428장

주야로 묵상할 말씀

"환난 날에 나를 부르라 내가 너를 건지리니 네가 나를 영화롭게 하리로다" (50:15)

재판장이신 하나님의 "증언"은 곧 이스라엘에 대한 판결문입니다. 그 판결문에서 하나님께서는 먼저 이스라엘 백성 전체에게 말씀하십니다: "나는 네 제물 때문에 너를 책망하지는 않으리니 네 번제가 항상 내 앞에 있음이로다(8절)." 제물을 먼저 말씀하신 것은, 그들이 가장 두려워했던 부분에 대해 우선적으로 무죄를 선고하시기 위해서입니다. 이스라엘이 크게 착각한 점이 바로 이것이었습니다. 제사만능주의에 빠진 그들은 더 좋은 제물을 더 많이 드리면 하나님께서 기뻐하실 줄 알았습니다. 그러나 하나님께서는 제물보다 더 중요하게 여기시는 것이 있습니다. 바

로 감사하는 마음과 존중하는 마음입니다. "감사로 하나님께 제사를 드리며 지존하신 이에게 네 서원을 갚으며 환난 날에 나를 부르라 내가 너를 건지리니 네가 나를 영화롭게 하리로다(15절)." 웅장한 성전에서 제물을 드리는 현장이 보여주는 영적인 상징체계는 참으로 대단했습니다. 그러나 성전이 곧 하나님은 아니며, 제사가 곧 예배인 것은 아닙니다.

둘째는 이스라엘 중에 있는 악인들에게 주시는 책망입니다. "네가 어찌하여 내 율례를 전하며 내 언약을 네 입에 두느냐?(16절)" 얼핏 보면 어리둥절할 말씀입니다. 하나님의 율례를 전하고 언약을 입에 둔 것이 잘못일리야 있겠습니까만 문제는 그들의 삶이 보여준 이중성에 있습니다. 그들은 입술로는 하나님과 가까운 듯 말했지만 사실은 교훈을 미워하고 하나님 말씀을 등 뒤로 버린 사람들이었습니다(17절). 그러니 도둑을 만나면 도둑이 되고, 간음하는 자들을 만나면 한통속이 되어 버리고, 악하고 거짓된 말을 내뱉고, 형제를 비방하는 사람들이 바로 그들이었습니다(18-19절). 이들을 향한 하나님 말씀은 가히 충격적입니다: "네가 이 일(들)을 행해도 내가 잠잠하였더니 네가 나를 너와 같은 줄로 생각하였도다 그러나 내가 너를 책망하여 네 죄를 네 눈앞에 낱낱이 드러내리라(21절)." 우리가 범죄할 때마다 처벌하지 않으신다 허서 하나님을 우습게 여기지 말라는 말씀입니다. 하나님이 어떤 분이신지 생각지 않고 살던 대로 살아가는 것이 바로 "하나님을 잊어버린" 행위입니다. 여기서 잊는다는 것은 물건 둔 데를 잊어버리거나 전화 걸어주는 것을 잊는 그런 깜박임이 아니라, 우리 삶 속에 그분의 자리를 인정하지 않고, 우리의 선택과 결정에 그분의 생각을 여쭙지 않는 하나님을 구시하는 신성모독을 말합니다. 이것은 이스라엘처럼 종교에 열광하면서도 동시에 저지를 수 있는 죄입니다. 우리 역시 이 죄를 짓고 있지 않은지 두려워해야 할 것입니다. 종교적이면서 동시에 "실질적인" 무신론자, 그것은 괴물이며, 하나님께서 찢어버리겠다 하실 만한 혐오스런 존재입니다. 하나님을 잊지 않고 마음으로 예배하는 성도의 자리를 떠나지 말아야 하겠습니다.

❗ 적용하기

1. 하나님 앞에 서원을 갚고 환난 날에 그를 부르라는 말씀을 어떻게 실천합니까?

2. 우리는 서로를 타락으로부터 지켜주기 위해 무슨 노력을 하고 있습니까?

🙏 오늘의 기도

내 필요를 채우시는 하나님이 아닌 세계를 통치하고 심판하시는 하나님을 참으로 알게 하여 주시고, 믿음과 행동이 일치하여 하나님의 뜻을 이루어드리게 하소서.

051

시편 51:1-19

찬송 426장

주야로 묵상할 말씀

"하나님께서 구하시는 제사는 상한 심령이라 하나님이여 상하고 통회하는 마음을 주께서 멸시하지 아니하시리이다" (51:17)

시편 51편 앞에 있는 "다윗의 시, 인도자를 따라 부르는 노래, 다윗이 밧세바와 동침한 후 선지자 나단이 그에게 왔을 때"라는 제목에 담긴 상황들—간음, 은폐, 살인 교사, 소문, 부인, 그리고 마침내 모든 것을 시인한 뒤 닥친 후폭풍을 생각해 봅니다. 조용히 잊히도록 두는 게 나을 법한 이야기가 모든 성도들이 읽고 묵상할 시로 남게 된 것은 그만큼 다윗의 고통스런 경험 속에 모든 성도들이 받아야 할 영적 교훈이 있기 때문이겠지요. 죄는 서서히 만들어지고 천천히 물러갑니다. 죄짓기 전에 죄를 원하는 마음의 갈등이 있고, 공공 앞에 죄가 드러나기 전에도 중압감과 고통을 겪습니다. 다윗은 자기 곁에 맴돌고 있는 죄를 어찌하지 못하다가(3절) 선지자의 지적 앞에 굴복하고 시인했습니다. "주께서 말씀하실 때에 '의로우시다'하고, 주께서 심판하실 때에 '순전하시다' 하리이다(4절)." 나단의 엄한 책망을 들으며 "하나님께서 말씀하시는구나"라고 받아들인 것입니다. 자신의 죄를 시인한 다윗은 입을 열어 사죄를 간구합니다. "우슬초로 나를 정결하게 하소서, 나의 죄를 씻어 주소서, 주의 얼굴을 내 죄에서 돌이키소서, 내 모든 죄악을 지워 주소서(7-9절)." 죄 지은 행동 자체를 어떻게 없애겠습니까, 다윗은 죄로 인해 손상된 자신의 영혼을 드러내 보이고 치유와 회복을 요청한 것입니다. 우리가 범죄하면 불안하고 불행합니다. 죄로 인해 하나님과의 소통이 막히고 스스로 안식하지 못하니 그 고통을 잊으려 온갖 일을 해보지만, 마음에서는 기쁨이 사라지고 삶 전체가 망가지게 됩니다. 은혜의 아름다움, 복음의 놀라움이 바로 이 지점에서 나타납니다. 내 스스로 할 수 있는 일이 없는 그 때, 하나님의 은혜가 절망한 우리의 삶을 열고 들어오는 것입니다. 회개는 마음을 고쳐먹고 잘 해 보려는 결심 정도가 아니라, 현재의 나를 포기하고 하나님께서 완전히 새로운 그 무엇을 내 안에 이루시도록 나를 내맡기는 항복입니다. 그것을 잘 알고 있는 다윗은 이렇게 간구합니다: "하나님이여 내 속에 정한 마음을 창조하시고 내 안에 정직한 영을 새롭게 하소서. 나를 주 앞에서 쫓아내지 마시며 주의 성령을 내게서 거두지 마소서(10-11절)." 다윗이 "내가 주께만 범죄하여 주의 목전에 악을" 저질렀다고 말한 것은 죽은 우리야나 자기 아내들에게, 이스라엘 백성과 충성스런 신하들에게 미안하지 않아서가 아니라, 죄의 본질이 하나님을 거스른 것이고 죄의 해결도 하나님께서 해주셔야만 한다는 것을 알았기 때문입니다. 그래서 그는 이 시편을 쓰고, 죄를 용서받는 환희를 알리는 전령이 되었습니다. 오늘 우리는 다윗의 때보다 더 온전한 계시를 받았고 더 풍성한 은혜를 누립니다. 그리스도 안에서 새 피조물이 되었고(고후 5:17), 주께서 우리를 결코 떠나지 않으시는 줄 알기에 (히 13:5) 더더욱 죄가 하나님과 우리 사이를 가로막지 못하게 해야 하겠습니다.

❗ 적용하기

1. 죄로 인한 괴로움이 어떻게 삶을 피폐하게 합니까?

2. 주위 사람의 말을 하나님의 음성으로 받아들이는 경험을 해보셨습니까?

🙏 오늘의 기도

잘못을 덮으려 하고 지적받아도 인정하기 싫어하는 심성을 고쳐주시고, 하나님께 고백하고 용서받는 기쁨을 더 자주 더 깊이 누릴 수 있도록 회개의 영을 허락하소서.

052

시편 52:1-9

찬송 405장

주야로 묵상할 말씀

"그러나 나는 하나님의 집에 있는 푸른 감람나무 같음이여 하나님의 인자하심을 영원히 의지하리로다" (52:8)

이 시편의 첫 단어가 한글성경으로는 "포악한 자여"이지만 히브리어 원문은 "어찌 하여!"라는 뜻을 갖는 의문사로 시작합니다. 다윗의 억하심정이 터져 나온 첫 마디가 "도대체 어찌 이런 일이!"라는 탄식이었음을 보여줍니다. 예루살렘 성과 성전의 처절한 파괴를 그린 예레미야애가의 첫 단어가 가슴을 찢는 듯한 절규 "아아!"인 것을 연상시킵니다. 우리가 "자비로우신 아버지 하나님," "사랑하는 주님, 나의 모든 것 되시는 예수여," 이렇게 기도를 시작할 수 있다면 아직은 괜찮은 상태일 것입니다. 정말 생사의 기로에 서고 숨이 헐떡여지면 "아아 주여," "오 아버지"

가 고작이지요. 사울이 자신을 잡아 죽이려 하는 것을 알아챈 다윗은 일찍이 생명 걸고 우정을 맹세했던 요나단의 도움으로 황급히 도피하게 됩니다. 지명수배, 도피, 배신과 고발, 처형의 운명… 생각만 해도 험악한 처지에 몰려 기약 없는 도피에 나선 다윗은 제일 먼저 제사장들의 집단거주지인 놉 땅을 찾아갔고, 대제사장 엘리멜렉의 호의로 제사장 전용이었던 진설병으로 허기를 면하고 골리앗의 칼을 받아 광야로 나갑니다.

역시 대제사장을 찾으니 문제가 해결되는구나. 하나님은 과연 신실하시구나! 이렇게 되기를 기대했다면, 오산입니다. 다윗을 도와주었다는 이유로 제사장 식솔 80여명이 몰살을 당하고 맙니다. 이 참혹한 사태를 빚은 밀고자, 사울의 증오심을 간질여주면서 제사장들을 칼로 친 인물인 도엑을 생각하며 지은 노래가 바로 시 52편입니다. 도엑은 의인의 원수요(5절) 악을 계획하고 실행하는 일에 중독된 환자이며(1–2절), 선보다는 악을, 의로움보다는 거짓을 추구했던 악인입니다. 성경이 악인이라 부르는 사람들은 어쩌다가 악한 일을 저지른 사람이 아니라 동기가 악하고 비틀린 사람들입니다. "하나님을 자기 힘으로 삼지 아니하고 오직 자기 재물의 풍부함을 의지하며 자기의 악으로 스스로 든든하게 하던" 악인들의 운명은 무엇인가요? "그런즉 하나님이 악한 자 너를 멸하시리라. 너를 붙잡아 네 장막에서 뽑아내며 살아 있는 땅에서 네 뿌리를 빼시리로다!"(5절) 이것은 개인의 원한에서 비롯된 복수의 저주문이 아니라 하나님의 경륜을 펴실 수 있도록 맡겨드리는 위탁의 기도문입니다. 다윗은 그렇게 기도했고 악인들이 그렇게 되리라는 것을 믿었습니다. 그리고는 악인들의 모습에 자신을 대비시켜보니 자신은 너무나 행복자인 것을 실감했습니다. "그러나 나는 하나님의 집에 있는 푸른 감람나무 같음이여 하나님의 인자하심을 영원히 의지하리로다!" 악인에게 부대끼고 그들과 승부를 내려 하기보다는, 그들의 처리는 주님께 맡기고 그저 주님 뜻을 이루려 달려가려 합니다. 그분의 한결 같으신 사랑, 그의 인자하심을 믿기 때문입니다.

❗ 적용하기

1. 하나님 대신 재물과 계략을 의존하려는 성향에 어떻게 저항하고 있습니까?

2. 자신이 "하나님 집에 있는 푸른 감람나무"라고 실감할 때가 언제입니까?

🙏 오늘의 기도

믿는다 하면서도 하나님 대신 재물과 권력, 약은 계략을 의지해 사는 사람들을 미워하지 않고 바른 길로 인도할 수 있도록, 강인한 내면과 푸근한 지혜를 제게 허락하소서.

053

시편 53:1-6

찬송 445장

주야로 묵상할 말씀

"죄악을 행하는 자들은 무지하냐 그들이 떡먹듯이 내 백성을 먹으면서 하나님을 부르지 아니하는도다" (53:4)

하나님이 없다 하는 사람을 오늘 시편은 어리석다고 부릅니다. 이것은 무신론이라 부르는 철학적 종교적 입장에 관한 것이 아닙니다. "그의 마음에 이르기를…(1절)" 즉 스스로에게 하나님이 어디 있어? 하나님은 없어! 라고 확신시켜야 하는 불안한 영혼에 관한 이야기입니다. 인간은 예외 없이 하나님 형상으로 지음 받았기에 그 영혼 깊은 곳에 자신을 만드신 하나님을 찾는 갈망이 프로그램되어 있습니다. 질병이나 위기를 맞아 자신의 한계점을 의식할 때, 죽음을 의식하고 죽음 너머에 대한 두려움을 직시할 때, 사람은 모두 하나님을 대면합니다. 평생 하나님과 상관없이, 아니 대놓고 거역하며 살아왔더라도 그 순간 하나님을 향해 "하나님, 이제 당신이 필요합니다"라고 말하는 사람은, 그래서 "지각이 있는 사람"입니다(2절). 그 순간조차도 하나님은 없다며 어거지를 부리는 사람은 어리석은 자입니다(1절). 하나님께서는 이 땅에 사는 사람들의 마음을 살피시고 "어쩌면 이리도 어리석은가! 제 힘으로 제 멋대로 살겠다고 퍼덕이는 저 모습들... 왜 나를 찾지 않는가!" 라고 탄식하고 계십니다(3절). 예레미야는 죄가 무엇인지, 왜 그들이 죄인인지를 이렇게 설명합니다: "내 백성이 두 가지 악을 행하였나니 곧 그들이 생수의 근원되는 나를 버린 것과 스스로 웅덩이를 판 것인데 그것은 그 물을 가두지 못할 터진 웅덩이들이니라(렘 2:13)." 물이 귀한 이스라엘에서 샘물은 그야말로 보배입니다. 신선한 물이 흘러나오는 맑은 샘을 버리고 땅을 파 웅덩이(물탱크)를 만들고 거기 빗물을 받아두고 쓰겠다는 것은, 어이가 없는 멍청한 짓입니다. 예레미야의 생생한 비유를 듣던 이스라엘인들은 어깨를 으쓱하며 "원 그런 멍청한..."하고 어깨를 으쓱하다가는 "아니 그러니까 그게 나라구?" 하며 분을 냈을 것입니다. 게다가 벽이 든든하지 못해 물이 줄줄 새는 웅덩이라니 얼마나 한심한 짓입니까. 그것이 이스라엘이고 인간의 모습이라는 말씀이지요. 하나님이 없다고 말하는 것은 무지를 넘어 선 고집입니다. 이 고집을 버리지 못하면 결국 자신들이 버림받게 됩니다. 하나님 두려운 줄 모르고 떡 먹듯이 하나님 백성을 삼키는 악인들에게 결국은 두려움의 순간이 찾아옵니다. 하나님께서 자비를 거두시고 그들의 "뼈를 흩으시고" 폐기해 버리십니다. 그들은 공포에 사로잡히고 수치를 당합니다. 이스라엘을 해친 자들에 대한 이 같은 심판은 이 시편 말미에서 이스라엘이 포로생활에서 돌아오는 정황과 연결되어 있습니다(6절). 그러나 하나님의 구원역사는 단회적 사건이 아닙니다. 오늘도 세계 각지에는 하나님과 그 백성들을 대적하는 악한 세력이 있고 그들에게 고통 받는 주의 백성들이 있기에, 이 말씀은 그들을 향한 영원한 약속으로서 오늘도 선포되고 있습니다.

❗ 적용하기

1. 어려움을 통해 하나님께 나아가는 경험을 하고 있습니까?

2. 평상시 하나님의 뜻을 찾기 위해 무엇을 하십니까?

🙏 오늘의 기도

하나님을 찾지 않고도 멀쩡해 보이는 세상 사람들이 하나님 눈에 "어리석고 부패한" 존재인 것을 정말로 이해하고 공감할 수 있는 영적 감수성을 주소서.

054

시편 54:1-7

찬송 374장

주야로 묵상할 말씀

"주께서는 내 원수에게 악으로 갚으시리니 주의 성실하심으로 그들을 멸하소서" (54:5)

이 시의 표제를 보면 "십 사람이 사울에게 이르러 말하기를 다윗이 우리가 있는 곳에 숨지 아니하였나이까 하던 때에"라고 자세히 설명하고 있습니다. 다윗은 골리앗을 죽인 공으로 인기의 절정에 올랐고 그 인기를 시샘한 사울에 의해 죽음의 공포에 시달리며 도주자로 청춘을 보내게 됩니다. 사울의 아들이자 자신의 절친인 요나단의 호의로 간신히 몸을 피해 처음 찾아간 곳이 놉이었습니다. 왕의 눈 밖에 난 사람이 피할 곳이 있겠습니까만, 다윗은 제사장들의 마을인 놉에서 예배도 드리고 제사장의 축복을 받고 싶었던 듯합니다. 상황을 알아채고 그에게 음식과 칼을 내어준 아히멜렉을 비롯한 제사장들은 그곳에서 우연히 상황을 목격한 에돔 사람 도엑의 밀고 때문에 아이들까지 몰살당하고 맙니다. 이 사실을 전해들은 다윗의 마음이 어땠겠습니까. 이제 도피생활의 매일매일이 자신의 생명 뿐 아니라 마주치는 모든 이의 생명을 위태롭게 한다는 것을 늘 마음에 두어야 했을 테니 말입니다. 그처럼 가슴 졸이는 행로를 시작한지 오래지 않아 다윗은 십 광야 수풀에 몸을 숨깁니다. 사울에게 발각되는 그날로 목숨을 잃을 상황이지만 사랑하는 친구 요나단과 연락이 닿아 십 수풀에서 만나게 됩니다. 요나단은 자기 아버지 사울의 손이 다윗에게 미치지 못할 것이라는 위로를 주어 다윗이 "하나님을 힘 있게 의지하게" 하였습니다(삼상 23:15-18). 혈연을 뛰어넘는 우정, 하나님의 뜻 앞에 인간의 정실을 내려놓는 두 사람의 믿음... 다윗에게는 영원히 잊지 못할 시간이었을 것입니다. 그런데 이 숭고한 현장을 목격하고 사울에게 밀고한 것이 십 주민들이었습니다. 신고를 받고 출동한 사울 군대의 추격을 피해 다윗 일행은 구사일생으로 생명을 건집니다. 오늘 시편의 배경이 바로 이 사건이고, 다윗이 말하는 악당이 바로 십 사람들입니다. 그들의 행동을 생각하며 다윗은 하나님께 간구합니다: 내 원수에게 악으로 갚으시되 주의 성실하심으로 (혹은 진실하심으로) 그들을 멸하소서! 섬뜩한 내용입니다. 기도라기보다 저주에 가깝습니다. 그러나 주님 나를 보호하시고 구원하소서(1절), 내 기도를 들으소서(2절) 라고만 기도하고 원수들에 대해 언급하지 않는 것이 더 깊은 믿음의 표현이던가요? 그렇지 않습니다. 죄인을 용서하시는 하나님의 긍휼을 모르는 다윗이 아닙니다. 다만 다윗을 죽이려 한 사울의 계획은 하나님께서 기름 부으신 다윗과 그 왕조를 사전에 제거하려는 셈이기에 하나님의 구원역사에 정면으로 도전하는 행위가 되는 것을 기억해야 합니다. 그래서 십 사람은 다윗 개인의 원수가 아니라 하나님의 원수로 행동한 셈입니다. 회개하면 좋았을 것을 … 그들은 그렇게 하지 않았고 결국 하나님의 징벌이 임했습니다. "주께서 내 원수가 보응받는 것을 내 눈이 똑똑히 보게 하셨나이다(7절). 죽는 날까지 우리 눈이 어두워져 하나님께서 하시는 일을 가로막아 서는 일이 없기를!

❗ 적용하기

1. 억울한 일을 하나님께 맡겨드리고서야 해결을 본 경험이 있습니까?

2. 하나님의 도우심으로 위기를 벗어나면 후속으로 무엇을 하십니까?

🙏 오늘의 기도

악한 자들의 공격에서 저를 지켜 주시고 주님의 성실하심으로 그들을 멸하소서.

055

시편 55:1-23

찬송 369장

주야로 묵상할 말씀

"네 짐을 여호와께 맡기라 그가 너를 붙드시고 의인의 요동함을 영원히 허락하지 아니하시리로다" (55:22)

사기꾼, 악당, 배신자만 눈앞에 없다면 인생의 "고난"은 그런대로 견딜만하다… 그런 생각을 할 때가 있습니다. 인류를 사랑하기는 쉬워도 이웃을 사랑하기는 어렵다는 경구에 빗대자면 죄인을 용서할 수는 있지만 날 배신한 놈을 용서하기는 어렵다 하겠습니다. 이 시편에서 악한 자는 일반적 호칭으로서 악인이 아니라 다윗에게 구체적이고 분명한 해를 끼친 악한 자이며, 원수는 "하나님 백성의 대적" 같은 추상적 인물상이 아니라 "그는 곧 너로다 나의 동료, 나의 친구요 나의 가까운 친우로다"는 13절의 가슴 저린 탄식이 말해 주듯이 한 믿음 한 무리 안에 있다

가 변심한 특정한 인물입니다. 우리의 묵상 역시 이 시편을 따라 자신의 내면에 감추어진 구체적 대상들과 연관지어 볼 필요가 있습니다. 그러한 작업을 통해 성경의 언어가 내 입술의 고백이 되고 이 시편이 그려 보여주는 세계 안으로 독자인 내가 뛰어들 수 있기 때문입니다. 다윗은 기도의 응답이 지연되면서 느끼는 조바심을 담백하게 서술합니다: "하나님이여 내 기도에 귀를 기울이시고 내가 간구할 때에 숨지 마소서. 내게 굽히사 응답하소서 내가 근심으로 편하지 못하여 탄식합니다(1-2절)." 하나님이 귀를 기울여 달라, 숨지 말아 달라, 굽혀서 응답해 달라는 말은 사뭇 무례하게 들리기까지 합니다. 그러나 이러한 솔직함은 많은 탄식시에서 공통적으로 나타나는 중요한 모티프이며, 하나님께서 탄원자의 강청에 대해 무례하다고 꾸짖으신 예가 성경에 없습니다. 오히려 하나님께 스스럼없이 불평하고 항의할 수 있다는 것이야말로 하나님 자녀요 언약의 백성인 우리 성도들이 가진 특권이라고도 말할 수 있습니다. 다윗의 현실은 급박합니다. 오죽했으면 "내게 비둘기같이 날개가 있다면 날아가서 편히 쉬리로다" 했겠으며, 악인들을 가리켜 "(회개)하지 않고 하나님을 두려워 않는 자, 그 입은 기름처럼 매끄럽고 말은 세상없이 부드럽게 들리지만 실상은 등에 꽂은 칼처럼 쓰는 자(21절)"라 비난하고 "그들을 멸하소서 그들의 혀를 잘라 버리소서(9절)!" "사망이 갑자기 그들에게 임하여 산 채로 스올에 내려갈지어다(13절)"라고 외쳤겠습니까. 의인들과 어울려서는 안 될 악인들의 건재를 바라보는 다윗의 의분과, 악독이 삶의 방식으로 견고히 자리 잡은 사회를 향한 질책이 매섭습니다. 거칠고 과격해 보이는 이러한 언어는 시인의 순수하고 솔직한 마음의 토로입니다. 그러한 분출이 있었기에 시인은 진정하고 자신의 기도가 응답될 것을 믿고 선포하며 "네 짐을 여호와께 맡기라 의인의 요동함을 영원히 허락하지 아니하시리라"고(22절) 권면할 수 있었습니다. 우리도 하나님과 이처럼 막힘없고 친밀한 교제를 열어놓고 살면 좋겠습니다. 우리 각자의 개인적 체험이 승화되어 공동체의 신앙고백이 되고, 우리가 내밀하게 토로한 이야기가 또 다른 성도에게 삶의 영감(inspiration)으로 전달되는 복을 누려야겠습니다.

❗ 적용하기

1. 믿고 가까이하던 사람에게 배신당한 경험이 어떤 영향을 주었습니까?

2. 복수심과 동정심이 동시에 일면 행동기준을 무엇에 두어야 합니까?

🙏 오늘의 기도

믿고 의지하던 동료로 인해 실망하고 난감한 상황에 빠질 때 하나님께 더 가까이 가도록 도우시고 "의원의 요동함을 영원히 허락하지" 않으시는 하나님을 붙들게 하소서.

056

시편 56:1-13

찬송 406장

주야로 묵상할 말씀

"내가 하나님을 의지하였은즉 두려워하지 아니하리니 사람이 내게 어찌 하리이까?"(56:11)

중학교에 입학한지 얼마 되지 않았던 때의 경험입니다. 쉬는 시간 10분을 알뜰하게 쓰기 위해 학교 운동장에서 놀고들 있었는데 덩치가 아주 큰 친구가 저를 불러 거친 욕을 해대기 시작했습니다. 금방이라도 주먹을 휘두를 듯 험상궂은 얼굴을 해서 일순 두려움이 이는데, 갑자기 누군가 그 친구에게 말을 걸었습니다. "야, 싸우려면 나랑 싸우든지, 공연히 엄한 애 건들지 말고…" 그 말 한 마디에 저를 째려보던 녀석이 언제 그랬냐는 듯 저편으로 사라져 버렸습니다. 알고 보니 두 번째 친구가 나이가 두 살 많은 이른바 일진 주먹이었는데 무슨 이유에선지 저를 좋게

봤더군요. 그 이후로 저에게 시비를 거는 녀석은 없었습니다! 오늘 시편에 실린 다윗의 경험이 제 것과 비슷하지 않았나 생각이 듭니다. 일진이신 하나님 곁에만 있으면 겁날 것이 없지요. 누가 날 건들 수 있겠어요... 그런 고백입니다. 이것은 휴양지에서 즐기는 여유로움이 아니라 전쟁터 한복판에서 갖는 평안함입니다. 원수는 종일 나를 삼키려 하고 날 후려치려는 자들은 주위에서 기회만 엿보고 있습니다. 그런데도 나는 평안합니다. "내가 두려워하는 날에는 내가 주를 의지하리이다." 놀라운 고백입니다. 이 시의 표제를 보면 "다윗이 가드에서 블레셋 사람에게 잡힌 때에"라고 되어 있습니다. 블레셋 사람 골리앗을 죽여 영웅이 되었던 다윗이 하필 그리로 피한 것은 사울이 국경을 넘쳐 추격하지 못하리라는 계산 때문이었겠지만, 눈이 매서운 장수들이 있어 금방 신분이 노출되고 맙니다. 보복이 두려워진 다윗은 미친 사람 즉흥연기를 펼쳐 보이고서야 그곳을 빠져나옵니다(삼상 21:10-15). 구사일생이란 말이 꼭 맞는 처지인데도 그는 "내가 두려워하는 날에는 내가 주를 의지하리이다 ... 내가 하나님을 의지하였은즉 두려워하지 아니하리니 혈육(뿐인 사람)이 내게 어찌하리이까"라고 노래합니다. 다윗이 다윗인 이유가 여기 있습니다. 우리가 다윗에게서 배워야 할 점이 이것입니다. 뭇사람이 자기를 미워해도, 원수가 밤낮없이 자신을 추적해도, 그 괴로움으로 눈물을 흘리면서도 "내 눈물을 병에 담아 주세요. (제 고초가) 주의 책에 다 기록되고 있지요?"라고 하나님께 묻는 사람을(7절) 누가 어찌할 수 있단 말입니까. 어떻게 하나님이 돕지 않으실 수 있겠습니까. 과연 하나님께서 그를 도우시고 승리를 주셨습니다: "내가 아뢰는 날에 내 원수들이 물러가리니 이것으로 하나님이 내 편이심을 내가 아나이다(9절)." 더 귀한 것은 승리를 얻은 후 그의 태도입니다. 하나님 앞에 감사제를 올려드리면서 하나님이 자신을 구해주신 이유는 자신이 하나님 앞에서 생명의 빛 가운데 다니게 하기 위해서라고 고백합니다(13절). 우리도 두려워지는 그 순간 하나님을 의지하고, 고통의 눈물을 흘릴 때 주님이 계수해 달라 요청하고, 승리의 순간 축배를 드는 대신 감사제를 올릴 줄 아는 사람이 되면 그것으로 족할 것입니다.

❗ 적용하기

1. 곤경에서 구해주시는 하나님의 임재를 구체적으로 느끼며 살아가십니까?

2. 어려움을 벗어난 후 하나님께 "감사제"를 어떻게 드립니까?

🙏 오늘의 기도

나의 약함과 곤경이 하나님의 일하심을 경험하는 무대가 되게 하시고, 건지시는 하나님께 마음을 드리고 감사를 드리는 것이 익숙해 지도록 해 주소서.

057

시편 57:1-11

찬송 540장

주야로 묵상할 말씀

"하나님이여 내 마음이 확정되었고 내 마음이 확정되었사오니 내가 노래하고 내가 찬송하리이다" (57:7)

찬송이 마음에서 우러날 때가 있습니다. 불야성의 분주함에 익숙해 있다가 문득 마주친 적막한 밤하늘이 찬송의 문을 열어줍니다. 저렇게 넓디 넓은 하늘이 있었구나. 저렇게 별들이 많았구나… 주 하나님 지으신 모든 세계 내 마음 속에 그리어볼 때… 예수님을 믿어 세례받는 감격스런 자리에 동참할 때 나같은 죄인 살리신 그 은혜 놀라와… 찬송하게 됩니다. 하나님 앞에 찬송을 드리는 그 때가 그리스도인이 자신이 누구인지를 확인하고 드러내는 순간이기도 합니다. 그러나 찬송이란 단어를 입에 올리기조차 어려운 순간도 있습니다. 자식을 못 알아보시는 아버지를 요양원에 모시고 돌아온 아들, 아무런 대책 없이 해고통보를 받은 가장, 직장 다녀온다고 나갔던 아들 얼굴을 저녁뉴스에서 보게 된 엄마에게는, 오열하는 모습이 더 자연스러울 것입니다.

다윗이 남긴 시편들에는 걷잡을 수 없는 환희부터 시작해 헤어날 수 없어 보이는 절망까지 모든 종류의 감성이 담겨있습니다만, 저에게 다윗 시편의 백미를 꼽으라면 오늘 시편을 포함해 "찬송할 수 없을 때 부르는 찬송"들을 들고 싶습니다. 그 노래들을 그렇게 부를 수 있다면 말이지요. 다윗이 지금 어떤 처지입니까? 적수들이 그를 잡으려고 그물을 치고 웅덩이를 팠습니다(6절). 다윗을 노리는 적은 난폭하기가 마치 사자 같습니다. 적을 포위하고 성에 불을 놓는 포악한 사람들입니다. 말로 사람을 치는데 그 이빨은 창과 화살 같고 혀는 면도날 같다고 할 만큼 사납고 무서운 사람들이 자기를 포위하고 있습니다(4절). 오늘 시편의 표제는 이 시를 "다윗이 사울을 피하여 굴에 있던 때에"라고 기록합니다. 사울에게 쫓겨 굴에 숨어든 상황이었습니다. 발각되면 죽을 것이 분명한 처지에서 더 깊이 들어갈 수도 나올 수도 없는 진퇴양난의 상황. 여기서 다윗은 선택을 합니다. 현실을 바라보며 불안과 두려움으로 얼어붙는 대신 하나님의 은혜를 의지해 그에게 피신하기로 말입니다: "하나님이여 내게 은혜를 베푸소서 내게 은혜를 베푸소서 내 영혼이 주께로 피하되 주의 날개 그늘 아래에서 이 재앙들이 지나기까지 피하리이다(1절)." 다윗의 이러한 결단은 자신의 경험과 무관하지 않습니다. 그는 하나님을 알았습니다. "지존하신 하나님"을 "나를 위하여 모든 것을 이루시는 하나님"이라 부릅니다. 앞의 것이 교리요 신학이라면 뒤의 것은 체험이요 신앙입니다. 체험에만 기대는 신앙은, 물론 위험합니다. 그러나 교리와 신학이 곧 신앙이라고 생각한다면 그것 역시 크나큰 오류입니다. 예수님께서 죽은 나사로를 살리시기 전에 "아버지여 내 말을 들으신 것을 감사하나이다 항상 내 말을 들으시는 줄을 내가 알았나이다"라고 기도하셨던 것처럼, 우리도 "지존하신 하나님"께 나아가면서 "나를 위하여 모든 것을 이루시는 하나님"이라 부를 수 있어야겠습니다.

❗ 적용하기

1. 마음속에서 하나님께 찬송드리기 힘들 때 어떻게 하는 것이 좋은 태도일까요?

2. 새벽을 깨우고 비파와 수금을 깨우는 자세를 훈련하고 있습니까?

🙏 오늘의 기도

내 힘으로 해결할 수 없는 상황이 닥칠 때 공황상태에 빠지고 사람들을 찾아 뛰어다니는 대신, 하나님께 부르짖고 그 날개 아래 피하는 모습에 좀 더 다가가도록 도와주소서.

시편 58:1-11

찬송 460장

주야로 묵상할 말씀

"그 때에 사람의 말이 진실로 의인에게 갚음이 있고 진실로 땅에서 심판하시는 하나님이 계시다 하리로다" (58:11)

의롭게 경건하게 살아가려는 마음에 찬물을 끼얹는 최대의 장애물이 바로 악인의 형통일 것입니다. 『시편』은 악인을 향한 의인의 혐오와 분노를 진솔하게 기록하고 있습니다. 물론 이들 시편들이 악인을 미워하라고 부추기지는 않습니다. 시편 73편의 저자도 악인을 향한 분노로 믿음을 잃어버릴 지경이 되었다가 주의 성소에서 악인의 덧없는 장래를 문득 깨닫고 믿음의 격려를 얻었다고 기록합니다. 그러나 『시편』에 수록된 150편의 시들이 어떤 특정한 주제에 관한 "시편의 교리"로 정리될 만큼 집약되고 단일한 메세지를 주고 있지도 않습니다. 따라서 우리는 우선적으로 각 시편의 본문을 존중하면서 그 개별적 의미를 충분히 파악해야 할 것입니다. 시편 58편의 도입부에서 시인은 지도층을 나무랍니다. 힘있는 자들이 불의 앞에 침묵하고 불의한 재판을 용납하는 것은 그들이 "아직도" 마음속에 악을 품고 있기 때문입니다. 시편 58편의 놀라움은, 회개를 촉구하는 선지자의 음성이 들릴 만한 이 지점에서 악인의 절망적 상황에 대한 긴 묘사가 나온다는 데 있습니다. 악인은 모태에서부터 악에 치우치고, 태어나면서부터 비뚤어진 것이, 마치 옆으로 비틀며 기어가는 뱀과 같습니다(3절). 그들이 내뱉는 독설은 독사의 독 같은데, 완고한 마음은 경고를 듣고도 회개하지 않습니다. 맹독을 품은 독사조차도 뱀을 부리는 마술사의 말을 듣고 재주를 부리는 것을 보면 이들은 독사만도 못한 자들입니다. 참으로 무서운 독설입니다. 우리는 누구나 악한 일을 저지를 때가 있습니다. 그러나 우리가 다 악인은 아닙니다. 시편 58편의 시인은 돌이키기에는 너무 멀리 가버린 악의 중독 상태, 사실상 구제불능의 상태에 있는 악인들을 염두에 두고 있습니다. 그 지점에서 하나님께 간구할 유일한 기도는 악한 자들이 합당한 처벌을 받는 것입니다. "하나님이여 그들의 입에서 이를 꺾으소서." "그들이 급히 흐르는 물 같이 사라지게 하시며." 이스라엘의 짧은 우기 때 잠시 수면이 올라가는 개울들은 아차 싶으면 금새 물이 흘러가버리고 도로 마른 땅이 됩니다. "(저들의) 겨누는 화살이 꺾임 같게 하시며 소멸하여 가는 달팽이 같게 하시며 만삭되지 못하여 출생한 아이가 햇빛을 보지 못함같게 하소서…" 악인들의 운명이 덧없이 스러지기를 바라며 하나님께 아뢰는 시인의 심정을, 우리가 이해할 수 있을지요. 시인이 바라는 것은 한 가지입니다. 악인의 형통을 보고 낙심했던 세대가 그 악인들의 몰락을 보고 "정말 하나님이 살아 계시는군!" "의인이 결국은 보상을 받는군!"이라고 확신의 격려를 받는 것입니다(11절). 이 시편은 〈악행에 대처하는 성도의 자세〉와 같은 매뉴얼이 아닙니다. 이것은 악에게 부대껴온 한 영혼의 진솔한 고백이며, 그 고민스런 과정을 겪는 모든 성도를 위한 증언입니다.

❗ 적용하기

1. 부당하고 억울한 일을 당한 사람들을 위해 무언가를 하고 있습니까?

2. 불의가 의인을 비웃을 때 성도로서 어떤 결심을 하고 실행합니까?

🙏 오늘의 기도

정의의 모양을 갖춘 불의가 득세할 때 분노와 좌절 대신 일어나 싸우고 이길 수 있는 힘과 지혜를 허락하소서.

059

시편 59:1-17

찬송 441장

주야로 묵상할 말씀

"내가 허물이 없으나 그들이 달려와서 스스로 준비하오니 주여 나를 도우시기 위하여 깨어 살펴 주소서" (59:4)

시편에서 가장 인상적인 진술 하나가 "나는 죄가 없습니다, 나는 허물이 없습니다"라는 시인의 고백입니다. 하나님의 불꽃같은 눈 앞에 죄없다 할 사람이 누구리요… 나는 내 모태에서부터 죄인입니다.. 우리는 그런 정서와 고백에 너무 친숙해 있어서 "나는 허물이 없습니다"라는 말의 참뜻을 오해하기 쉽습니다. 이런 고백 혹은 무죄선언의 문맥을 보면 시인은 계획적인 인신공격에 시달리고 있으며, 시인이 절대적 의미에서 무죄함을 주장하는 것이 아니라 자신을 향한 공격과 비난이 근거없는 악의에서 온 것이며 그 일을 행한 이들이야말로 처벌받아야 할 악인들이라는 해명과 호소를 내어놓고 있다는 점입니다. 시편 59편은 다윗의 시이며 "사울이 사람을 보내어 다윗을 죽이려고 그 집을 지킨 때에" 즉 사울의 다윗 암살시도를 배경으로 지어진 시라는 상세한 표제가 첨부되어 있습니다. 오늘 시편에서 다윗은 먼저 자신의 힘든 상황을 이야기합니다. 그의 원수는 다윗을 치려고 일어난 사람(1절), 악을 행하고 피흘리기를 즐기는 자(2절), 다윗의 생명을 해치려고 매복한 무리(3절), 다윗을 죽이기 위해 신나서 준비하는 이들(4절)입니다. 다윗은 하나님께서 이들을 벌주시기 원합니다. 그리고 그러한 청이 자기중심적인 억지나 개인적 복수심에서 온 것이 아니라고 설명이라도 하듯 그들의 교만과 악행을 다시 묘사합니다. 그들은 "저물어 돌아와서 개처럼 울고 성으로 두루 다니고 그들의 입으로는 악을 토하며 그들의 입술에는 칼이 있어 이르기를 누가 들으리요 하나이다(7절)." 그들은 악인이며 공공의 적입니다. 그들의 가장 두드러진 죄는 칼처럼 베는 독하고 악한 말들입니다. 그리고 세상 이치가 그렇듯 그들의 무기인 입술의 말이 결국은 자신을 베는 칼이 됩니다: "그들의 입술의 말은 곧 그들의 입의 죄라 그들이 말하는 저주와 거짓말로 말미암아 그들이 그 교만한 중에서 사로잡히게 하소서(12절)." 하나님의 사람 다윗을 공격하는 그들의 동기는 하나님에 대한 반발이었습니다. 결국 다윗의 호소는 개인적 어려움에서 하나님 자신의 명예 문제로 전환됩니다. 우리가 알듯이 세상 그 어떤 강자도 하나님을 대적하면, 반드시 망합니다. 스스로의 힘과 꾀에 도취된 자들을 보시며, 하나님께서 웃으십니다: "여호와여 주께서 그들을 비웃으시며 모든 나라들을 조롱하시리이다(8절)." 하나님께서 비웃으시는데 어떻게 이길 수 있겠습니까. 그래서 다윗은 그들이 망신당하고 패망하고, 소멸하도록 하나님께서 철저히 응징해 주시기를 간구합니다. 그들의 몰락이 삽시간에 이루어지는 만큼 다윗도 상승합니다. "그들은 먹을 것을 찾아 유리하다가 배부름을 얻지 못하면 밤을 새우려니와, 나는 주의 힘을 노래하며 아침에 주의 인자하심을 높이 부르오리니 주는 나의 요새이시며 나의 환난날에 피난처이심이니이다(16절)."

❗ 적용하기

1. 다윗이 이 시에서 원수를 조롱하는 정서에 당신은 얼마만큼 공감하십니까?

2. 악인이 합당한 벌을 받도록 애써 본 경험이 있습니까?

🐝 오늘의 기도

하나님의 공의와 진리를 위해, 그리고 그리스도의 몸된 교회의 순결을 위해, 개인의 원한이 아닌 거룩한 분노를 품을 수 있는 성숙한 믿음을 주소서.

060

시편 60:1-12

찬송 371장

주야로 묵상할 말씀

"우리를 도와 대적을 치게 하소서 사람의 구원은 헛됨이니이다"
(60:11)

    고대 이스라엘에게 전쟁은 언제나 신앙의 문제였습니다. 이스라엘은 늘 주변 강대국의 눈치를 봐야하는 처지에 있었습니다. 만약 이스라엘이 자신들은 하나님 백성이기에 하나님의 특별한 가호가 있다는 믿음을 저버렸더라면 그들은 전쟁에서 승리를 감히 꿈꿔보지 못했을 것입니다. 그러나 만군의 여호와를 믿는 그들이기에, 감당할 수 없는 큰 적이 나타나도 "하나님을 의지하고 용감하게" 출정하여("행하리니," 12절) 하나님이 거두시는 승리의 증인이 되는 것 — 그것이 이스라엘이 전쟁에 임하는 "정석"이었습니다. 오늘 시편에는 그 정석같은 믿음이 반복해서 그려집니다. 그들은 어려움을 겪었습니다. 정확한 내용은 성경에 기록되지 않았지만 외적의 침입이 있었고 이스라엘이 입은 타격이 컸으며, 전황이 달라지지 않는 고통의 기간이 예상외로 길어졌던 것 같습니다. 시인의 입에 "버리심"이란 말이 종종 올라옵니다. "하나님이여 주께서 우리를 버려 흩으셨고 분노하셨사오나 지금은 우리를 회복시키소서(1절)," "하나님이여 주께서 우리를 버리지 아니하셨나이까 하나님이여 주께서 우리 군대와 함께 나아가지 아니하시나이다(10절)." 그 어려움이 극심하여 그들은 정신이 혼미할 지경이었습니다: "주께서 주의 백성에게 어려움을 보이시고 비틀거리게 하는 포도주를 우리에게 마시게 하셨나이다(3절)." 주의 백성은, 주님과 막힘없이 교제할 때 살아 약동합니다. 주님과의 교제가 막히면 독주에 취한 듯 비틀거리고 삶이 위태해지는 사람이 참 성도일 것입니다. 때로 두렵습니다. 하나님과 멀어지고 성경말씀은 무미건조하고 기도는 형식적인데도 별탈 없이 살아지고, 월급받고 사업하고 공부하며 그럭저럭 꾸려진다면.. 그것은 축복이 아닌 저주일 수 있습니다. 내 실력으로, 보유한 자산으로, 내가 속한 조직의 힘으로, 인생을 꾸려가면서 주일날만 입으로만 주 없인 살 수 없네 라고 노래하고 있지는 않은지... 그럴때 하나님께서 소원해진 관계를 회복시키기 원하셔서 어려움을 주시고 기도하고 매달리게 하시는 것은 아닌지요.

그래서 이스라엘은 다시 하나님을 찾습니다. "즈께서 사랑하시는 자를 건지시기 위하여 주의 오른손으로 구원하시고 응답하소서!"(5절) 하나님이 누구십니까? 크신 하나님이십니다. 하나님의 크심을 묘사하는 시인의 솜씨가 뛰어납니다. "길르앗이 내 것이요 므낫세도 내 것이며 에브라임은 내 머리의 투구요 유다는 나의 규이며 모압은 나의 목욕통이라 에돔에는 나의 신발을 던지리라…(7-8절)" 이스라엘 영토와 주위 국가들을 당신의 소지품으로 아시는 크신 하나님. 그 하나님께서 함께 해 주시기만 하면 모든 것은 해결된다는 믿음. 그 믿음이 다시 필요했던 것입니다. 그 믿음 고백하자 주께서 움직이셨습니다. 외적은 물러갔고 하나님을 아는 지식은 깊어졌습니다.

❗ 적용하기

1. 어려움을 겪으며 하나님과의 관계가 회복된 경험이 있으신가요?

2. 하나님의 위대하심을 이전보다 더 잘 알게 되었습니까?

🙏 오늘의 기도

어려움을 겪을 때 자신을 돌아보게 하시고 사람의 구원이 아닌 하나님의 구원을 확실히 체험하게 하소서.

061

시편 61:1-8

찬송 419장

주야로 묵상할 말씀

"내 마음이 약해질 때에 땅 끝에서부터 주께 부르짖으오리니 나보다 높은 바위에 나를 인도하소서" (61:2)

시인은 마음 속에 매우 구체적인 지형을 그리고 있습니다. 그곳에는 시인이 오르고 싶은 높은 바위가 있습니다(2절). 하나님을 자신의 피난처이자 원수가 쫓아올 수 없는 견고한 망대라고 묘사한 것도 그 장소와 관련이 있을 것입니다(3절). 시인의 소망은 영원히 주의 장막에 머물면서 주의 날개 아래 피하는 것입니다(2-4절). 이러한 언어묘사는 예루살렘 언덕 위에 세워진 성전과 그곳에서 드려지는 예배를 가리키는 것이 거의 확실합니다. 표제어가 "다윗의 시"인 이 시를 다윗 개인이 완성했다고 본다면 그가 자기 생전에 존재하지 않았던 솔로몬 성전을 예언적으로 보았다든가 하는 무리한 설명이 필요할 것입니다. 그러나 실상 "다윗의 시" 중 상당수는 이 61편처럼 완성된 예루살렘 성전과 제사, 혹은 불특정한 왕이나 왕조의 미래에 대해 말하고 있습니다. 이런 경우는 다윗의 시를 후대에 예배 환경에서 편집했거나 왕실에 속한 ("다윗의") 시인이 지어 헌정한 것으로 보는 것이 자연스럽습니다. 이 시에서 시인은 자기 신앙의 닻과도 같은 예루살렘 성전으로부터 멀리 ("땅 끝까지") 떨어져 있습니다. 고된 생업으로 인해, 혹은 일부 학자들의 추측처럼 이 시인이 이스라엘 왕이었다면 전쟁을 치르느라, 몸은 지치고 마음이 약해져 있습니다(2절). 지금이라도 성전에서 예배를 드린다면 위로와 힘을 얻을 텐데… 가고 싶지만 가지 못하는 안타까운 심정으로 시인은 예루살렘 바위언덕을 바라보고 거기 서있는 성전과 요새, 망대를 지나쳐 예배의 자리에 나아갑니다. 하나님의 임재로부터, 예배의 현장으로부터 멀리 있을 때 우리는 약해지지만 이 시인처럼 마음으로라도 하나님을 만나 예배할 때 회복의 역사를 경험할 수 있습니다.

　자신의 기도를 들어달라는 호소에 이어 마음의 성전에서 주님을 만나고 그 날개 아래 피하자 하나님께서 그에게 응답하셨습니다. 시인의 입술에 이제 확신과 신뢰의 언어가 담깁니다: "주 하나님이여 주께서 나의 서원을 들으시고 주의 이름을 경외하는 자가 얻을 기업을 내게 주셨나이다(5절)." 시인은 왕을 축복하고 하나님의 가호를 요청하면서 그것을 이루어주시면 "내가 주의 이름을 영원히 찬양하며 매일 나의 서원을 이행하리이다(8절)"라는 고백으로 시를 마무리합니다. 어쩌면 하나님께서 지켜주시기를 요청한 왕 자신이 이 시를 썼을 수도 있습니다. 아니면 당대의 왕이 늘 기도하고 하나님의 뜻 안에서 형통하는 왕으로(6-7절) 오래도록 남아있기를 바라는 충신의 음성일 수도 있습니다. 어느 경우든 우리는 몸이 멀리 있어도 마음으로 하나님의 임재를 사모하고 그분 앞에 나아가는 복된 경험을 담은 귀한 시를 물려받았습니다. 성전 건물도 예루살렘 망대도 더 이상 필요 없는 시대이지만, 주의 전을 사모하는 열심의 본질에는 변함이 없습니다. "나보다 높은 바위에 나를 인도하소서."

❗ 적용하기

1. 출장이나 여행 등으로 예배드리기 어려울 때 어떻게 대처하십니까?

2. 자기 내면의 영적인 상태를 어떻게 모니터하고 있습니까?

🙏 오늘의 기도

삶의 분주함 속에 주님을 만나 뵙고 예배하는 일에 소홀해지지 않게 하시고 오늘도 주의 임재를 사모하는 마음을 주셔서 예배자의 축복과 기업을 누리게 하소서.

시편 62:1-12

찬송 409장

주야로 묵상할 말씀

"아, 슬프도다 사람은 입김이며 인생도 속임수이니 저울에 달면 그들은 입김보다 가벼우리로다" (62:9)

　구약성경의 37% 가량이 시문입니다. 우리가 산문과 달리 시는 감상한다 말하고 시낭송회를 여는 데서 확인되듯이, 시의 이해는 그 내용만큼 표현과 미감이 중요합니다. 따라서 우리가 성경을 묵상할 때 본문의 내용과 더불어 그 예술성을 음미하고 감상하는 것도 꼭 필요한 영적 훈련입니다. 시편 62편은 그러한 심미적 감상에 적합한 아름다운 시입니다. 도입부의 "나의 영혼이 잠잠히 하나님만 바람이여 나의 구원이 그에게서 나오는도다"라는 주제적 선언 뒤에 하나님이 "나의 반석, 나의 구원, 나의 요새"라는 통상적인 은유에 이어 악인이 "넘어지는 담과 흔들리는 울타리같이" 사람을 죽이려고 한다는 묘사가 이어지면서 신선한 대조 효과가 일어납니다(2-3절). 오랫동안 여러 곳에서 사용되어 "죽은 은유"에 가까웠던 반석과 요새가 "넘어지는 담, 흔들리는 울타리"의 건축물 그림에 대비됨으로써 다윗성이 서 있는 암반지대와 왕궁을 둘러싼 견고한 요새를 독자의 마음에 생생히 그려내는 "산 은유"로 다시 살아났다 하겠습니다. "입으로는 축복, 속으로는 저주!(4절)" 시인은 촌철살인의 이 한마디로 악인의 이중성을 고발하고, 타락한 세상에 똑바른 사람이 없음을 한탄하면서 "사람은 입김, 인간은 사기 / 저울에 올리니 합쳐도 입김만 못하네"라고 희화합니다(9절). 전도서에서 "헛되다"는 탄식에 쓰인 히브리어 헤벨의 본래 의미가 바로 이 "입김"입니다. 이들 그림언어를 통해 시인은 무엇을 강조하고 있을까요? 시인을 대적하고 괴롭게 하는 악인의 표지 한 가지는 이중성입니다. 시인을 공격하는 악인들은 사람을 죽이려, 높은 자리에서 떨어뜨리려 안간힘을 쓰면서도 입으로는 축복을 늘어놓습니다. "입으로는 축복, 속으로는 저주"가 삶의 모토라 할 거짓말선수들입니다. 악인의 다른 특징은 돈에 대한 애착입니다. 10절은 폭력, 탈취물, 재물 세 단어를 평행으로 배치함으로써 하반절의 "재물"이 불법이나 폭력으로 얻은 부당이익이라는 강력한 암시를 던집니다. 10절의 댓구인 11절은 유감스럽게도 원문의 빼어난 시행구조가 개역개정번역에는 드러나지 않습니다. 운율을 살려 번역하면 이렇습니다: "주께서 하신 말씀 하나, 내가 들은 두 가지 / 힘은 하나님의 것, 인애는 주님 당신의 것 / 당신은 되갚습니다, 각 사람의 행동대로." 그렇습니다. 하나님은 신뢰할 수 있습니다. 사람은 그렇지 않습니다. 하나님은 기억하고 보상하십니다. 사람은 아닙니다. 만물의 허망함(헤벨)에 깊이 절망했던 전도자가 "일의 결국을 들었으니 하나님을 경외하고 그의 명령들을 지킬지어다.. 하나님은 모든 행위와 모든 은밀한 일을 선악 간에 심판하시리라(전 12:13-14)"고 결론지었듯이, 시편 62편의 시인도 사람은 다 입김(헤벨)에 불과하니 "시시로 그를 의지하고 그의 앞에 마음을 토하라 하나님이 우리의 피난처시로다"라고 권합니다(8절). 그 누가 이 충고를 무시하리요!

❗ 적용하기

1. 거리끼는 불로소득 부당이익이 있었다면 어떻게 처리하시렵니까?

2. 하나님만을 의지하는 믿음을 어떻게 실습할 수 있습니까?

🙍 오늘의 기도

하나님도 믿는 믿음이 아닌 하나님만 믿는 믿음으로 승격하기를 원합니다. 성령께서 도우셔서 인생의 덧없음과 재물의 허망함을 참으로 깨달아 알게 해 주소서.

063

시편 63:1-11

찬송 573장

주야로 묵상할 말씀

"내가 나의 침상에서 주를 기억하며" (63:6)

빼어난 시인이었던 다윗은 수많은 시를 썼습니다만 그가 사울을 피해 도망 다니던 시절에 쓴 시들 중 각별히 우리 마음을 울리는 것이 많습니다. 내일을 기약하기 어려울 긴박함 속에서 "내 평생," "영원토록" 주를 따르겠노라 다짐하고, 억울해 미쳐버릴 만한 때에 하나님의 은혜와 인자하심을 노래했다는 것이 얼마나 대단한지요. 오늘 시편은 "물이 없어 마르고 황폐한 땅"을 배경으로 합니다. 사울의 추격을 피해 척박한 이스라엘 광야를 전전하면서 식수를 확보하기란 참으로 어려웠을 것입니다. 그런데 다윗은 그 황폐한 땅에서 물을 찾는 심정에 야웨 하나님을 향한 영혼의 갈증을 중첩시킵니다: "물이 없어 마르고 황폐한 땅에서 내 영혼이 주를 갈망하며 내 육체가 주를 앙모하나이다(1절)." 다윗이 하나님의 마음에 합한 자라는 인정을 받은 비밀이 이 한 절에 담겨있는지도 모릅니다. 목이 마를 때 영의 목마름을 고백할 수 있는 영적 감수성 말입니다. 그는 지금 달려갈 수 없는 성소를 떠올립니다. 우리말 "성소"는 장소를 가리키지만 원문단어는 "성소," "거룩함" 혹은 "거룩한 임재"로 넓게 쓰입니다. 육체의 갈증은 시원한 샘물로 해갈할 수 있겠지만, 영적인 갈증은 그분의 임재 앞에, 거룩한 현존 앞에 나아가야만 해결됩니다. 우리도 마찬가지입니다. 시원한 물로 해결될 갈증이 있고 나를 이해해 주는 친구가 있어야만 적셔질 갈증도 있습니다. 그러나 우리를 괴롭히는 궁극의 갈증은 오직 하나님을 만나 뵈어야만 풀립니다. "인간의 영혼에는 오직 하나님만이 메울 수 있는 거대한 심연이 있다"는 파스칼의 말은 만고의 명언입니다. 이것을 모르니 사람들은 돈으로 권력으로 쾌락으로 그 빈자리를 채우려 애쓰지만 갈증은 더해갈 뿐입니다. 주의 권능과 영광을 사모하는 사람만이 다윗처럼 주의 인자하심이 자신의 생명보다 귀하다고, 잠자리에 들며 주님을 기억하고 말씀을 낭송하며 하루를 열겠노라고, 주의 날개 그늘에서 즐겁게 외치겠다고 환희의 고백을 할 수 있습니다. 그 결과가 무엇입니까? "나의 영혼이 주를 가까이 따르니 주의 오른손이 나를 붙드시거니와…(8절)" 악인은 정반대입니다. 그들은 땅 깊은 곳으로 들어가고 파멸과 죽음을 마주합니다. 무엇보다도 악인의 대표격으로 묘사되는 거짓말장이의 입을 봉하십니다(11절). 개역개정본에 "막히다"로 번역된 원문은 노아 홍수 때 하늘에서 물이 쏟아지던 창이 닫혔다고 표현한 창세기 8:2과 이곳 시편 63:11절에서만 쓰인 표현입니다. 거짓말을 밥 먹듯 하는 거짓말쟁이들의 입이 막히리라! 시편 1편의 마지막과 중첩해 봅니다. "악인의 길은 망하리로다(시 1:6)." 그렇습니다. 지금 보기엔 악인들이 희희낙락 해보이고, 거짓말로 승승장구 달려가듯 보이지만, 악인의 길은 망하고, 사기군의 입은 막힙니다. 믿고, 의인의 길로 노래하며 달려갑시다.

❗ 적용하기

1. 개인적인 기도와 찬송의 시간을 어떻게 확보하고 있습니까?

2. 영적인 기쁨이 최고의 별미보다 더 만족을 주는 경험을 해 보셨습니까?

🙏 오늘의 기도

지나치게 소유하여 마음이 매이고 더 갖기를 원하는 욕심으로 지나갈 것들에 마음을 빼앗기는 일상을 벗어나, 말씀과 기도로 하나님과의 시간을 갖도록 도우시고 힘을 주소서.

064

시편 64:1-10

찬송 513장

주야로 묵상할 말씀

"의인은 여호와로 말미암아 즐거워하며 그에게 피하리니 마음이
정직한 자는 다 자랑하리로다" (64:10)

영상매체들에 CCTV나 블랙박스에 찍힌 어이없는 모습들이 종종 화제가 됩니다. 고속도로를 유유히 걸어가는 황소나 행인들을 깜짝 놀라게 하는 기획물처럼 웃음을 선사하는 영상도 있지만, 쇠몽둥이로 유리창을 깨는 보복운전이나 가게에 침입한 도둑의 절도현장처럼 등골을 서늘하게 하는 장면도 있습니다. 그럴 때면 "저 사람이 자기 모습이 온 국민 앞에 아니 전 세계에 다 공개될 줄 상상을 해봤을까?"라는 생각이 듭니다. 심리학자들은 내가 이 일을 하다가 발각되면 어떻게 되지? 라는 상상을 해보는 것만으로도 크고 작은 일탈과 범죄를 방지하는 데 큰 효

과가 있다고 설명합니다. 오늘 본문에 악인들의 행동을 묘사하면서 "그들은 악한 목적으로 서로 격려하며 남몰래 올무 놓기를 함께 의논하고 하는 말이 누가 우리를 보리요 하며(5절)"라고 죄행의 속내를 예리하게 해부해 줍니다. 우리는 우리 행동에 대해 책임을 물으실 존재, 즉 심판주 되신 하나님을 생각하지 않기 때문에 죄를 짓게 됩니다. 악을 범하고 하나님께서 불쌍히 여기셔서 즉시 심판하지 않으시니 조금 더 대범해집니다. 결국 그들은 그저 죄를 저지르는 데 그치지 않고 "업자"가 되어 범죄를 계획하는 자리에 갑니다. 같은 길 가는 자들을 만나 "사업 파트너"가 되고 자신들의 묘수에 감탄해가며 죄악된 생활에 도취합니다(6절). 그러나 결국 때가 오고야 맙니다. "그러나 하나님이 그들을 쏘시리니 그들이 갑자기 화살에 상하리로다(7절)." 신속하고 엄한 심판을 보고 "모든 사람이 두려워하여 하나님의 일을 선포하며 그의 행하심을 깊이 생각" 하게 되었습니다(9절).

하나님께서는 죄를 미워하십니다. 그러나 본문 7절의 "하나님이 그들을 쏘신다"는 표현처럼 하나님께서 직접 형벌을 시행하신다는 묘사는 특히 죄질이 나쁜 악인들을 대상으로만 쓰입니다. 본문은 그들이 저지른 구체적 죄명이 나오지 않습니다. 다만 그들은 우발적인 범법자가 아니라 뚜렷한 자의식 하에서 조직을 구성해 죄를 기획하고 시행하는 자들이라는 것이 기록되어 있습니다. 하나님께 심판받은 이들을 가리켜 "그들이 엎드러지리니 그들의 혀가 그들을 해함이라(8절)"고 말씀하신 것은 의미심장합니다. 그들의 말이 그들에게 엄한 처벌을 가져다 준 화근이었습니다. 후회도 하고 맹세도 하면서도 여전히 죄를 짓는 것은 분명 추하고 딱한 모습입니다. 그러나 "죄 안 짓는 놈 있으면 나와 보라 그래!" 라며 당당하게, 조직을 부려가면서 죄를 짓는 것은 죄를 미워하시는 분 앞에서 한층 더 가증스런 일입니다. 적어도 "누가 우리를 보리요?"라고 말하는 대신, "그가 우리를 보신다!"라고 말했더라면 그들의 운명이 달라졌을 것입니다. 하나님을 잊어버린 세대에게 우리는 이 하나님을 알려야 합니다. "그가 보신다!"

❗ **적용하기**

1. 죄짓기를 두려워하지 않는 사람들에게 어떻게 하나님의 거룩하심을 전하고 있습니까?

2. 본문말씀에 자신을 비춰볼 때 무엇이 가장 마음에 부담스러운가요?

🙏 **오늘의 기도**

자신이 죄가 무엇인지 모르거나 알면서도 시인하지 않는 사람들이 너무 많습니다. 엄위하신 주의 통치가 선포되고 교회의 순결과 거룩이 드러나도록 우리를 사용하소서.

시편 65:1-13

찬송 9장

주야로 묵상할 말씀

"우리가 주의 집 곧 주의 성전의 아름다움으로 만족하리이다" (65:4)

이 시편은 성전 뜰에 선 경건한 예배자가 아름다운 성전을 바라보는 장면 속으로 들어가 낭송해 보아야 합니다. 구약 성도들에게 성전은 하나님이 계신 곳, 하나님을 만나는 그 곳(the place)였습니다. 하나님은 만유의 주재 세상 어디에나 존재하시지만, 아주 특별한 의미에서 성전에 임재하셨습니다. 성도들은 거기서 함께 주님을 뵙고 예배드렸습니다. 무릎을 꿇고 가슴을 치며 통회하는 이웃이 있고, 두 손을 들어 하나님 앞에 환호하거나 삶의 무게와 고통을 아뢰며 눈물을 떨구는 친구가 함께 그 뜰에 있었습니다. 일생을 주 앞에 드리고 천국을 소망하는 경건한 노인도, 부모의 신앙을 다 알지는 못해도 아버지 어머니 손잡고 그곳의 분

위기를 몸으로 배우는 어린아이들도 그곳에 있었습니다. 그곳은, 성도가 성도됨을 확인하는 삶의 자리였습니다. 시인은 그 자리에서 거룩한 상상력의 날개를 폅니다. "땅의 모든 끝과 먼 바다," 그 의 능력으로 지으신 산과 바다와 "땅의 끝"에 흩어진 뭇 백성들까지, 온 세상이 보입니다. 그 모든 것을 주께서 다스리시고 돌보십니다. "주께서 아침 되는 것과 저녁 되는 것을 즐거워하시며, 땅을 돌보사 물을 대어 심히 윤택하게 하시며 하나님의 강에 물이 가득하게 하시고 이같이 땅을 예비하신 후에 그들에게 곡식을 주시나이다. 주께서 밭고랑에 물을 넉넉히 대사 그 이랑을 평평하게 하시며 또 단비로 부드럽게 하시고 그 싹에 복을 주시나이다. 주의 은택으로 한 해를 관 씌우시니 주의 길에는 기름방울이 떨어지며 들의 초장에도 떨어지니 작은 산들이 기쁨으로 띠를 띠었나이다. 초장은 양떼로 옷 입었고 골짜기는 곡식으로 덮였으매 그들이 다 즐거이 외치고 또 노래하나이다(8-13절)." 창조세계의 아름다움을, 그 안에서 일하고 먹고 쉬고 즐거워하는 인생의 기쁨을, 이 이상 더 멋지게 묘사할 수 있을까요.

그러나 시인은 자연의 아름다움과 인생의 기쁨에 취해 있지 않습니다. 기도를 들으시는 주께 나아가는 사람은 예외 없이 죄인이라는 것을 그는 잊지 않았습니다. "죄악이 나를 이겼사오니 우리의 허물을 주께서 사하시리이다(3절)." 안타깝게도 우리는 죄악에 싸워 이기지 못하는, 약한 존재들입니다. 죄악이 나를 이겼사오니… 죄와 싸워 본, 그래서 패배해 본 사람의 고백입니다. 악인도 죄인, 성도도 죄인입니다. 악인도 죄에게 지고 성도도 죄에게 집니다. 차이가 있다면 악인은 죄와의 싸움을 포기한 사람이고 성도는 죄를 정복하신 그 분을 의지해 죄와 싸운다는 것입니다. 하나님은 날마다 우리 짐을 지시는 분입니다(시 68:19). 우리 연약함을 담당하시는(마 8:17) 메시아 예수께서 우리에게 "수고하고 무거운 짐진 자들아 다 내게로 오라, 내가 너희를 쉬게 하리라"고 말씀하십니다(마 11:28). 그분이 곧 성전이십니다. 그분의 아름다움으로 만족하는 삶, 이 어찌 감사하지 않습니까.

❗ 적용하기

1. 자신이 죄인임을 이전보다 더 절실하게 깨닫고 있습니까?

2. 교회의 영광과 아름다움에 대해 근래에 어떤 경험을 하셨는지요?

🙏 오늘의 기도

그리스도께서 피흘려 사신 교회의 영광을 새롭게 경험하게 하시고, 위태한 형편에 있는 조국 교회의 회복을 위해 부족한 우리들을 받으시고 사용하여 주옵소서.

066

시편 66:1-20

찬송 618장

주야로 묵상할 말씀

"우리가 불과 물을 통과하였더니 주께서 우리를 끌어내사 풍부한 곳에 들이셨나이다" (66:12)

    귀금속의 가치는 순도에 따라 크게 달라지는데, 순도 100%에 접근하면 할수록 (물론 완벽한 100%는 불가능하지요) 불순물을 제거하기가 더 어려워집니다. 그래서 돌덩이나 다름없는 원석을 순도 99%로 높이는 것보다, 99%에서 99.9%로, 99.99%로 조금씩 끌어올리는 것이 훨씬 어렵고 기술과 비용이 필요하다고 합니다. 은과 금의 광석을 정련해서 순은 순금으로 만드는 과정은 매우 힘든 과정이지만 그 결과로 얻어지는 귀금속의 광채는 글자 그대로 눈부십니다. 그래서 인생의 시련과 그 시련을 통해 얻는 유익을 귀금속의 정련과정에 빗대는 것은 자연스러운 일일 것입니다. 오늘 시편의 시인은 공동체의 목소리로 노래합니다. "하나님이여 우리를 시험하시되 우리를 단련하시기를 은을 단련함같이 하셨습니다(10절)." 하나님께서 이스라엘을 택하시고 지키셨다고 해서 그들이 비단길을 걷지는 않았습니다. 의심할 나위없는 하나님의 임재와 인도하심이 있는 중에도 그들은 광야길을 걸었습니다. 그러나 그 경험이 단지 "고생"이 아닌 "단련"이라고 정말로 믿는 사람은, 세상이 감당할 수 없는 사람입니다(히 11:38). 그 단련의 길을 통과해 "풍부한 곳"에 도달하는 경험을 한 사람은, 세상을 초월하는 사람입니다. 오늘 시인의 고백을 들어보십시오: "하나님을 두려워하는 너희들아 다 와서 들으라 하나님이 나의 영혼을 위하여 행하신 일을 내가 선포하리로다. 그가 내 기도를 물리치지 아니하시고 그의 인자하심을 내게서 거두지도 아니하셨도다(16, 20절)." 시인은 고난 중에 기도했고 그 모든 상황 속에서 하나님은 당신의 신실하심을 거두지 않으셨다는 것을 깨달았습니다. 이 비밀을 아는 사람, 고난을 통과하면서 "하나님, 나를 시험하시되 나를 단련하시기를 은을 단련함같이 하셨습니다"라고 1인칭으로, 스스로, 고백할 수 있는 사람이 얼마나 되었을까요? 여기에 신앙공동체의 힘이 있습니다. 한 성도가 오늘 본문 같은 시문을 "우리가"라고 읽어낼 때, 의심하고 한숨짓는 "나"라는 존재가 확신하고 찬양하는 "우리"라는 그백공동체에 편입되는 기적이 일어납니다. 공공의 신앙고백이 갖는 이러한 힘은 "성경시대" "신정국가" 이스라엘에서만 작동된 것이 아닙니다. 21세기 대한민국에 사는 우리도 시편을 묵상하면서 수천 년 수만리의 역사–지리적 간극은 물론 언어 풍습 문화 모든 면에서 우리와 매우 멀리 떨어진 지점에 있었던 사람들의 마음속으로, 그들의 든든한 공동체에 녹아드는 놀라운 경험을 하게 됩니다. 그래서 우리는 그들과 함께 홍해를 건너고 함께 광야를 누비고 약속의 땅에 들어간, 하나님의 능력을 체험하고 하나님을 기뻐하는 주의 백성입니다(6-7절). 오늘도 그 하나님이 우리를 다스리시기에 우리가 이 시인의 고백을 우리 것으로 삼아 함께 노래할 수 있음을 감사합니다.

❗ 적용하기

1. 하나님께서 내 삶에 행하신 일들을 누구와 나누고 격려를 받습니까?

2. 힘들었던 일들이 지나면서 자신의 믿음이 더 강해지는 경험을 하십니까?

🙏 오늘의 기도

우리가 경험하는 일들이 그리스도를 더욱 잘 알기 위한 재료가 되게 하시고, 신앙에서 우러나오는 마음의 따스함으로 사람들을 주께 인도하도록 도우소서.

067

시편 67:1-7

찬송 74장

주야로 묵상할 말씀

"주의 도를 땅 위에, 주의 구원을 모든 나라에게 알르 소서" (67:2)

시편 67편은 우리가 『시편』에서 자주 마주치는 평범한 기도로 시작합니다: "하나님께서 우리에게 은혜를 베푸사 복을 주시고 그의 얼굴 빛을 우리에게 비추소서(1절)." 그러나 이 시의 평범함은 거기까지입니다. 2절부터 그의 관심과 간구는 "땅 위"로 넓어지고, 모든 나라, 민족들, 땅 위의 나라들, 모든 민족들을 거쳐 마침내 7절에 오면 "땅의 모든 끝"을 품습니다. "우리"를 넘어서는 "그들 모두"가 하나님의 도를 알게 되고(2절), 하나님을 찬송하게 되고(3절), 하나님의 다스림 아래 있고(4절), 하나님을 찬송하고(5절), 하나님을 경외하는 것이 시인의 바람이자 예상입니다. 불과 일곱 절의 공간에 담긴 시야의 확대가 장쾌합니다. 구약성경은 여호와 하나님과 이스라엘 간의 배타적 언약관계에 기초했기 때문에 선교적 관심이 별로 없다는 오해가 있습니다. 그렇지 않습니다. 오늘 시편도 7절의 짧은 본문에서 하나님이 온 세상 모든 나라들에게 알려져서 저들이 하나님을 경외하기를 간곡히 원하는 시인의 심정을 잘 드러내 줍니다: "하나님이여 민족들이 주를 찬송하게 하시며 모든 민족으로 주를 찬송하게 하소서. 땅이 그의 소산을 내어 주었으니 하나님 곧 우리 하나님이 우리에게 복을 주시리로다. 하나님이 우리에게 복을 주시리니 땅의 모든 끝이 하나님을 경외하리로다(5-7절)."

이 지점에서 우리는 이 시편이 이방 나라들에게 여호와 하나님의 어떤 모습을 강조하고 있는지 주목하게 됩니다. 첫째, 하나님은 민족들을 공평으로 심판하시고 다스리시는 주재이십니다(4절). 고대근동의 종교문화 속에서 사람들이 믿는 절대다수의 신은 자기와 가까운 이들에게 "제사밥"을 얻고 그들을 위해 소소한 호의를 베풀었을 뿐, 절대가치로서의 진리와 정의, 공평을 나타내지 않았습니다. 그러한 다신론적 문화 위에 시인은 우리 하나님은 그런 잡신들과 다르게 모든 민족을 공평하게 심판하신다는, 사뭇 혁명적인 신을 소개하고 있습니다. 둘째, 하나님은 신자들에게 복을 주십니다. "땅이 그의 소산을 내어 주었으니"라고 농사의 열매를 이야기하고는 바로 "하나님이 우리에게 복을 주시리니, 땅의 모든 끝이 하나님을 경외하리로다(7절)"라고 연결시킵니다. 믿지 않는 이들은 땅이 소산을 내는 것을 당연하다고 생각하겠지만 믿음의 사람들에게 그것은 하나님의 선물이고 축복입니다. 농사지었으니 거두고, 직장 다녔으니 월급 받고, 신경 써줬던 거래처 사람에게 도움을 받으며, 당연하지! 생각하며 삽니다. 그러나 살다보면 태풍도 오고 실직도 하고 배신도 당하게 마련이니, 당연하다고 생각했던 것이 당연한 것이 아님을 알게 되고서야 "그때가 좋았군, 그때 참 고마웠네" 생각하는 게 우리들 모습입니다. 하나님이 공평하신 주재임을 믿고, 그분이 우리에게 복 주시는 분인 것을 경험해 믿음이 깊어져야 합니다. 믿음의 눈이 열리면, 감사의 입이 열립니다.

❗ 적용하기

1. 자기 힘으로 산다 생각하는 사람들에게 하나님의 은혜를 어떻게 설명하십니까?

2. 믿지 않는 이들을 생각하는 선교의 열정이 지난 5년간 어떻게 변화했습니까?

🙏 오늘의 기도

모든 민족 모든 나라를 마음에 품게 하시고, 그리스도를 모르는 이들에게 그리스도를 전하기 원하는 소망과 열정이 더욱 강해지게 하소서.

068

시편 68:1-35

찬송 619장

주야로 묵상할 말씀

"날마다 우리 짐을 지시는 주 곧 우리의 구원이신 하나님을 찬송할 지로다" (68:19)

언제인가부터 시 68:19 말씀을 암송하며 마음에 위로를 받아 왔습니다. 날마다 우리 짐을 지시는 주 곧 우리의 구원이신 하나님. 얼마나 좋습니까. 내가 지고 있는 인생의 무게가 버겁게 느껴질 때마다 이 구절을 되뇌어보면 나를 향한 하나님의 긍휼과 인자하심이 새롭게 느껴지곤 했습니다. 그런데 이번에 그 뒤의 문맥을 확인해보니 그 말씀의 힘이 새로움을 넘어 가히 충격적입니다. "날마다 우리 짐을 지시는 주 곧 우리의 구원이신 하나님을 찬송할지로다. 하나님은 우리에게 구원의 하나님이시라. 사망에서 벗어남은 주 여호와로 말미암거니와 그의 원수들의 머리 곧 죄를 짓고 다니는 자의 정수리는 하나님이 쳐서 깨뜨리시리로다 (19-21절)." 그렇습니다. 이 시편이 그리고 있는 하나님은 백팩에 노트북에 도시락 가방까지 들고 다니느라 피곤한 나를 위해 가방을 대신 들어주시는 정도의 하나님이 아니십니다. 내 원수가 나를 공격하고 나에게 지워놓은 멍에를 벗기시고 그 원수의 머리통을 깨부시는! (성경이 그렇게 말하고 있습니다) 그런 하나님이십니다. 시편 68편은 시 여러 수를 합성해놓은 듯한 복잡한 형태에 희귀한 단어나 표현도 많아 해석하기 어려운 시편으로 꼽힙니다. 그러나 이 시가 전달하는 전체적 메시지는 오독의 여지가 없이 뚜렷합니다: 하나님은 무시무시한 분이시지만 우리에게는 한없이 너그러우시며, 하나님은 우리를 엄호해 싸우시고 우리 적들을 대항해 싸우십니다. 시인은 전투하시는 전사 하나님을 묘사하기 위해 다양한 그림을 펼쳐 보입니다. 전쟁은 리얼하고 끝과는 참혹합니다. 하나님께서 사령관이 되셔서 우리를 명령하십니다: "네가 그들을 심히 치고 네 집의 개의 혀로 네 원수들에게서 제 분깃을 얻게 하리라(23절)." 여기 언급된 적들이 이스라엘 역사 속에 충돌했던 특정한 나라인지는 분명하지 않습니다만 22절에 보면 하나님께서 그들을 매복장소에서 끄집어 내신 후 이스라엘에게 던져주어 공격하게 하십니다. 결과는 물론 이스라엘의 압승으로, 고대전쟁에 관한 묘사에 흔히 나오는 대로 길바닥에 피가 흘러 장화가 필요할 지경이 됩니다. 야웨 하나님은 하늘을 타시는 자, 천둥을 부리시는 자, 구름을 타시는 자, 바로 고대근동에 통용되던 신적인 전사(divine warrior)이십니다(33-34절). 시인은 왜 이런 묘사들을 사용했을까요? 모든 나라들이 두려워 떠는 야웨 하나님 그분께서 우리 이스라엘의 하나님이시다! 그 말을 하는 것이지요. "너희는 하나님께 능력을 돌릴지어다 그의 위엄이 이스라엘 위에 있도다.. 하나님이시여 위엄을 성소에서 나타내시나이다. 이스라엘의 하나님은 그의 백성에게 힘과 능력을 주시나니 하나님을 찬송할지어다(34-35절). 그렇습니다. 날마다 우리 짐을 져 주시는 다정하신 그분은, 사실 온 세상이 두려워하는 전사이십니다. 그런데 그분께서 우리에게만은 그처럼 다정하시다니, 이 얼마나 놀라운 은혜인가요.

❗ 적용하기

1. 하나님이 두려워 마땅한 분이신 것을 어떤 방식으로 깨닫게 되었습니까?

2. "날마다 우리 짐을 지시는" 하나님을 구체적으로 경험해오고 있습니까?

🙏 오늘의 기도

영적으로 어린아이와 같은 우리들을 잊지 마시고 늘 성령님의 교훈과 인도하심 중에 가르쳐 주셔서 원수들을 이기고 승리하게 하소서.

069

시편 69:1-36

찬송 615장

주야로 묵상할 말씀

"주의 분노를 그들의 위에 부으시며 주의 맹렬하신 노가 그들에게
미치게 하소서" (69:24)

    시편의 많은 탄원시들은 고통을 호소하고 구원을 바라는 동시에 하나님이 베푸실 구원에 대한 확신과 그에 따른 감사와 찬양 등 매우 복합적인 정서를 표현합니다. 본 시편의 시인은 자신의 고통을 비웃고 상처에 소금을 뿌리듯 독한 말을 퍼붓는 이들을 파멸시켜 달라는 극단적인 요청을 서슴지 않으면서도 온 세상 피조물과 더불어 하나님을 찬양하기 바라는 소망을 토로합니다. 우리는 이처럼 복합적인 세계를 신학의 명제들에 견주어 재단하기보다 일차적으로 기도와 묵상을 통해 우리 안에서 정서적 공명을 통해 이해할 필요가 있습니다. 시인을 괴롭히는 것

은 고난 자체보다 고난에서 파생된 고통입니다. 고난과 고통은 같지 않습니다. 이 시에서 시인이 토로하는 고통은 자신이 겪는 고난에 대한 하나님이 침묵에서 비롯됩니다. "주의 얼굴을 종에게서 숨기지 마소서 내가 환난 중에 있사오니 속히 내게 응답하소서 … (내 마음에) 근심이 충만하니 불쌍히 여길 자를 바라나 없고 긍휼히 여길 자를 바라나 찾지 못하였나이다(17, 20절). 불쌍히 여길 자, 긍휼히 여길 자, 그것은 막연한 누군가가 아닙니다. 시인은 하나님의 연민과 긍휼을 바라지만 그것을 얻지 못해 애타하고 있는 것이지요. 사람들은 종종 마음의 위로를 얻고자 종교에 귀의한다는 식의 말을 합니다. 그러나 기대가 높을수록 실망도 커지기에 신앙인은 신앙이 없는 사람이 알지 못하는 고통도 얻습니다. 전능하신 하나님을 믿고 긍휼하신 하나님을 기다리는 사람은 그 하나님이 보이지 않고 들리지 않을 때 비신앙인보다 더 깊이 절망하고 아파하니까요. 시인은 그 고통을 두 가지 방식으로 대면합니다. 첫째, 자기에게 "쓸개를 먹이고 목마를 때 식초를 준" 악인들에 대한 혐오를 솔직히 토로했습니다. 그들의 밥상이 올무가 되게, 그들의 눈이 어둡고 허리는 떨리게, 그들의 집은 폐허가 되게 그들 주변이 적막해지게 해달라고 탄원하고는 그도 모자란다는 듯 그들의 죄악이 날로 늘어나 의로운 무리에 들지 못하게 하시고 생명책에서 그들을 지워 없애달라는, 참으로 모질고 무서운 저주를 퍼붓습니다(22-28절). 둘째, 시인은 하나님께 매달립니다. 가난하고 슬픈 자신을 구원해 주시면 하나님을 높이고 감사하며 찬송하겠다 외칩니다(30절). 마침내 하나님의 응답을 얻은 시인의 확신을 들어 보십시오: "여호와는 궁핍한 자의 소리를 들으시며 자기로 말미암아 갇힌 자를 멸시하지 아니하시나니(33절)." 그가 한 일이 늘 바람직한 행동은 아닐 것입니다. 맞습니다. 우리는 악인도 긍휼히 여겨야 합니다. 우리의 찬송과 예배에 조건을 달지 말아야 합니다. 그러나, 그러나, 하나님의 임재를 확신하지 못해 고통하는 이의 마음을 주께서는 아십니다. 우리도 이 시인의 자리에 가게 되면 그렇게 해도 괜찮습니다. 우리 고통을 손수 경험하신 그분께서 우리를 위한 마음의 피흘림을 가지고 우리를 안아주십니다. 그분께 찬양을!

적용하기

1. 믿음을 잃은 것은 아니면서도 침체상태에서 씨름한 경험이 있습니까?

2. 그러한 상태에서 회복의 실마리가 어떻게 무엇에 의해 주어졌습니까?

오늘의 기도

우리의 찬송과 감사를 어떤 예물보다도 기뻐하시는 아버지, 삶의 무게와 악의 공격에 지쳐 쓰러지지 않도록 우리를 지키시고 소생시켜 주 앞에 노래하게 하소서.

070

시편 70:1-5

찬송 342장

주야로 묵상할 말씀

"나는 가난하고 궁핍하오니 하나님이여 속히 내게 임하소서 주는 나의 도움이시오 나를 건지시는 이시오니 여호와여 지체하지 마소서" (70:5)

두 학생이 학비가 필요하답니다. 저는 둘 중에 성적이 좀 빠지는 학생을 도와주었습니다. 제가 도와주지 않은 학생이 여러 모로 더 나아 보이는데도 마음을 바꾸지 않았습니다. 제 도움을 받은 학생도 자기가 선택받은 것이 미안하지 않은 눈치입니다. 이유는, 그 학생이 제 자식이기 때문입니다… 물론 하나님은 저와 다르십니다. 저는 둘 다 도와줄 능력이 안 되어서도 하나를 택해야 하지만, 하나님은 그렇지 않습니다. 땅의 아버지는 부족하고 죄많은 인간이지만 하늘 아버지는 거룩하고 완전하십니다. 그러나 성경이 인간의 언어를 빌어 하나님을 우리 아버지라고 표현한 것은, 아무리 훌륭해도 옆집 아저씨는 우리 아빠가 아니라는 단순한 생각, 어린 아이가 "우리 아빠"를 찾는 그 마음이 우리 믿음의 본질을 설명하는데 효과적이었기 때문입니다. 그래서 예수님께서도 우리가 하나님을 어린아이같이 믿어야 한다고 하신 것이지요. 5절의 기도를 보십시오. 저는 힘이 없습니다. 하나님 어서 와서 도와주세요. 하나님 늘 저를 도와주시고 구해주셨잖습니까. 늦지 않게 빨리 와서 도와주세요.. 아빠를 부르는 아이처럼 단순하고 선명한 믿음을 갖기 원합니다. 오늘 시인이 그런 태도를 보여줍니다. 정확한 상황은 나와 있지 않지만 시인의 적대세력이 그를 공격하고 있는 것은 분명해 보입니다. 시인의 요청은 단순 명확합니다. 저를 도와주세요. 구해주세요. 내가 안 되는 꼴을 보고 싶어 안달이 난 저 못된 자들, 혼 좀 내 주세요. 시인은 자기에게 문제가 있지는 않은지 전혀 고민하지 않습니다. 우리는 고난당할 때 자신을 돌아보고 회개할 것이 있나 살펴서 하나님 앞에 다 고백해야 한다고 생각합니다. 성경에도 그런 자세를 가르치는 구절이 있습니다. 그러나 그런 자기성찰의 자리가 있고, 이 시편에서처럼 하나님께 그냥 달려가서 "다 일러바치는" 믿음의 자리도 따로 있습니다. 놀랍게도 우리는 기도할 때조차 생각만큼 자신의 필요와 욕구에 대해 솔직하지 못합니다. 사람 앞에서 원하는 것을 에둘러 말하고 상대가 알아주기 바라다가 알아주지 않으면 섭섭해 하듯이, 하나님 앞에서도 자신의 속마음을 직통으로 노출하고 하나님 앞에 나아가는 것을 어려워합니다. 평소에 하나님과 사이가 멀기 때문입니다. 하나님과의 친밀한 교제가 확보되고, "하나님의 선하심을 맛보아 아는" 경험이 축적되면 우리는 이 시인처럼 거리낌 없이 하나님께 기도하게 될 것이며 모든 성도들도 그처럼 하나님 안에 즐거워하기를 바랄 것입니다: "주를 찾는 모든 자들이 주로 말미암아 기뻐하고 즐거워하게 하시며, 주의 구원을 사랑하는 자들이 항상 말하기를 하나님은 위대하시다 하게 하소서(4절)."

❗ 적용하기

1. 하나님과의 대화를 더 친근하고 쉽게 하는 방법이 무엇일까요?

2. 기도의 응답이 없어 초조할 때 어떻게 대처하십니까?

🙏 오늘의 기도

우리 연약함을 아시는 하나님, 우리를 공격하는 적들의 속내를 아시오니 그들의 악한 계획을 좌절시키시고 우리를 도우시고 구출해 주소서.

071

시편 71:1-24

찬송 386장

주야로 묵상할 말씀

"늙을 때에 나를 버리지 마시며 내 힘이 쇠약할 때에 나를 떠나지 마소서" (71:9)

시인은 심각한 위기상황에 처했습니다. 그의 대적들이 "이번에는 저 놈도 어쩔 수 없어. 하나님도 안 도와준다. 쫓아가서 잡자!"고 말합니다 (10-11절). 이것은 전쟁터의 언어입니다. 물론 그 한 줄로 시인이 실제로 전쟁에 나갔는지는 알 수는 없지만, 직장과 사업장을 가리켜 "전쟁터야 전쟁터!"라고 말하는 사람에게 그 표현이 가감 없는 진실이듯이 시인은 분명 자신을 추격해 찌를 준비가 되어 있는 "적군"의 존재를 체감하고 있습니다. 우리 중에 총칼을 들고 나를 죽이려 하는 적을 마주치는 사람은 소수이겠지만, 내가 잘되는 꼴을 못 봐하고 사사건건 나를 꺾으려 하는 "대적"을 만나본 일이 없는 이는 더 소수일 것입니다. 자신에 관해 아무 것도 알려주지 않은 익명의 이 시인은 바로 이 공감대에 서서 호소력 있는 메시지를 전합니다. 살다보면 적이 생깁니다. 스스로 처치하려 말고 하나님께 맡기십시오.

시인은 인생의 황혼기에 있습니다. "늙을 때에 나를 버리지 마시며 내 힘이 쇠약할 때에 나를 떠나지 마소서(9절)"라는 호소는 장차 나이가 들 때를 생각해서 하는 말로는 너무 절실하게 들립니다. "하나님이여 내가 늙어 백발이 될 때에도 나를 버리지 마시며 내가 주의 힘을 후대에 전하고 주의 능력을 장래의 모든 사람에게 전하기까지 나를 버리지 마소서 (18)"라는 간청에도 자신의 신앙과 간증을 후대에 알릴 시간이 주어지기를 바라는 간절함이 느껴집니다. 시인은 어려서부터 하나님을 믿고 의지해 온 이른 바 모태신앙인입니다: "내가 모태에서부터 주를 의지하였으며 나의 어머니의 배에서부터 주께서 나를 택하셨사오니(6절)." 태생부터 언약백성이고 여호와신앙을 호흡하며 살아온 이스라엘 시인에게 오늘날 우리가 말하는 "모태신앙"이라는 범주가 적절하지는 않습니다. 그러나 오늘도 뱃속에서부터 교회를 다녔다 해서 본인의 믿음이 보장되지 않듯이 여러서부터 신앙의 틀 속에 산 이스라엘인이라 해도 모두가 "주 여호와여 주는 나의 소망이시요 내가 어릴 때부터 신뢰한 이시라 (5절)"고 노래할 수 있는 것은 아닙니다. 자기에게 "주어진" 성경과 지식이라 해도, 삶의 굴곡 속에서 단근질해낸 스스로의 확신, 신뢰와 의심의 진동을 거듭하며 정제된 믿음이 있어야만 이 시인처럼 노래할 수 있습니다. 이런 노래는 천금보다 귀하고, 총칼보다 강한 힘이 있습니다: "나의 혀[가] 종일토록 주의 공의를 작은 소리로 읊조리오리니 나를 모해하려 하던 자들이 수치와 무안을 당함이니이다(24절)."

오늘 시인은 나이와 상관없이 "일상의 전투"에서 승리하는 성도의 모습을 보여줍니다. 그는 어려서부터 지켜온 자신의 믿음을 재천명하고, 적의 강함과 자신의 약함을 고백했으며, 하나님의 도우심을 구체적으로 요청했고, 승리를 얻을 때 드릴 찬양을 준비하였습니다. 그 결과가 어땠을지 짐작하는 것이 어렵겠습니까?

❗ 적용하기

1. 나이가 들고 쇠약해지는 것을 "평생 간직할 믿음" 안에서 수용하고 있습니까?

2. 어려운 상황을 하나님께 맡기는 훈련은 어떻게 실행할 수 있을까요?

🙏 오늘의 기도

강해지기를 원하고 자신의 힘을 확인해야 안심하는 우리의 병적 집착을 제거해 주시고, 오직 하나님을 의지하는 겸손한 믿음으로 승리하게 하소서.

072

시편 72:1-20

찬송 138장

주야로 묵상할 말씀

"그들의 생명을 압박과 강포에서 구원하리니 그들의 피가 그의 눈 앞에서 존귀히 여김을 받으리로다" (72:14)

이 시는 시편에서 유일하게 솔로몬이 지은 시로서, 하나님께서 약속하신 다윗 왕조의 영광과 무게가 자신의 어깨에 놓인 것을 의식하면서 하나님 앞에서 올바로 행하는 왕의 모습을 묘사하고 있습니다. 1절은 "왕에게 주의 판단력을 주시고 / 주의 공의를 왕세자에게 주소서"라고 왕과 왕세자("왕의 아들")를 교차시켜서 자연스레 왕권의 인수장면을 떠올리게 합니다. 2절부터 17절까지에 걸쳐 "그가…" 라는 화법으로 왕이 지녀야 될 성품과 자질, 져야 할 책임과 누릴 영광을 언급합니다. 18-19절은 하나님께 찬송을 올려드립니다. 이스라엘 왕은 야웨 하나님의 대리인이라는 제왕의 신학을 생각해보면 이 제왕시의 말미에 찬양이 하나님께 드려지는 찬송이 위치하는 것은 매우 자연스러운 일로 보입니다. 20절은 이 시만 아니라 시편 5권으로 된 『시편』의 제 2부를 마무리하는 위치에서 2권의 통칭인 "다윗의 기도"를 마치는 후기입니다.

전능하신 하나님께서 세우신 왕을 축복하는 백성의 입장에서는 뿌듯함과 기대로 노래하겠지만, 왕위에 오르는 왕세자의 입장에서는 참으로 부담스러운 일이 아닐 수 없습니다. 젊은 나이에 부왕 다윗이 일군 이스라엘을 물려받게 된 솔로몬은 아버지를 보며 그 엄청난 중압감을 이해했던 사람입니다. 내가 이 일을 할 수 있을까 두려워하며 하나님께 일천번제를 드린 결과를 우리는 잘 압니다. 꿈에 나타나신 하나님께 나라를 바로 다스릴 수 있도록 지혜를 주십사 간구했던 솔로몬. 얼마나 그 소망이 절실하고 사무쳤으면 꿈에서도 제대로 대답을 했겠습니까. 그 솔로몬의 마음이 이 시에 고스란히 담겨 있습니다. 백성을 공정하게 재판하고 가난한 이들의 권리를 세워주면, 그 의로움이 산천과 백성에게 평화를 준다고 노래합니다(솔로몬의 히브리어 "쉴로모"는 '그의 평화'란 뜻입니다; 1-2절). 이 한 절만으로도 족하다 싶을 만치 아름다운 생각이요 정제된 시구입니다. 약자들의 억울함을 풀어주고 정의와 공평을 세우면 백성들의 신앙이 바로잡히고("주를 두려워하며," 5절), 이스라엘을 괴롭히는 대적들이 수치를 당하게 됩니다("그의 원수들은 티끌을 핥을 것이며,"9절). 어려운 이들의 생명과 "피"를 소중히 여겨주면 백성들이 왕을 공경하여 "그를 위하여 항상 기도하고 종일 찬송"합니다(15절). 꿈처럼 아름다운 왕정의 모습입니다. 꿈처럼… 우리는 역사를 알고 있습니다. 솔로몬의 끝은 이 시가 그리는 모습과 너무도 달랐다는 것을. 슬픈 일입니다. 그러나 역사

속의 솔로몬이 실패했다 해서 이 시가 헛되지는 않습니다. 이 시는 『시편』에 들어옴으로써 모든 주의 백성이 사모하고 노래할 참된 "평화의 왕(사 9:6)" 예수 그리스도를 위한 노래로 승화되었고, 그리스도를 본받아 "다스림"의 소명을 받들고자 하는 모든 인간 지도자가 사모하고 본받아야 할 전형이 되었습니다. 왕을 찬양합니다!

❗ 적용하기

1. 평화의 왕이신 그리스도를 이 시의 백성들처럼 사모하고 송축하는지요?

2. 내가 감당해야 할 책임의 영역에서 이 시에 그려진 다스림의 모습을 따르고 있습니까?

🕯 오늘의 기도

참 평화 되신 그리스도를 우리에게 주신 하나님. 우리 사는 날 동안 아름다우신 주 예수를 섬기고 노래하기를 그치지 않게 하소서.

시편 73:1-28

찬송 484장

주야로 묵상할 말씀

"하늘에서는 주 외에 누가 내게 있으리요 땅에서는 주밖에 내가 사모할 이 없나이다" (73:25)

악인의 형통을 보며 믿음이 흔들리는 의인의 속가음을 정밀묘사처럼 포착해 낸 이 시를 학자들은 지혜시로 분류합니다. 의인이 성소에서 깨달음을 얻어 내면의 갈등과 고민을 해결했고 그러한 문제의식과 해결방식이 잠언, 욥기, 전도서로 된 지혜문헌의 가르침과 일치한다는 설명입니다. 역설적이게도 이 지혜시를 쓴 아삽은 자신을 "우매무지한 짐승"이라 부릅니다(22절). 그 누가 되었든, 마땅히 알아야 할 것을 몰랐다면 우매하다 할 수 있겠지만, 자신을 짐승에 빗댄 것을 보면 그가 악의 문제와 씨름하며 입은 내상이 컸던 것을 알 수 있습니다.

아삽의 고통은 흔히 "신정론"의 프레임에서 말하는 지적 고민과는 성격이 다릅니다. 철학적 신정론은 기독교가 믿는 신이 정말로 존재한다면 어째서 이 세상이 이처럼 악한가. 이 현실을 바꿔놓지 않는(못하는) 하나님은 불의하거나 무능하지 않은가? 라고 도전합니다. 기독교 교리가 하나님의 전능하심과 선하심을 동시에 인정하기 때문입니다. 그러나 아삽이 하나님의 존재 여부를 놓고 고민한 것은 아니었습니다. 하나님의 성품에 대한 혼돈이 와서 그것을 정리하고픈 상황도 아니었습니다. 아삽을 괴롭힌 것은 악인들을 향한 분노가 한계점에 도달하면서 오래도록 지켜온 자신의 신앙인격이 흔들리는 것에 스스로 느낀 위기감이었습니다. 자기도 모르게 오만한 자를 부러워하며 질투했고(3절), 자신의 마음과 행동을 다스려 경건하게 살아온 것이 헛되다고 느꼈습니다(13절). 자괴감과 갈등이 그 마음을 얼마나 괴롭혔던지 그는 자신이 "종일 재난을 당하며 아침마다 징벌을 받았도다"라고 한탄했습니다(14절). 아삽은 자신도 한 순간 "나도 그들처럼 말하고 그들처럼 살아야겠다"고 마음먹었으리라는 것을 알았습니다. 악인이 득세하는 것을 보고 상심이 되는 것이야 자연스러울 수 있지만, 의롭게 살려는 의지를 빼앗기고 악인을 동경하게 된다면 참으로 슬픈 일이 아닐 수 없습니다.

그러던 순간, 아삽의 고민이 풀렸습니다. 주의 성소에 있을 때 하나님께서 답을 주신 것입니다. 악한 자들에게 정해진 시간이 있고 그 시간이 지나면 그들은 사라지는 존재임을 알게 되었습니다. 그 깨달음을 노래한 24-26절은 참으로 감격적이고 아름답습니다. "주의 교훈으로 나를 인도하시고 후에는 영광으로 나를 영접하시리니 하늘에서는 주 외에 누가 내게 있으리요 땅에서는 주 밖에 나의 사모할 이 없나이다. 내 육체와 마음은 쇠약하나 하나님은 내 마음의 반석이시요 영원한 분깃이시라." 아삽은 대답을 들었고 노래를 불렀습니다: "하나님께 가까이 함이 내게 복이라 내가 주 여호와를 나의 피난처로 삼아 주의 모든 행적을 전파하리이다(28절)." 오늘 우리도 대답을 듣고 노래를 얻어야 합니다. 그분 계신 곳으로 나아갑시다.

❗ 적용하기

1. 당신의 믿음에 큰 타격을 입고 "넘어질 뻔" 하게 만든 일들은 무엇이었습니까?

2. 성도로서 마음에 이는 회의와 상처를 어떻게 해결하며 살아갑니까?

🙏 오늘의 기도

우리 사회와 교회의 상황들이 제 믿음의 분량으로 견뎌내기 어렵습니다. 주님 사모하오니 힘주시고 깨우쳐 주셔서 아삽의 노래를 저도 부르게 하소서.

시편 74:1-23

찬송 488장

주야로 묵상할 말씀

"하나님이여 일어나 주의 원통함을 푸시고 우매한 자가 종일 주를 비방하는 것을 기억하소서" (74:22)

어찌하여 우리를 영원히 버리시나이까 ... 시인은 예루살렘을 약탈하고 성소를 파괴하는 이방인들을 보며 망연해합니다. 도끼를 든 벌목자라면 삼림의 나무를 베어야 할 텐데 저들의 도끼는 성소의 조각품을 부수고 있습니다. 하나님의 위엄과 영광을 말없이 노래하던 성전의 조형물들을 감히 부수다니! 먼발치에서나 감탄할 뿐 성전 안뜰에는 발을 들여놓지도 못하던 이방인들이 이제 성소 내부를 유린하고 있습니다. 그래도 하나님은 벼락을 내리지도, 천군을 보내 그들을 몰살시키지도 않으십니다. 그들은 신이 나서 "그들(이스라엘)을 진멸하자" 외치며 달려들었고, 결국 전국에 있는 하나님의 성소들을 모조리 불살라 버렸습니다(8절). 경건한 이스라엘 사람들에게 성전의 약탈은 단순히 패전이 아니라 자신들의 존재 전부를 잃는 경험이었습니다. 그 아픔이 너무 커서 시인은 부르짖습니다. "어찌하여 주께서 기르시는 양을 향해 진노의 연기를 뿜으십니까?" 야웨 하나님은 이스라엘의 목자입니다. 목자는 양을 아끼고 돌봐야 정상인데, 지금은 목자가 양을 향해 몽둥이를 휘두르는 격이니 얼마나 더 견딜 수 있을지 모르겠다고 탄식합니다(8-9절). 한 걸음 더 나아가 시인은 이스라엘의 목소리를 접고 자기 자신의 목소리로 ("나") 말합니다. 하나님, 이전부터 나의 왕이시지 않습니까. 나를 보셔서라도 구해 주셔야지요, 읍소해 봅니다. 하나님의 능력을 상기시키기 위해 태고의 혼돈 이야기까지 동원합니다. 주님, 주님이야말로 온 우주의 주인 아니십니까. 바다의 괴물 리워야단의 머리를 박살내고 혼돈의 세력 바다를 복종시키신 분이 바로 당신이 아니신가요? 창조의 능력으로 천하를 지으시고 다스리시며 원하시면 기적을 일으켜 이스라엘을 도우신 하나님께서, 잊기라도 하신 겁니까? 지금 약탈당하는 곳은 당신의 이름을 둔 성전이고, 약탈하고 있는 저들은 주님의 원수입니다! 그래서 시인은 계속 호소합니다. "옛적부터 얻으시고 속량하사 주의 기업의 지파로 삼으신" 이 백성을 기억해 달라 절규합니다. 그 언약을 생각하니 하나님과 주의 백성이 하나라는 믿음이 새로워집니다. 그래서 지금 풀어야 할 원통함은 곧 "주의 원통함"이고 막돼먹은 이방인들이 비웃는 것은 바로 주님이시라고 말합니다(19절). 그 언약을 기억한다면 지금 주 앞에 나아온 자들의 원한을 풀어주시고 그들이 수치스럽게 돌아가지 않도록 해달라고 간구합니다. 시인의 비통은 놀라운 신학적 관점을 열어주었습니다.

하나님이 어째서 악한 이방인들을 편들어 주시냐고 항거하고, 힘없는 이스라엘 백성은 "주의(당신의) 멧비둘기"요 그들을 해치는 이방인들은 "들짐승"으로 비유합니다. 이 시인의 기도를 통해 우리는 절박한 상황에서 우리 폐부에 담을 수 있는 절규의 언어를 물려받게 되었습니다. 성전은 불탔지만, 이 시는 남았습니다.

❗ 적용하기

1. 조국교회를 보며 "성전을 부수는 이방인"의 모습을 연상해본 적이 있으십니까?

2. 주님의 명예회복을 위해 내가 할 수 있는 일들을 생각하고 있습니까?

🙏 오늘의 기도

하나님이시여 자신의 욕심을 앞세우는 자들이 하나님 일군을 자처하며 주의 백성을 곤비하게 하고 주님 이름을 모욕합니다. 일어나셔서 주의 영광을 나타내시고 정결케 하소서.

075

시편 75:1-10

찬송 492장

주야로 묵상할 말씀

"오직 재판장이신 하나님이 이를 낮추시고 저를 높이시느니라"
(75:7)

권투나 유도처럼 일대일 승부를 겨루는 운동시합이 마치면 긴장되고 흥미진진한 순간이 옵니다. 주심이 양선수의 손을 자신의 양손으로 하나씩 쥐고 몇 초간 뜸을 들이다가 한쪽 손을 번쩍 들어줍니다. 주심이 손을 올려준 선수는 기뻐 뛰고, 손을 들지 못한 선수는 풀이 죽어 퇴장합니다. 승패를 가르는 그 순간, 박빙의 경기였을수록 긴장이 배가되고 사방이 조용해지는 그 순간, 경기 주심은 여러 사람의 운명을 결정짓는 "하나님과 다름없는" 권세를 갖습니다.

시편 75편은 심판주 하나님, 하나님과 다름없는 정도가 아니라 정말

하나님이신 그 분을 노래합니다. "하나님이여 우리가 주께 감사하고 감사합니다. 사람들이 주의 놀라운 일들을 전파합니다"라는 고백에 담겨있듯이, 피조세계를 다스리고 인간 역사를 이끄시는 주님의 능력은 참으로 놀랍습니다. 하나님의 성품 중 하나가 의로우심이기에 하나님은 인간사회에 정의가 실현되기를 원하시고 당신의 공의를 실현하기 위해, 마치 사람이신 양, 공들여 일하고 계십니다. 이 땅에서 상승을 맛본 사람은 너나할 것 없이 교만해집니다. 개구리가 올챙이 시절을 잊는 것처럼 원래부터 자기가 잘나고 자기가 애써서 이 자리에 올랐다고 자랑하기 좋아합니다. 그러나 하나님께서는 분명히 말씀하십니다: "무릇 높이는 일이 동쪽에서나 서쪽에서 말미암지 아니하며 남쪽에서도 말미암지 아니하고 오직 재판장이신 하나님이 이를 낮추시고 저를 높이시느니라(6-7절)." 사람을 세우고 높이는 일이 동과 서, 남쪽에서 일어나지 않는다면 북쪽은 어떻습니까? 거기에 재판장의 권세가 있습니다. 고대근동 신화에서 정의의 신은 북방산 위에 보좌를 두고 사방을 다스리는 것으로 묘사됩니다. 시인은 이스라엘에게도 친숙한 문화적 숙어를 사용해서 궁극의 재판관, 우주의 대법원장은 여호와이심을 선언하고 있습니다.

하나님께서 오만한 자들을 꾸짖고 악인들이 뿔을 높이 들지 못하게 막으십니다(4-5절). 하나님께서 직접 소리를 지르시고 악인들을 가로막아서실 리가 있겠습니까? 우리가 하나님의 마음을 짐작할 수가 없으니 하나님께서 우리 수준에 맞추어 우리와 소통하기 위한 설명법입니다. 내려오셔서 설명하십니다. 도토리 키재기란 표현이 있습니다. 자기들끼리는 내가 크다 니가 크다 하지만 그래봐야 도토리인데... 위에서 사람이 보며 하는 말인 셈이지요. 이땅에서 사람들이 하는 짓이 다 그렇지 않겠습니까. 부장님 사장님 회장님 무슨 무슨 호칭 붙여가며 서로 높네 낮네 해 보아도, 저 위에 계신 분 보시기에는 도토리 키재기인 것을. 높이는 일은 오직 재판장이신 그분에게서 옵니다. 우리가 할 일은 하나님을 믿고 따르며 그분의 마음에 드는 사람이 되는 것밖에 없습니다. 하나님께서 우리를 부르시고 손을 들어주시는 날이 옵니다: "악인들의 뿔을 다 베고 의인의 뿔은 높이 들리라."

❗ 적용하기

1. 악인이 사람의 손을 피했지만 하나님께서 심판하신 것을 본 적이 있습니까?

2. 악하고 교만한 사람들이 자신을 높이느라 애쓸 때 우리는 무엇을 해야 합니까?

🙏 오늘의 기도

사람을 높이기도 낮추기도 하시는 하나님! 탐욕과 공명심에 사로잡혀 하나님 나라를 막아서는 이들이 주님의 손길로 인해 돌이키기를 간구합니다.

076

시편 76:1-12

찬송 67장

주야로 묵상할 말씀

"주께서 한 번 노하실 때에 누가 주의 목전에 서리이까" (76:7)

이 시는 시온을 찬양하는 노래이자 이스라엘을 위해 싸우시는 전사 하나님이란 주제를 통해 하나님을 높이고 있습니다. 1절에서 하나님은 유다에 명성을 떨치신 분으로 소개됩니다. 하나님의 장막은 살렘 즉 예루살렘에 있으며 그곳에서 하나님은 전쟁을 없애 평화를 이루십니다(2-3절). 예루살렘은 "평화"를 뜻하는 어근 샬람 에서 나왔습니다. 팍스 로마나(로마의 평화)가 압도적인 무력을 바탕으로 반란세력을 억지함으로써 유지되었듯이 하나님께서도 그에게 대적하는 자들을 물리치시고 당신의 통치를 펼치십니다. 정복자이신 주께서는 전리품이 가득한 산(4절 "약탈한 산"의 번역)에서 세상을 다스리시는데, 심판주가 되어 약탈자들을 짓누르시고 온유한 자를 구출해 주십니다(9절). 하나님에게 정복당한 자들은 분통해 하면서 재기와 복수를 꿈꾸지만 그것은 헛된 기대일 뿐입니다. 그들이 두려워해야 할 주 하나님은 사람이 아니기 때문입니다: "야곱의 하나님이여 주께서 꾸짖으시매 병거와 말이 다 깊이 잠들었나이다 (6절)." 그분은 우주의 주재이시며 "하늘에서 판결을 선포하시매 땅이 두려워 잠잠"해지는 분이십니다(8절). 아무도 그의 뜻을 꺾을 수 없습니다. 그는 하늘 법정에서 판결을 내리시고, 그에 불복하려는 인간들의 계획을 수포로 돌이키십니다. 그들이 지닌 분노는 하나님 앞에 코웃음거리가 되고, 여전히 포기하지 않는 분노를 주께서는 무력화하십니다.

하나님의 위엄을 묵상한 시인은 이방 나라들을 생각하며 안타까워합니다. 유다에 알려지시고 이스라엘에게 소문난 여호와 하나님은 단지 이스라엘만을 위한 지방신이 아닙니다. 그 하나님은 곧 우주의 통치자이시고, "여호와의 날"이 임하면 그분께서 온 세상을 심판하고 구원하실 것을 알기에, 시인은 이방 나라들도 어서 자신이 모시는 하나님 앞에 나아오기를 간절히 바라며 외칩니다: "너희는 여호와 너희 하나님께 서원하고 갚으라(11절)." 여기 서원을 "갚으라"는 뜻으로 쓰인 히브리어 단어 쉴렘 은 평화(샬롬)와 같은 어근에서 파생된 단어입니다. 예루-살렘의 하나님, 샬롬의 하나님께 드려야 할 것을 쉴렘-하라 … 기억할 만한 멋진 시구로 시인이 호소합니다. 전쟁과 살육이 없다는 의미에서의 평화는 당연히 이루어져야 합니다. 사회 구성원간의 조화로운 공존으로서의 평화를 추구하는 것은 모든 사회 국가가 힘써야 할 일입니다. 그런 평화를 위해 사람들은 관용과 다양성, 사상의 자유를 소중히 생각합니다. 그러나 가장 근원적 의미에서의 평화는, 하나님과의 평화가 전제되어야 합니다. 만물을 지으시고 인간을 빚어주신 하나님을 부인하는 인간들끼리 맺는 평화는 심판의 날에 영혼을 살리지 못하는 모조품에 불과합니다. 하나님께 마땅히 드려져야 할 영광이 회복되고 사람과 하나님과의 관계가 회복되지 않으면 참된 평화는 이루어질 수 없습니다.

적용하기

1. 하나님을 두려우신 분으로 알게 된 경험이 있습니까?

2. 비신자에게 전도할 때 하나님의 주권과 위엄을 설명해 주십니까?

오늘의 기도

세상 사람들 뿐 아니라 주의 백성들조차 하나님을 두려워할 줄을 모르고 살아가는 이 현실이 참으로 두려운 것임을 알게 하시고 주께 돌아오게 하소서.

077

시편 77:1-20

찬송 71장

주야로 묵상할 말씀

"여호와의 일들을 기억하며 주께서 옛적에 행하신 기이한 일을 기억하리이다" (77:11)

시인은 하나님을 믿고 하나님을 찾습니다. 고통과 환란이 찾아왔을 때 그는 밤낮 없이 기도했습니다. 그럼에도 그 영혼에는 만족이 없었습니다. 자신의 "영혼이 위로받기를 거절했다(2절)."라고 말할만치 불안과 근심이 집요하게 그를 괴롭혔습니다. 하나님께 나아가면서도 불안과 근심이 있다는 그 사실이 아마도 그의 심성을 더 상하게 만들었을 것입니다. 지나간 날들을 떠올려 보아도, 간밤에 드렸던 기도를 다시 생각해 보아도, 하나님께서 자신의 기도에 답해주지 않으시는 이유를 알 수 없었습니다(5-6절). 이제는 주께서 나를 영영 버리신 걸까, 이제는 더 이상 은혜를 베풀지 않으시는 건가(7절). 시인의 탄식은 계속됩니다. 이제는 "내가," "내게" 라는 1인칭 대명사조차 없이 하나님 그분의 인격, 성품 자체에 대해 의심하고 있는 듯 말합니다. "주께서 영원히 버리실까, 다시는 은혜를 베풀지 아니하실까, 그의 인자하심은 영원히 끝났는가, 그의 약속하심도 영구히 폐하셨는가, 하나님이 그가 베푸실 은혜를 잊으셨는가, 노하심으로 그가 베푸신 긍휼을 그치셨는가 하였나이다(8-9절)." 생각해보면 참으로 무서운 말입니다. 은혜와 긍휼을 베푸시는 것은 하나님의 본질에 속하는 일입니다. 금송아지 사건으로 이스라엘이 하나님의 노여움을 샀을 때도, 하나님께서는 당신의 이름을 이렇게 들려 주셨습니다: "여호와라 여호와라 자비롭고 은혜롭고 노하기를 더디 하고 인자와 진실이 많은 하나님이라(출 34:6)." 오늘 본문에서 하나님의 진노를 경험한 시인은 아, 이제는 하나님께서 정말로 그분의 긍휼을 거두신 것인가 생각했습니다. 그리고는 깨달았습니다. "이는 나의 잘못이라, 여호와의 일들을 기억하며 주께서 옛적에 행하신 기이한 일을 기억하리이다"(11절). 하나님께서 하셨던 옛적 일을 기억해내면 우리의 믿음이 새로워집니다. 과연 시인은 그 "기억의 되새김질" 이후 이전과 전혀 다른 고백을 내어 놓습니다: "하나님과 같이 위대하신 신이 누구오니이까. 주는 기이한 일을 행하신 하나님이시리라… 주의 팔로 주의 백성 곧 야곱과 요셉의 자손을 속량하셨나이다(14-15절)." 연이어 시인은 주의 권세와 위엄을 노래합니다. 혼돈을 정복하고 질서를 만드신 하나님의 능력을 칭송합니다. 그리고는 주의 인도하심을 다시금 인정하고 찬양합니다: "주의 백성을 양 떼같이 모세와 아론의 손으로 인도하셨나이다(20절)." 그렇게 시인은 본래의 자리로 돌아갔습니다. 우리 삶에 닥치는 실존적 위기에서 하나님을 의심하게 되는 것은 놀라운 일이 아닙니다. 고통과 절망이 계속되면 아무리 믿음 좋은 사람도 불안과 회의에 짓눌리게 됩니다. 그 때 우리는 기억해야 합니다. 기억-해내야 합니다. 주님이 어떤 분이라는 지식, 주님께서 하신 놀라운 일들의 기억, 그것을 되살려야 합니다. 이러한 기억의 되새김질은 우리가 놓지 말아야 할, 신앙의 강력한 무기입니다.

❗ 적용하기

1. 자신의 신앙노정과 도약의 순간들을 어떤 식으로든 기억하고 보존하십니까?

2. 당신이 속한 교회는 이전에 함께 경험해 온 신앙의 기억들을 잘 나누고 있습니까?

🙏 오늘의 기도

이 땅의 가정과 교회들마다 신앙의 도전과 극복의 이야기들을 공유하고 보존하고 전수하는 신앙 공동체가 되게 하소서.

078

시편 78:1-33

찬송 273장

주야로 묵상할 말씀

"그들은 계속해서 하나님께 범죄하여 메마른 땅에서 지존자를 배반하였도다" (78:17)

마스길, 즉 교훈시라는 제목을 가진 이 시의 시인은 입을 열어 비유로 말하며 오래도록 감추어졌던 것을 드러내겠다는(2절) 전형적인 지혜 전통의 수사를 구사합니다. 이스라엘 역사를 돌아보고 조상들의 실패를 반면교사로 삼아 하나님을 더 잘 섬기도록 독자들을 훈육하는 것이지요. 여호와 신앙의 한 가지 확고한 지주는 그 역사성입니다. "여호와의 영예와 그의 능력과 그가 행하신 기이한 사적을 후대에 전하리로다(4절)." 역사를 잊은 민족은 역사를 되풀이한다는 격언이 있습니다. 이스라엘은 자신들의 과거를 잊지 않기 위해 그것을 노래로 부르고 아이들에게 가르쳐 계승시켰습니다. 기억해도 순종하지 못할 때가 많은데 기억조차 못한다면 하나님께서 준비하신 풍성함을 누리지 못하고 말 것입니다. 시인이 전하려는 핵심적 가치는 우리의 소망을 하나님께 두고 순종하는 것입니다: "그들의 소망을 하나님께 두며 하나님께서 행하신 일을 잊지 아니하고 오직 계명을 지키셔 … 그 심령이 하나님께 충성하지 아니하는 세대와 같이 되지 아니하게 하려 하심이로다(7-8절)."

에브라임 자손이 전쟁에서 후퇴했다는 질타는(9절) 영적인 실패 즉 "그들이 하나님의 언약을 지키지 아니하고 그의 율법 준행을 거절하며 여호와께서 행하신 것과 그들에게 보이신 그의 기이한 일을 잊었다"는 사실을 가리킨 것입니다(10절). 보기만 해도 아찔한 암벽을 오르고 철인경기를 완주해낸다 해도, 자기 영혼의 절망을 외면하고 세상 불의 앞에 고민조차 하지 않고 산다면 그는 비겁한 사람입니다. 에브라임은 인구나 영토에서 누구에게도 밀리지 않는 강한 지파였지만 영적으로는 나태와 타락에 앞장선 비겁자였기에 하나님께서는 그들을 이스라엘을 이끄는 대표주자로 쓰실 수 없었습니다. 우리 시대의 고통 한 가지는, 세상 기준으로 강자 승자가 되는데 마음이 온통 가있는 신자와 교회가 너무 많다는 것입니다. 출세하고 축재하고, 부흥하고 건축해야, 그제야 "큰 일"을 할 수 있다는 그 믿음이 이끄는 곳이 에브라임의 길, 여로보암의 길, 배도의 길인 것을 이다지도 모를 수 있는지!

"하나님을 믿지 아니하며 그의 구원을 의지하지 아니한(22절)" 백성들의 갈 길은 뻔했습니다. 하나님께서 쓰실만한 자들이 될 때까지 징계의 시간은 연장되었고 그들의 인생은 낭비되었습니다. "그들이 여전히 범죄하여 그의 기이한 일들을 믿지 아니하였으므로, 하나님이 그들의 날들을 헛되이 보내게 하시며 그들의 햇수를 두려움으로 보내게 하셨도다 (33절)." 사람이 읽을 수 있는 가장 슬픈 문장 중 하나가 아닐까요. 하나님께서 하신 기이한 일들을 믿지 못하면, 하나님께서 하시고자 하는 놀라운 일들을 믿지 못하면, 우리 인생은 헛되고 헛될 뿐입니다.

❗ 적용하기

1. 잘못 들어선 줄 알고도 가던 길을 고집하는 어리석은 모습이 자신에게도 있습니까?

2. 신앙공동체가 자신을 엄중히 바라보는 자세를 가져야 하는 이유가 무엇입니까?

🙏 오늘의 기도

구약백성이 자신들의 배교와 실패를 엄중한 기록으로 남겨 기억하고 거울로 삼은 것처럼, 오늘 우리도 하나님을 두려워하고 역사를 의식하며 겸손히 살게 하소서.

078

시편 78:34-72

찬송 276장

주야로 묵상할 말씀

"그들은 육체이며 가고 다시 돌아오지 못하는 바람임을 기억하셨음이라" (78:39)

하나님을 믿지도 따르지도 않은 북이스라엘에게 하나님은 여러 선지자를 통해 말씀하시고 회개할 기회를 주었습니다. 그들의 연약함을 불쌍히 여기셔서 죄를 덮어주시고 이미 정하셨던 심판을 여러번 거두어 들이셨습니다: "오직 하나님은 긍휼하심으로 죄악을 덮어 주시며 멸망시키지 아니하시고 그의 진노를 여러번 돌이키시며 그의 모든 분을 다 쏟아내지 아니하셨으니 그들은 육체이며 가고 다시 돌아오지 못하는 바람임을 기억하셨음이라(38-39절)." 두려움 때문에라도 돌이키도록 그들을 치시기도 했습니다. 그러나 그들은 완고했습니다. 마침내 하나님께서는 그들의 나라가 외적에게 유린되도록 허락하셨습니다. 호된 고초를 겪고 인생의 바닥을 체험하면서 하나님을 찾는 자들이 생겼습니다. 하지만 그 돌이킴은 오래 가지 못했습니다: "하나님이 그들을 죽이실 대에 그들이 구하며 돌이켜 하나님을 간절히 찾았고 하나님이 그들의 반석이시며 지존하신 하나님이 그들의 구속자이심을 기억하였도다. 그러나 그들이 입으로 그에게 아첨하며 자기 혀로 그에게 거짓을 말하였으니 이는 하나님께 향하는 그들의 마음에 정함이 없으며 그의 언약에 성실하지 아니하였음이로다(34-37절)."

그들의 역사는 일탈의 역사로 정리되고 "여로보암의 길"은 배도의 대명사로 성경에 등재됩니다. 마침내 하나님께서는 축복의 통로였던 요셉의 장막을 영원히 버리십니다. 하나님은 노하기를 더디 하시고 오래 참으시지만, 인내의 시간이 마치면 순식간에 심판하시는 분이십니다. 앗수르의 손에 의해 북왕국은 복구불능 상태로 초토화했고, 구원역사에서 북왕국의 역할은 비가역적인 종결이 지어지고 말았습니다.

에브라임을 버리신 하나님께서는 유다 지파 다윗에게 이스라엘을 맡기십니다. 이것은 즉흥적인 선택이 아닙니다. 하나님의 섭리 가운데 야곱이 이미 유다지파에게 왕홀이 맡겨질 것을 예언했기 때문입니다(창 49:10). 그러나 하나님의 선택은 기계적 숙명론으로 설명할 수 없는 신비를 머금고 있습니다. 하나님은 그를 경외하고 그의 뜻에 순종하는 자, 영적인 유업을 사모하고 소중히 여기는 이를 선택하십니다. 하나님의 이름이 모욕받는 것을 견디지 못해 거인 골리앗을 처치하겠다 나섰던 다윗, 그는 하나님을 경외했고 하나님 백성을 사랑했습니다. 하나님은 다윗을 양을 치는 자로 훈련시키시고 때가 되었을 때 그를 "양의 우리에서 취하시며 젖양을 지키는 중에서 그를 이끌어 내사(70-71)" 하나님의 양떼 이스라엘을 치게 하셨습니다. 그 존귀한 사명을 다윗은 성심껏 그리 탁월하게 수행했습니다: "이에 그가 그들을 자기 마음의 완전함으로 기르고 그의 손의 능숙함으로 그들을 지도하였도다(72절)." 하나님께서는 지금도 다윗처럼 순전한 마음과 능숙한 손으로 주의 일을 감당할 자들을 찾고 계십니다.

❗ 적용하기

1. 나를 향해 하나님께서 오래 참으심을 느끼고 두려움을 가져보셨습니까?

2. 사명을 위해 순전한 마음과 능숙한 손을 갖기 위해 어떻게 준비하십니까?

🙏 오늘의 기도

당신의 뜻을 이루시기 위해 우리를 참아 주시고 기회를 주심을 감사합니다. 하나님께 쓰임받기 위해 마음가짐과 실력을 준비하는 종의 마음을 주소서.

079

시편 79:1-13
찬송 337장

주야로 묵상할 말씀

"우리는 주의 백성이며 주의 목장의 양이니 우리는 영원히 주께 감사하며 주의 영예를 대대에 전하리이다" (79:13)

이방 나라들이 이스라엘을 침범해 성전을 더럽히고 예루살렘을 초토화했습니다. 패전국 이스라엘의 현실은 가혹했습니다. 약탈과 유린의 고통에 더하여 신앙의 위기가 닥쳤습니다. 시인은 하나님과 이스라엘 간에 맺은 언약이 무효가 되었는가 자문하며 괴로워합니다. "나는 너희 하나님이 되고 너희는 내 백성이 되리라"하신 하나님의 진노는 하나님을 멸시하고 거짓된 우상을 따라 섬기는 이방 백성들을 향해야 마땅합니다. 그러나 시인의 눈앞에 펼쳐진 현실은 그 반대였습니다. 심판의 대상이어야 할 이방 백성들이 이스라엘("야곱," 7절)을 삼키고 그 거처를 초토화하고 있었으니 말입니다. 거짓 신들을 섬긴다고 난리치는 이방인들을 향해 이스라엘이 "너희들의 신은 도대체 어디 있다는 말이냐?"라고 조롱해야 할 텐데, 현실에서는 이방인들이 "도대체 이스라엘이 믿는다는 야웨 하나님은 어디 계신고?"라고 비웃고 있었습니다(10절). 시인이 느끼는 좌절과 괴로움은 바로 거기에 있었습니다. 우리가 힘들어하는 지점도 바로 그곳입니다. 악의 세력이 여전한 이 땅에 살면서 고난도 있겠고 거룩하신 하나님 앞에 죄인된 우리가 꾸짖음과 벌을 받는 것도 당연하겠지만, 우리 신앙 자체가 조롱받을 정도라면 안 되지 않습니까. 그래서 시인은 주님의 진노를 언제까지 거두지 않으시겠냐며 절규합니다(5절).

그러나 시인은 그 자리에 머물러 있지 않습니다. 하나님께서 이처럼 힘겨운 현실을 허락하시는 이유는 알 수 없지만 그것이 결론은 아니라는 것을 여전히 믿고 있기에 "우리는 주의 백성이며 주의 목장의 양이니 우리는 영원히 주께 감사하며 주의 영예를 대대에 전하리이다"라고 외칩니다(13절). 나라가 부강하고 삶이 풍족해서 흐뭇해하며 드리는 고백이 아닙니다. 현재의 상황도, 미래의 예측도 아닌, 그 어떤 현실로도 부인할 수 없는 영원한 약속에 근거한 신뢰의 표현입니다. 그 하나님을 생각하며 시인은 먼저 죄를 회개합니다. 조상들의 죄와(8절) 당대의 죄를(9절) 기억하지 마시고 용서해 달라 간구합니다. 하나님의 진노를 이제 거두시고 "죽이기로 정해진 자"들일지라도 "주의 크신 능력을 따라 보존"해 달라고 요청합니다(11절). 마지막으로 시인은 상황의 역전을 구합니다: "주의 종들이 피흘림에 대한 복수를 우리 목전에서 이방 나라에게 보여주소서(10절)." "우리 이웃이 주를 비방한 그 비방을 그들의 품에 칠

배나 갚으소서(12절)." 복수욕에 불타서 하는 화풀이가 아닙니다. 우상을 섬기는 이방인들이 주의 백성을 살육하고 영광스런 성소를 더럽히고 있는, 이치에 맞지 않는 현실을 바로잡아 달라는 담담한 요청입니다. 우리가 고난당할 때, 나의 죄 나의 부족함을 인정하고 긍휼을 구하는 것도 중요하지만, "이것은 하나님 영광에 대한 모독이야," "이것은 하나님의 성품에 맞지 않는 상황이야"라고 말하며 하나님께 상황의 역전을 간구할 수 있으면 좋겠습니다.

❗ 적용하기

1. 교회와 성도들을 향한 비방을 들을 때 어떻게 대응합니까?

2. 훼손된 교회의 영광을 회복하기 위해 내가 할 수 있는 일은 무엇입니까?

🙏 오늘의 기도

진리의 기둥과 터이며 세상의 소망이어야 할 교회가 비난과 조롱을 당하고 있습니다. 하나님 우리를 새롭게 해주셔서 주의 영광 교회의 영광이 회복되게 하소서.

시편 80:1-19

찬송 60장

주야로 묵상할 말씀

"만군의 하나님 여호와여 우리를 돌이켜 주시고 주의 얼굴의 광채를 비추소서 우리가 구원을 얻으리이다" (80:19)

이 시의 시작과 끝은 목가적이고 평온합니다. "요셉을 양떼같이 인도하시는 이스라엘의 목자여 귀를 기울이소서 그룹 사이에 좌정하신 이여 빛을 비추소서(1절)." "만군의 하나님 여호와여 우리를 돌이켜 주시고 주의 얼굴의 광채를 비추소서 우리가 구원을 얻으리이다(19절)." 그러나 그 중간에는 깊은 고뇌와 격앙된 질문이 담겨있습니다. 시의 형식을 보면 1-3절, 4-7절, 8-19절의 세 연으로 나뉘고 매 연이 한결같이 이스라엘이 처한 위기상황을 출발점으로 해서 하나님의 임재에 대한 갈망과 회개의 서약, 그리고 회복의 요청으로 이루어져 있습니다. 이스라엘의 곤경은 그것을 촉발한 상황이 자연재해든 외적의 침입이든 아니면 내적 분열이든 상관없이 언제나 신앙의 문제로 귀착됩니다. 그렇게 보는 것이 신앙적 관점인 것이지요. 하나님이 어떻게 생각하시든 내원하는 것만 얻으면 된다는 생각도 불신앙이지만, 지금 겪는 고생은 전적으로 내 능력이 노력이 운이 부족해서 생긴 일이라는 관점도 불신앙입니다. 전능하신 하나님께서 왜 세상에 악을 허용하시고 성도에게 고난을 주시는지 우리가 알기 어렵습니다. 그러나 하나님의 능력과 섭리를 진정으로 믿는 성도라면 그것이 아무리 마음에 불편하더라도 이 시인처럼 질문하지 않을 수 없습니다: 우리는 주께서 손수 마련해 심으신 포도나무입니다. 주께서 가꾸시니 뿌리는 깊고 가지는 넓어 온 세상을 덮었습니다. 그런데 그 귀한 열매를 왜 아무나 따게 하십니까. 귀빈이나 맛봐야 할 극상품 포도를 귀한 줄 모르는 멧돼지와 들짐승들에게 던져 주셨습니까? 시인은 이해할 수 없다는 듯 호소를 이어갑니다. "만군의 하나님이여 구하옵나니 돌아오소서 하늘에서 굽어보시고 이 포도나무를 돌보소서(14절)." 깊은 고난의 자리에서 하나님의 부재를 느끼는 것은 성도의 정상반응입니다. 내가 당한 고난은 부당하다고, 하나님이 내게 이러실 수는 없다고, 왜 내 호소에 응답하지 않으시냐고, 끈질기게 매달렸던 욥을 향해 친구들은 하나님께 그런 말 하면 안 된다고 꾸짖었습니다. 그러나 하나님께서는 욥이 하나님에 대해 그 친구들보다 더 옳은 말을 했다고 인정하셨습니다(욥 42:8). 그렇다면 고통의 현장에서 하나님께 호소하고 나아가는 성도는 무엇을 기대하고 바랄 수 있을까요? 바로 메시아의 임재입니다. 이 시는 매우 명확한 메시아적 대망을 담고 있습니다. 세 번 반복되는 구원의 요청을 마무리하는 자리에서 시인은 "주의 오른쪽에 있는 자, 인자"에게 우리 관심을 돌립니다. 그분에게 하나님께서 손을 얹으시면 우리가 주님으로부터 멀어지지 않고, 소생하여 주의 이름을 부를 것입니다. 이것이 언제나 정답입니다. "여호와께서 그대들에게 그분의 얼굴을 비취시기를!" — 거룩한 제사장의 축복은(민 6:24-26) 메시아이신 그리스도 안에 완성되어, 고통 중에 얼굴을 들어 그분을 찾는 자들에게 풍성하게 임합니다.

❗ 적용하기

1. 하나님의 얼굴이 비취인다는 표현이 실감났던 때가 언제입니까?

2. 힘든 상황에 있는 성도들을 알게 되면 어떤 일들을 해야 합니까?

🙏 오늘의 기도

하나님, 신실하고 충성스런 일군들이 아직도 많은 줄 주께서 아십니다. 타락하고 회개하지 않는 자들의 죄를 물으시되 교회를 긍휼히 여기시어 속히 회복케 하소서.

081

시편 81:1-16

찬송 503장

주야로 묵상할 말씀

"내 백성이 내 소리를 듣지 아니하며 이스라엘이 나를 원하지 아니하였도다" (81:12)

오늘 본문은 전형적인 찬양의 초대로 시작합니다: "우리의 능력이 되시는 하나님을 향하여 기쁘게 노래하며 야곱의 하나님을 향하여 즐거이 소리칠지어다(1절)." 우리의 능력이 되시는 하나님. 얼마나 감사한 말인지요. 인생의 무게 앞에 나약하고 무능한 자신을 볼 때마다 "나의 능력이신 하나님!" 부르며 그 앞에 나아갈 수 없었다면 우리가 지금 어떤 처지에 있었을까요. 이 시편의 표제는 "인도자를 따라 깃딧에 맞춘 노래"입니다. 내 속에 기쁨과 감사가 일지 않을 때에도 인도자를 따라 찬송의 힘에 이끌리도록 내 자신을 맡기면 어느 순간 입술의 찬양이 마음의 찬양이 되어 우리를 다스리는 경험을 합니다. 그러니 우리가 예배하는 공동체에 속해 있다는 것이 얼마나 감사한 일인지 다시 한 번 생각하게 됩니다. 오늘 시편이 특이한 점은, 시편에서 찬양의 촉구로 시작되는 찬양 시들이 주로 하나님께 드리는 찬양의 내용에 집중되어 있는데 반해 이 81편은 하나님께서 이스라엘 백성에게 주시는 교훈의 말씀이 더 긴 분량(6-16절)에 걸쳐 기록되어 있다는 것입니다. 우리는 찬양드리고 하나님은 교훈하시는 것이 지극히 당연한 일이기는 합니다만, 시편의 형식 분류상으로 이런 "콤보" 형태는 비교적 드물어서 이 시편을 더 매력적이고 개성 있게 보여줍니다. 이 시에서 하나님은 말 안 듣는 자식을 훈계하는 아버지이십니다. 아이들을 키우면서 "제발 엄마 말 좀 들어라," "아빠 하라는 것만 하면 참 좋을 텐데 저 녀석 참…" 이런 한숨을 쉬어보지 않은 부모가 있을까요. 부모의 눈에 너무 확실히 보이는 것을 아이들은 보지 못하고 고집을 부립니다. 인격체이기에 결국은 스스로 깨닫고 진심으로 승복할 때까지 기다려야 하는 부모는 속이 탑니다. "내 백성아 내 말을 들으라 이스라엘아 내 도를 따르라(13절)." 하나님께서 호소하듯 말씀하십니다. "그리하면 내가 속히 (너희) 원수를 누르고 내 손을 돌려 (너희) 대적들을 치리니(14절)…" 이스라엘을 압박하는 적들을 그들은 스스로 물리칠 수 없었습니다. 이스라엘이 1절의 초대에 응답했더라면, "우리 능력이신 하나님!"이라 부르짖었더라면 그 고생을 하지 않았을 것을! 그들은 알지 못했고 고집이 셌습니다. 네 입을 열면 내가 채우마. 내가 누구냐, 내 말을 따르면 너희 원수들을 물리쳐 너희 앞에 복종케 하고, 기름진 밀과 반석의 꿀로 너희를 만족하게 해주마(10-16절). 그런데 놀랍게도 이스라엘은 하나님 말씀을 듣지 않았습니다. 하나님을 원하지 않았습니다(11절)! 그 결과는 자기 고집대로 가다가 고통의 길로 들어서는 것이었습니다(10-12절). 이 시는 이스라엘 역사 리뷰이고 우리 영혼의 MRI 사진입니다. 우리가 정말로 원하는 것은 무엇입니까. 우리는 누구의 목소리를 듣습니까. 확인할 때입니다. 아버지께서 말씀하십니다.

❗ 적용하기

1. 하나님의 말씀을 못 듣고 지나치지 않도록 어떻게 자신을 훈련하십니까?

2. 하나님께서 주신 기회를 놓친 뒤 후회한 경험이 있습니까?

🕯 오늘의 기도

하나님의 공급하심도 인도하심도 원하지 않았던 광야세대를 반면교사 삼아, 오늘 하나님의 말씀에 귀를 기울이고 입을 크게 열어 채우심을 얻게 하소서.

082

시편 82:1-8

찬송 515장

주야로 묵상할 말씀

"하나님이여 일어나사 세상을 심판하소서 모든 나라가 주의 소유이기 때문이니이다" (82:8)

시편 82편은 독특하고 매혹적인 시입니다. 시인은 하나님께서 천상의 회의를 주재하고 계신 장면을 노래합니다. 만유의 주재이신 하나님(엘로힘) 앞에 그를 모시는 존재들인 엘로힘이 도열해 있습니다. 하나님께서 그들을 나무라십니다: "너희가 불공평한 판단을 하며 악인의 낯 보기를 언제까지 하려느냐(2절)?" 이 엘로힘 이 누구인지를 판단하기는 쉽지 않습니다. 히브리 단어 엘로힘 이 하나님, 신들, 혹은 천사들을 뜻할 수 있기 때문입니다. 하나님께서 그 엘로힘들을 "신들이며 다 지존자의 아들들"이라 부르시고 그런데도 그들이 "사람처럼 죽으며 고관의 하나같이 넘어지리로다"라고 하신 것으로 미루어 그들은 신적 존재입니다. 그런데 불의한 엘로힘들이 "신들"이라 하면 하나님 외에 다른 신들이 실재한다는 뜻이 되고, 그들이 하나님에게 순종하는 "천사들"이라면 하나님의 다스리심을 받는 천상의 존재들이 불의한 재판으로 악인을 편들 수 있느냐라는 당혹스런 질문이 제기됩니다. 이 엘로힘들은 지상의 왕들이지만 백성들의 생사여탈권을 지닌 "신적인 존재"라는 의미에서 그들을 엘로힘이라 불렀다는 해석도 있습니다. 즉 하나님께서 세상의 군왕들을 직접 꾸짖고 계시다는 뜻입니다. 이 경우 하나님께서 그 왕들 가운데 서 계시다는 표현도, 하나님께서 그들에게 "너희는 신들이다… 그러나 너희는 사람처럼 죽는구나"라고 말씀하신 뜻도 이해하기가 쉽지 않습니다. 이 문제에 대한 명쾌하고 분명한 대답은 찾기 어렵습니다. 그러나 분명한 것은 그 엘로힘들이 구체적으로 누구이든, 그들의 권세가 무엇이든, 궁극적으로 만유를 다스리는 분은 하나님 한 분이시고, 세상을 공의로 심판하고 연약한 자들을 구원하실 분은 야웨밖에 없다는 사실입니다. 그래서 신들 가운데 위엄 있게 서 계셨던 하나님을(1절) 향해 시인은 "일어나사 세상을 심판하소서(8절)"라고 촉구합니다. "일어나라"는 그 뒤에 오는 행동을 단호하고 신속하게 행해 달라는 관용적 표현입니다. 하나님, 빨리요. 어서 심판해 주세요라는 호소입니다. 결국 시인이 바라볼 곳은 신들의 신이요 왕 중의 왕이신 야웨 한 분밖에 없기 때문입니다. 모든 나라가, 모든 백성이, 다 그분의 소유입니다. 시인의 시대로부터 수천 년이 지났다 해서 우리가 바라볼 곳이 더 생기지 않았습니다. 이 땅에서 공의로운 재판을 바라고 가난하고 궁핍한 자를 악인의 손에서 건져줄 이를 찾는 사람은 실망할 수밖에 없습니다. 천사도, 다른 신도, 신의 경지에 오른 영웅도, 우리를 돕지 못합니다. 태양계 밖으로 탐사선을 보내고 소립자의 비밀을 캐며 인간보다 바둑을 잘 두는 인공지능을 만들어도, 여전히 우리는 스스로를 구하지 못하고 하나님께 간구합니다: 우리를 불쌍히 여기시고 우리를 구원해 주소서!

❗ 적용하기

1. 불공평한 재판과 악인의 기승을 보며 성도들은 무엇을 해야 합니까?

2. 하나님의 직접적인 심판을 호소한 시인의 심정을 경험해 보았습니까?

🙏 오늘의 기도

하나님이 계시지 않는 듯 무심히 살아가는 우리 죄를 회개합니다. 긍휼을 베푸시고 새롭게 하심으로 이 땅에 하나님의 진리와 공의를 세우는 일에 쓰임받게 하소서.

시편 83:1-18

찬송 516장

주야로 묵상할 말씀

"여호와라 이름하신 주만 온 세계의 지존자로 알게 하소서" (83:18)

고대근동의 문화와 풍습 안에 있는 이스라엘 사람에게 이 시가 묘사하는 전쟁은 추상적인 "영적 전쟁"이 아니며, 시인이 간구하는 승리는 살이 찢기고 피가 튀는 현실의 전쟁에서 이스라엘이 이기게 해달라는 단순하고 절박한 기도입니다. 고대 전쟁에서 패자의 처지는 수치와 고통을 넘어 약탈과 죽음을 의미했습니다. 아삽은 적들의 완패를 원한다고 스스럼없이 말합니다. 적들은 시상대에 누가 1위 자리에 올라갈 지를 다투는 라이벌이 아니라 이스라엘의 존재를 땅에서 지워버리려 하는 원수들이기 때문입니다. 게다가 그들은 연합군입니다. "한 마음으로 의논하고 주를 대적하여 서로 동맹"한(5절) 국가들의 이름을 보십시오. 에돔,

이스마엘, 모압, 하갈, 그발, 암몬, 아말렉, 블레셋, 두로, 앗수르까지 망라됩니다(6-8절). 이스라엘이 이들을 이기고 살아남을 가능성은 단연코 없습니다. 여호와께서 나서지 않으시면 말입니다! 학자들은 이들 세력이 연합해서 이스라엘을 공격한 기록을 찾을 수 없기에 이 시인이 저 많은 나라들이 동맹했다고 말한 것은 역사상의 오류라고들 합니다. 그러나 시편 여러 곳에서 이스라엘 역사의 내레이션은 늘 압축적 성격을 갖는 점을 생각할 때 이 시가 언급한 나라들은 이스라엘을 침략한 나라들의 총체이고, 저들의 동맹은 "우리가 하나님의 목장을 우리의 소유로 취하자"(12절)라는 '의도의 동맹'으로 보는 것이 타당할 것입니다. 시인은 이 시를 읽고 노래하는 주의 백성들에게, 이스라엘을 치러 일어났던 모든 무리들은 지상의 국가가 아니라 하늘의 하나님 여호와를 대적한 것임을 알리고 있는 것입니다. 게다가 그들이 승리하면 그들은 자신들이 믿는 신들이 야웨를 이겼다고 환호할 터였으니 시인은 그 생각을 견딜 수가 없어 부르짖습니다. 그들이 다 이전에 패망하고 쫓겨났던 자들과 같게 해달라고 말입니다. 우리는 이 시가 숨김없이 드러내는 "선민의식"에 당황할 필요가 없습니다. 이 시에 선민의식이 있다면 열방들을 단지 비-이스라엘인 즉 외부자이기에 열등시하는 배타적 민족주의가 아니라 하나님의 부르심을 받은 자들로서 그 하나님의 영광을 지키겠다는 책임의식으로 나타나 있기 때문입니다. 이방 나라들이 "수치를 당하여 영원히 놀라게 하시며 낭패와 멸망을 당하게 (17절)" 해 달라는 간구는 이방인들이 지금은 야웨를 대적해 일어났지만 저들도 주의 영광을 깨달아 알고 주를 두려워하여 주의 이름을 부르게 해달라는(16절), 그래서 "여호와라 이름하신 주만 온 세계의 지존자로 알게 하소서(18절)"라는 간청과 분리할 수 없습니다. 우리 그리스도인들은 구약성도들이 경험한 것보다 더 크고 놀라운 주님의 영광을 아는 사람들입니다. 하늘 아래 구원을 얻게 할 이름은 예수 그리스도 밖에 없습니다. 온 세상 사람들이 그리스도로 알려지신 그분만을 지존자로 알기 원하는 간절함이 우리를 사로잡기를!

❗ 적용하기

1. "기독교의 배타성"을 비난하는 이들에게 무어라 설명하십니까?

2. 그리스도와 복음의 절대성을 믿기 때문에 손해를 본 경험이 있습니까?

🙏 오늘의 기도

세상의 반대와 비난이 드세어도 오직 여호와만이 참 하나님이시고 예수 그리스도만이 참된 구주이시라는 믿음을 지켜내도록 도와주소서.

084

시편 84:1-12

찬송 518장

주야로 묵상할 말씀

"주께 힘을 얻고 그 마음에 시온의 대로가 있는 자는 복이 있나이다" (84:5)

몇 년 전 뉴스에서 월가 최고의 매니저들 수입을 공개한 신문기사를 읽었습니다. 제일 잘 번 사람이 제 연봉의 천 배를 벌었습니다. 열 배 백 배가 아닌, 천 배라니! 노동량이 나보다 천 배일 수는 없을 텐데 아무리 분야가 다르다 해도 천 배는 심해.. 월급 천 배 받으면 천 배 더 행복한가? 옆에 있던 사람과 이야기한 기억이 납니다. 그런데 오늘 시에 남보다 천 배 행복하다고 자랑을 늘어놓는 사람이 있습니다! 연봉 자랑이면 거북할 이야기겠지만 시인은 다른 것을 자랑합니다. 성전과 예배가 너무 좋기에 성전에서 지내는 하루가 다른 곳에서 천 날보다 낫다는 것입니다. 이 시편은 고라 자손의 노래입니다. 고라 자손은 레위인의 갈래로 성전과 제사 업무에 전적으로 헌신하는 사역자들이었습니다. 그 고라 자손 시인이 자기 직장이 얼마나 좋았던지 "내 영혼이 여호와의 궁정을 사모하여 쇠약합니다"라고 말합니다. 이렇게 직장을 좋아하고 자기 일을 사랑하면 정말 남보다 천 배는 행복할 것 같습니다. 사람은 좋아하던 일도 직업으로 삼으면 마음이 달라지는 법입니다. 신앙생활 교회활동이, 정신없이 바쁘고 고달픈 직장생활의 탈출구일 때는 참으로 달콤하지만, 신학교 가고 전문사역자가 되어서도 그런 애정을 갖는 것은 쉽지 않습니다. 그런데 오늘 시편 84편의 시인은 성전의 일을 직업으로 삼은 사람인데도 그 자리를 가슴 벅차하며 노래하고 있습니다. 이곳의 하루가 다른 날보다 1,000배 값지다, 나는 세상 사람들보다 천배나 더 값진 인생을 찾았다! 얼마나 멋진 고백입니까. 시인이 직업상 그런 말을 한 것이 아닙니다. 어떻게 그런 그는 주님을 섬기면서 반복해서 하나님의 선하심을 경험했습니다. 자신만 아니라 동료 사역자들을 보면서 그들이 하나님의 복을 누리는 것을 확신했습니다(4절). 참새 한 마리 제비 한 마리... 작은 자들 연약한 이들이 주의 제단에서는 환영받고 돌보심을 얻는 것을 알았습니다(3절). 신앙 안에서 힘을 얻은 사람들, "그 마음에 시온의 대로가 있는" 사람들이 진정한 복을 누리는 사람들이요(5절), 그들이 인생의 고난을 통과하는 길목에 신선한 샘물과 이른 비가 함께 하기에, 힘을 얻고 풍성해져 성전에서 하나님을 뵈옵는 것을 확인했습니다(6-7절). 그래서 그는 확신을 가지고 야웨 하나님께 부르짖었고 응답을 얻었으며, 자신의 체험을 고백할 수 있었습니다: "여호와 하나님은 해와 방패이시라 여호와께서 은혜와 영화를 주시며 정직하게 행하는 자에게 좋은 것을 아끼지 아니하실 것임이니이다(11절)." 오늘의 일상 속에서 주님과 동행하며 이 시인의 고백이 내 것으로 변하는 기적의 순간들을 경험하기를 사모해봅니다.

❗ 적용하기

1. 나에게 "주의 궁정에서의 한 날"은 무엇을 의미합니까?

2. 주와 사귀고 그분을 섬기는 것만으로 행복한 순간들을 경험하고 있습니까?

🙏 오늘의 기도

하나님의 임재가 있는 주의 전을 이 시인처럼 사랑하기 원합니다. 제 마음 속에 시온의 대로가 열려 늘 주님과 소통하고 주를 의지하는 복을 주소서.

시편 85:1-13

찬송 423장

주야로 묵상할 말씀

"인애와 진리가 같이 만나고 의와 화평이 서로 입맞추었으며 진리는 땅에서 솟아나고 의는 하늘에서 굽어보도다" (85:10)

오늘 시편에는 분위기의 급반전이 눈에 띄는 곳이 있습니다. 바로 3-4절의 연결입니다: "주의 모든 분노를 거두시며 주의 진노를 돌이키셨나이다. 우리 구원의 하나님이여 우리를 돌이키시고 우리에게 향하신 주의 분노를 거두소서." 진노를 돌이키셨는데 분노를 거두어달라고 다시 부탁하다니, 그 뜻을 곰곰이 생각해보게 만듭니다. 1-3절에 보면 하나님의 구원이 이미 이루어졌습니다. 이 구원은 1절에 명확히 기술된 바벨론 유배로부터의 복귀를 가리킵니다. 바벨론의 침공에 나라가 망하고 성전이 불탄 것이 이스라엘의 죄에 대한 하나님의 심판임이 분명했듯이, 바벨론을 꺾은 새 강자 페르샤가 이스라엘 유배민들의 본국 귀환을 허락한 것은 하나님께서 이스라엘에게 자비를 베푸신 증거일 것입니다. 하나님께서 놀라운 일을 행하신 것입니다! 그러나 본토로 귀환한 공동체 역시 동족간의 착취, 다툼 성적 문란 등의 문제들과 씨름하고 있었습니다. 바벨론 유수 이후 이스라엘 안에 바알 아세라 그모스 등 이방신을 섬기는 세력화된 우상숭배는 사라졌습니다만, 바벨론 "선진문명"으로 포장된 천체들의 숭배와 물신주의가 새롭게 그들을 유혹했습니다. 죄는 끈질깁니다. 전대미문의 재난으로 고통을 당했고 자신들의 몰락을 가져온 우상숭배를 그들은 깊이 회개했고 애통했습니다(애가서 참조). 하나님께서 그들의 고난의 분량이 찼다 선언하시면서 위로하시고(사 40:1-2) 그들을 본국으로 돌려 보내셨습니다. 그러나 배춧잎 뒤에 붙어 씻어지지 않은 벌레처럼 그들의 마음 한구석에 남은 죄의 습관이 그들을 다시금 위태롭게 했습니다. 이 형편을 알기에 시인은 이스라엘이 다시는 옛 생활로 돌아가지 말고 하나님의 인애를 붙들어 그 영광과 함께 있기를 간구합니다. 그 간구는 하나님께 드리는 기도이자 이스라엘을 향한 권면과 축원이기도 합니다.

"주께서 우리에게 영원히 노하시며 대대에 진노하시겠나이까. 주께서 우리를 다시 살리사 주의 백성이 주를 기뻐하도록 하지 아니하시겠나이까(5-6절)." 이 호소는 오랫동안 하나님과 이스라엘 간에 유지되어 온 언약관계에 기초하고 있습니다. 마치 결혼한 지 오래된 부부가 심하게 다투어도, 우리가 몇십 년을 살았는데 하면서 제자리로 돌아가는 것처럼 아삽은 하나님과 우리 사이가 어떤 사이인데, 주님 우리를 포기하시지는 않겠지요 라고 말하고 있는 것입니다. 그의 간구가 이어집니다. 주의 인애와 구원을 주시고 이스라엘에게 화평을 선포해 주시기를 구합니다(7-8절). 다시는 범죄하는 어리석은 삶으로 돌아가지 않고 주의 영광이 그 땅에 머물며(8-9절), "인애와 진리가 함께하고 의와 화평이 서로 입맞추며, 진리는 땅에서 솟아나고 의가 하늘에서 굽어보기를(10-11절)!" 이 아름다운 기도가 어찌 이스라엘만을 위한 것이겠습니까. 한 구절 한 구절이 오늘 우리에게도 이루어지기를, 아멘.

❗ 적용하기

1. 징계를 내리시고 거두시는 하나님의 손길을 어떻게 분별할 수 있습니까?

2. 정결함과 능력을 잃어가는 교회들을 위해 어떻게 기도하고 계십니까?

🙏 오늘의 기도

옛 습관을 버렸다 안심할 때마다 다시 돌아가곤 하는 우리를 불쌍히 여기시고, 온전한 새사람 새 피조물로 머물도록 강권하여 주옵소서.

086

시편 86:1-17

찬송 345장

주야로 묵상할 말씀

"무릇 주는 위대하사 기이한 일들을 행하시오니 주만이 하나님이 시니이다" (86:10)

우리의 신분이 무엇입니까. 본문에서 다윗은 자신을 "주의 종," "주의 여종의 아들"이라고 부릅니다(16절). 일국의 왕으로 "폐하," "전하"라고 부르는 신하들에 둘러싸여 살다 보면 자기를 가리켜 "짐" "과인" 그렇게 부르는 게 습관이 되었겠지요. 그런데 다윗은 하나님 앞에 나아가면서 자기가 누구인지를 확인할 줄 알았습니다. 자신은 만인 위에 군림하는 왕이지만, 천지의 주재이신 여호와 앞에 와서는 "주의 종"이고 "주의 여종의 아들"일 수밖에 없는 것이지요. 자신을 하나님 앞에 낮출 줄 아는 사람이야말로 제대로 된 자의식을 가진 사람입니다. 신약성경의 절반을 쓰고 기독교 역사 최고의 인물이라고들 하는 사도 바울도 늘 자신을 "그리스도의 종(노예)"라고 불렀던 것은 우연이 아닙니다. 우리가 세상에서 어떤 위치에 오르고 무슨 타이틀을 갖게 되든지, 하나님 앞에서는 언제나 그분의 종임을 잊지 않는다면 크게 잘못되지는 않을 것이라 생각해 봅니다.

우리의 현실은 어떠합니까. 다윗이 하나님 앞에 나아가 털어놓는 일성이 "나는 가난하고 궁핍하오니"입니다. 시편에서 "가난한 사람"은 "억압받는 사람"과 사실상 동의어입니다. 은행잔고가 바닥나고 집이 차압당하는 가난도 있지만, 이 시의 정황처럼 자신을 무너뜨리려 온 힘을 다하는 원수들의 존재, 자신을 비웃고 비난하는 이들에게 둘러싸인 현실도 가난이라는 뜻입니다. 우리는 하나님의 종인데, 역경과 시련, 고난을 피하지 못합니다. 하나님 바라보고 가는데도 두 다리를 잡아당기는 인생의 짐들이 지워져 있습니다. 그게 인생입니다. 주의 사람은, 고난을 면제받는 사람이 아니라, 고난을 이겨내는 사람입니다. 다윗이 그 고난을 이겨낼 수 있는 것은 우리가 경건한 사람들, 주께 부르짖는 사람들이기 때문입니다. 경건은 하나님을 경외하는 삶의 자세이고, 하나님을 경외하는 사람은 그분을 의식하고 그 앞에 근신하게 마련입니다. 개혁자들의 표어처럼 하나님 앞에 선 사람으로 살 때 우리는 승리할 수 있습니다.

우리의 소망은 어디에 있습니까. 하나님에게 있습니다. "주는 선하사 사죄하기를 즐거워하시며 주께 부르짖는 자에게 인자하심이 후하심이니이다(5절)." "주는 긍휼히 여기시며 은혜를 베푸시며 노하기를 더디하시며 인자와 진실이 풍성하신 하나님이시오니(15절)." 하나님의 성품을 알면 안심할 수 있습니다. 하나님을 아는 지식이야갈로 이 세상에서 가장 유용한 지식입니다. 하나님께서 우리가 환난 날에 부르짖으면 이 하나님께서 응답하시고(7절), 구원하십니다(15절). 이러한 구원의 경험이 쌓이면 다윗처럼 "주는 나를 돕고 위로하시는 분이십니다"라고 선언하는 담력이 생깁니다. 주님 안에 우리 인생문제의 해답이 있고 바라볼 희망이 있고, 우리 삶의 목표와 의미가 있습니다.

❗ 적용하기

1. 어려우면 바로 기도하십니까 아니면 애쓰다가 안 될 때 비로소 기도합니까?

2. 해결할 수 없을 위기를 기도를 통해 통과한 경험을 나누어 주십시오.

🙏 오늘의 기도

주님 말고 의지할 분 없고 기도 외에는 해결책이 없는 이 무력한 종을 불쌍히 여기시고, 저의 간구에 응답하시어 "은총의 표적"을 보이소서.

087

시편 87:1-7

찬송 210장

주야로 묵상할 말씀

"노래하는 자와 뛰어 노는 자들이 말하기를 나의 모든 근원이 네게 있다 하리로다" (87:7)

먹방 쿡방이 대세라고들 하는 시대입니다. 지구촌 곳곳을 다니며 새로운 맛을 찾아 소개하는 프로그램이 있는가 하면 우리나라 산골로 바닷가로 다니며 내 고향의 맛을 자랑하는 프로그램도 있습니다. 내 고향 별미를 소개하는 분들이 얼굴에 홍조를 띠면서 어떠어떠한 음식이 얼마나 좋은지 왜 전국 최고인지 신나서 설명하는 모습은 마음을 훈훈하게 해줍니다. 시편 87편을 읽으면서 그 모습이 연상되었습니다. 이 시는 시온을 예찬하는 노래입니다. "시온 찬가"라 할 만한 시는 여럿 있지만, 87편이야말로 시편 전체를 통틀어서 가장 단일하고 순수한 시온 찬가라 여겨집니다. 첫 절부터가 강력합니다. "그의 (하나님의) 터전이 성산에 있도다!" 하나님의 전이 그곳 시온에 있다. 더 무슨 이유가 필요합니까? 시온은 축복된 곳 놀라운 곳입니다. 물론 우리는 하나님께서는 우주 어디에나 계신 분이시고 장소에 건물에 매이지 않으신 것을 잘 압니다. 그분은 사실 만유의 주인이시고 열국의 하나님이십니다. 그러나 우리는 그와 동시에 기억해야 합니다, 하나님은 천하 만민 중 오직 이스라엘만을 특별히 당신의 백성이라 부르신 분이고, 예루살렘, 성전으로 구체화되는 특정한 장소에 특별한 의미로 임재하신다는 것을! 이스라엘이 선민우월주의에 빠져 이방인을 멸시한 것은 뼈아픈 잘못이지만, 선민으로서의 특권과 그에 맞는 자부심을 부인할 일은 아닙니다. 하나님이 다스리시는 세계 전체에 대한 안목 없이 좁은 의미의 교회, 그것도 내가 다니는 지역교회만을 챙기는 저열한 집단이기주의는 피해야 합니다. 그러나 내가 속한 지역교회와 사역 공동체를 소중히 한다는 것은 지극히 자연스러운 일입니다. 시편 87편 같은 시를 편협하다 하지 말고, 자신이 믿고 섬겨온 그 하나님을 시온에서 성전에서 만나 뵐 수 있기 기대하는 소박한 심상을 가지고 묵상할 필요가 있습니다. "여호와께서 야곱의 모든 거처보다 시온의 문들을 사랑하시는도다." 그렇습니다. 주의 말씀이 시온에서 난다 하셨지 않습니까. 애굽(=라합)도 바벨론도 블레셋 두로 구스도 … 모든 나라들 모든 사람이 다 시온에서 났습니다. 세상 도시들은 사람이 쌓아올렸지만 시온은 지존자께서 친히 세우셨습니다(5절). 시인은 세상 민족들이 다 시온성으로 모여들어 각자의 호적을 정리하는 광경을 봅니다. 그 때 하나님께서 사람들의 수효를 일일이 헤아리시고, 이 사람이 거기서 났다고 선언하십니다. 많은 것을 누린 자들만이 아니라 주변인, 약자들 역시 마찬가지가 되어 성전을 바라보며 "내 근원이 그대에게 있소"라고 독백하는 장면을 상상해보십시오. 오늘 우리는 주의 몸된 교회를 향해 내 존재의 근원이 그대에게 있다고 진심으로 말할 수 있는지 돌아봅니다. 내 몸이 그곳에 있고 내 시간과 물질을 드리는 그 구체적 공동체가 하나님께서 임재하시는 특별한 곳이라는 의식이 내게 있는지요.

❗ 적용하기

1. 출석하는 교회에 오가며 들르고 돌아보는 편입니까?

2. 내가 속한 구체적 교회공동체를 품고 자주 기도하십니까?

🙏 오늘의 기도

주께서 저를 두시고 섬기며 사랑하게 하신 교회를 감사드립니다. 우리 교회가 늘 당신의 임재와 영광을 누리는 복된 공동체가 되게 하소서.

시편 88:1-18

찬송 337장

주야로 묵상할 말씀

"나의 기도가 주 앞에 이르게 하시며 나의 부르짖음에 주의 귀를 기울여 주소서" (88:2)

이 시는 "헤만의 마스길"입니다. 마스길은 지혜와 관련된 교훈시인데, 본문의 내용은 중병으로 인해 생명이 위협받을 때 드린 호소로 되어 있습니다. "무릇 나의 영혼에는 재난이 가득하며 나의 생명은 스올에 가깝습니다(3절)"는 절규에서 시작해서 죽음과 저승에 대한 생각으로 이어지다가 "주는 내게서 사랑하는 자와 친구를 멀리 떠나게 하시며 내가 아는 자를 흑암에 두셨나이다(18절)"라는 어두운 어조로 마치는 이 시가 어떤 면에서 지혜로운 가르침이 될까요? 이 시를 통해 독자들이 삶의 소중함을 배우고 두려움과 아픔 속에서 하나님께 부르짖는 것을 배우리라는 기대와 관련되리라 봅니다. 죽은 자가 가게 될 스올(히, 쉐올)이 어떠한지는 자세한 설명을 찾을 수 없습니다. 죽으면 누구나 그리로 가게 마련이고, 그곳에서는 별다른 액션이 일어나지 않고, 그곳에 간 망자들은 (적어도 산 자들에게는) 잊어진 존재들이며 이승으로 다시 돌아올 수 없다는 평이한 내용이 전부입니다. 영생과 영벌, 천국과 지옥이라는 대비도 구약 성도들에게는 알려져 있지 않았기에 스올은 끔찍한 지옥은 아니지만 여전히 두렵고 피하고 싶은 곳입니다. 그래서 시인은 죽음을 피하게 해달라고 기도합니다. 특별히 스올에서 자신이 하나님을 알고 하나님을 선포할 수 있겠느냐고 호소하는 대목에서 주를 향한 그 마음에 우리 마음도 함께 울리는 것을 느낍니다.

시인의 호소와 기도를 하나님께서 결국은 들어 주셨는지, 어떻게 응답하셨는지 우리는 알지 못합니다. 많은 탄원시는 기도의 내용과 응답의 내용을 둘 다 기록합니다. 내가 이러한 상황에서 이렇게 기도했고 하나님께서 이렇게 응답하셨다 하는 해피엔딩의 구조입니다. 그러나 시편 88편에는 해피엔딩이 없습니다. 아니 마지막 절이 과연 엔딩인지도 의문입니다. 17절을 보아도 "이런 일이 물 같이 종일 나를 에우며 함께 나를 둘러쌌습니다"라고 호소하고 있으니 상황이 호전될 조짐이 없고, 18절 역시 사랑하는 자와 친구가 멀리 떠나간 것이 하나님께서 하신 일이라니 하나님은 멀리 계시고 해결은 아득해 보입니다. 특별히 18절 종결부의 원문은 번역이 어렵습니다만 히브리어 구조대로 직역하면 "내가 아는 이, 어두움"이 됩니다. 내 사랑하는 이와 친구가 다 떠나가고 마지막 남은 것은 어두움뿐인, 그야말로 어두운 광경입니다. 많은 탄원시에서 시인이 원수들의 공격에 죽음의 고비를 몇 번씩 넘기면서도 주의 은혜와 구원을 기억하고 찬양하는 것에 비하면 이 마침은 적요하고 고통스럽습니다. 하지만 인간 체험의 총합이라고 해도 좋을 시편에, 이렇다 할 위로도 길벗도 없이 적막히 남겨진 시인이 "내 마지막 친구, 어둠이여!" 한 마디를 남기는 이 시가 있음은 …

❗ 적용하기

1. 외로움을 느끼면 무엇을 찾습니까?

2. 해결되지 않는 오래된 문제들을 어떻게 품고 가십니까?

👤 오늘의 기도

저를 도와줄 이는 주님밖에 없는데 주께서 말씀하지 않으시니 어찌하면 좋습니까. 주께서 맺은 언약과 인애를 기억하시고 저를 돌아보시며 제가 드리는 기도에 응답하여 주소서.

089

시편 89:1-18

찬송 342장

주야로 묵상할 말씀

"의와 공의가 주의 보좌의 기초라 인자함과 진실함이 주 앞에 있나이다" (89:14)

시편 89편의 시인이 하나님에 관해 설명하면서 가장 많이 쓰는 두 단어가 인자(인애)와 성실(진실)입니다. 1절부터 "내가 여호와의 인자하심을 영원히 노래하며 주의 성실하심을 내 입으로 대대에 알게 하리이다"로 시작해서 하나님은 거짓이 조금도 없으시고, 하신 약속을 반드시 지키시기에 믿고 의지할 수 있는 분이시라는, 어찌 보면 너무 친숙해졌달 수 있는 고백을 담고 있습니다. 그러나 이 시의 말미에는 충격적인 반전이 있습니다. "주여 주의 성실하심으로 다윗에게 맹세하셨던 이전의 인애는 어디로 갔습니까?(49절)" 시인은 그 한 절을 부르짖기 위해 그렇게 여러 번 인자함과 진실함을 노래했는지도 모릅니다. 어제는 있었는데 오늘은 사라질 것이라면 애초에 인애와 성실이 아닙니다. 불변하고 항존하는 것이 인애의 본질이고, 뜻을 바꾸고 숨기는 바가 없는 것이 성실함이기 때문입니다. 시인이 하나님의 인자와 성실을 의심하게 한 현실은 바벨론 유수입니다. 약소국가 이스라엘이 외적에게 부대끼는 것은 익숙한 일이었지만 바벨론 유수의 경험은 차원이 달랐습니다. 바벨론의 침략으로 성전이 초토화되고 거룩한 기물들이 약탈당하는 광경은 이스라엘인들에게 감당할 수 없는 트라우마를 안겼고 "바벨론의 마르둑 신 앞에 힘 못 쓰는 야웨"라는 적국의 선동과 맞물려 대대로 믿어온 여호와 신앙에 회의를 품게 했습니다. 그래서 시인은 묻습니다. 하나님, 여전히 하나님을 믿습니다. 그런데 믿기 어렵습니다. 하나님은 신실하신 분이십니다. 그런데 지금은 그리 안 보입니다 ... 확신과 의심의 긴장, 그 선상 어딘가에 우리의 신앙이 있습니다.

그러나 후반의 반전이, 인애의 찬가라 해도 좋을 오늘 본문을 무의미하게 만들지는 않습니다. 오히려 그 반대입니다. 시인이 하나님의 부재를 탄식할 수 있는 것은(46절), 하나님의 임재가 얼마나 영광스럽고 황홀한지 경험해왔기 때문입니다. 다윗과 그의 자손을 영원히 견고하게 세우겠다 약속하신 하나님은(3-4절) 온 세계를 만드시고 소유하신 위엄과 능력의 하나님이십니다. 온 천지에 하나님을 대적할 자가 없습니다. 그러나 그의 백성을 향해 하나님의 능력은 권력이 아니라 사랑으로 드러납니다. 하나님의 팔은 늘 연약한 자를 위해 싸우시고 건지시는 전사의 팔입니다(13절). 그 팔이 종살이에 신음하던 이스라엘을 건지신 팔이고, "내 백성을 가게 하라" 명하신 하나님에게 거역한 바로와 그 수하들을 치신 팔이고, 약속의 땅을 향해 광야를 지나는 이스라엘을 인도하고 이 끄신 팔입니다. 그 능력과 사랑은 연약한 자들을 위하여 부어집니다. 의로움과 공평이 하나님 통치의 원리이고, 하나님이 계신 곳에는 인자와 진실이 늘 함께 하시니(14절) 얼마나 귀합니까. 우리는 이 하나님께서 마음과 눈길을 두시고 사랑하시는, 존귀한 사람들입니다.

적용하기

1. "내 힘 아닌 하나님의 힘으로 가능했다" 생각되는 경험들을 쌓고 있습니까?

2. 내 가치를 하나님 안에서 찾는 안목을 기르기 위해 무엇을 하십니까?

오늘의 기도

천지의 주 되신 하나님을 인애와 진실의 하나님으로 만나뵙게 하심을 감사합니다. 우리 자신의 힘을 키우기보다 하나님의 힘을 의지하여 형통하기를 배우게 하소서.

089

시편 89:19-52

찬송 488장

주야로 묵상할 말씀

"여호와여 언제까지니이까 스스로 영원히 숨기시리이까" (89:46)

시인은 하나님의 옛적 약속을 기억합니다. "그 때에 주께서 환상 중에 주의 성도들에게 말씀하여 이르시기를 … 내가 내 종 다윗을 찾아내어 나의 거룩한 기름을 그에게 부었도다 .. 나의 성실함과 인자함이 그와 함께 하리니 내 이름으로 말미암아 그의 뿔이 높아지리로다 … 그를 위하여 나의 인자함을 영원히 지키고 그와 맺은 나의 언약을 굳게 세우며 또 그의 후손을 영구하게 하여 그의 왕위를 하늘의 날과 같게 하리로다(19-26절)." 약속의 말씀은 장엄하고 묘사된 영광은 찬란합니다. 그러나 시인의 눈앞에 펼쳐진 현실은 너무도 달랐습니다. 울타리와 요새는 무너지고 백성들은 탈취와 능욕을 당했습니다. 하나님께서 대적의 오늘 손을 치켜들어 주시고 기름 부으신 왕들을 폐위하셨습니다(38-45절). 하나님께서 자신의 임재를 감추신 것에 경악한 시인은 영혼의 파국을 경험합니다: "주께서 모든 사람을 어찌 그리 허무하게 창조하셨는지요 … 누가 자기 영혼을 스올의 권세에서 건지리이까 (47-48절)." 그의 절망은 개인적 정서가 아닙니다. 그는 온 이스라엘의 마음을 자신 안에 담아 부르짖고 있습니다. "주여 주의 성실하심으로 다윗에게 맹세하셨던 이전의 인애는 어디로 갔습니까?(49절)" 하나님의 헤세드를 찾을 길 없다는 말로 사실상 하나님의 부재를 선언한 시인의 이 탄식은 시편 전체를 통틀어서도 가장 통렬한 것이 아닐까 합니다.

여기에서 시가 끝날 것만 같았습니다. 시인의 영혼에 깃든 그늘이 우리마저 삼켜버릴 것만 같은 바로 그 자리에서, 시인은 또 한 번 우리를 놀라게 합니다. 주의 백성이 당하는 조롱을 기억해 달라는 짧은 호소를 묻어버리듯 "여호와를 영원히 찬송할지어다 아멘 아멘"이라 소리를 높이기 때문입니다(52절). 시편 제3권(73-89편)의 마지막을 표시하기 위해 본래의 시 뒤에 편집자가 덧붙인 이질적인 시행일 수도 있지만, 89편의 본래 결말이 그랬다고 해서 이상할 것도 없습니다. 하나님 앞에 의심과 걱정도 털어놓고, 마지막에 "하나님, 신실하신 하나님께서 이러시면 어떡합니까. 저희들이 받고 있는 이 조롱을 잊지 마세요"라고 투정도 부린 후에, 하나님을 찬양하자고 촉구하는 것도 훌륭한 결말일 것입니다. 오랜만에 만난 부모 형제간에 섭섭하고 언짢은 얘기도 오가지만 마지막엔 눈물을 찍으며 덕담을 하며 일어나듯이… 이 시가 우리에게 던져준 고민은 깊습니다. 우리가 본 영혼의 그늘, 시인의 것이라 생각했던 그것은 사실 우리 자신의 것이었습니다. 시행 51절의 공간에 참으로 많은 것이 담겼지만, 그 고민을 풀어줄 속 시원한 해결(resolution)은 거기 없습니다. 그러나 하나님 백성에게 남겨진 신비로운 힘, 그 어떤 역사의 굴곡을 지나더라도 여전히 우리 하나님이신 여호와를 믿고 따르겠다는 결의(resolution)는 거기 있습니다. 주님을 찬양합니다 아멘 아멘.

❗ 적용하기

1. 하나님이 정말 계신가? 라는 탄식을 하게 만든 경험이 있다면 무엇이 었는지요?

2. 더 이상 소망이 없다 싶을 때에도 여전히 하나님을 붙드는 경험을 하셨습니까?

🙏 오늘의 기도

더 이상 하나님의 손길이 느껴지지 않을 때, 하나님의 신실하심과 인자하심이란 말들이 공허하게 들릴 때, 이제 믿음을 내려놓으려 할 그 때에, 내 안에 오셔서 내 영을 살리시고 하나님을 다시 부르게 해 주소서.

090

시편 90:1-17

찬송 71장

주야로 묵상할 말씀

"주 우리 하나님의 은총을 우리에게 내리게 하사 우리의 손이 행한 일을 우리에게 견고하게 하소서" (90:17)

시편에 모세의 이름으로 남은 유일한 시입니다. 하나님을 어느 누구보다 가까이서 모신 사람이요 사백년 종살이에 굳어져 희망도 용기도 알지 못하던 "히브리인들"을 여호와 하나님의 백성, 언약과 계명의 전달자 이스라엘이 되도록 이끈 지도자의 가슴에서 나온 고백이 우리 마음을 울리게 하는 시입니다. 이 시는 하나님에 대한 묵상으로 일관합니다. "주여 주는 대대에 우리의 거처가 되셨나이다(1절)"라는 신앙고백에서 시작해 "주 우리 하나님, 우리의 손이 행한 일을 견고하게 하소서(17)"라는 간구로 마치기까지 쉼없이 "주는, 주께서, 주여"로 하나님에 대해 말하고 하나님께 아뢰고 있습니다. 하나님이 누구십니까? 모세는 창조 이전 "영원"의 현장에 우리를 데려 갑니다. "산이 생기기 전, 땅과 세계도 주께서 조성하시기 전 곧 영원부터 영원까지 주는 하나님이시니이다(2절)." 경험도 지식도 상상력도 갈 수 없는 영원과 신비의 세계로 우리를 부르신 이유는, 하나님의 신비를 아는 사람이라야 이 땅의 현실을 바로 살 수 있고, 영원을 소망하는 사람만이 찰나같은 인생을 뜻있게 살 수 있기 때문입니다. 모든 신학은 인간학이기도 합니다. 하나님을 묵상하면 인생을 생각해보게 됩니다. 우리는 누구입니까? 우리는 흙으로 빚은 인간입니다. 하나님께서 이제 흙으로 돌아가라 하시면 흙이 되고 마는 연약한 존재들. 인생 칠팔십, 백세시대를 논해봐야 주께서 호출하시면 잠시 나들이한 듯 돌아가야 하는데, 그 짧은 인생마저도 죄악의 덩어리로 하나님의 진노 앞에 놓인 채 살아가는 우리들입니다. "누가 주의 노여움의 능력을 알며 누가 주의 진노의 두려움을 알리이까(11절)?" 모세만큼 그 두려움을 잘 아는 사람은 없었습니다. 하나님의 능력을 날마다 체험하면서도 불순종과 불평으로 일관한 이스라엘. 그들은 몰랐습니다. 하나님께서 진노하셔서 그들을 다 쓸어버리겠다 하셨을 때 모세가 차라리 자기를 주의 생명책에서 없애 달라 간청했던 사실을. 그들이 범죄에 진노하신 하나님의 영광이 자신들로부터 떠나있던 것조차도 그들은 몰랐습니다. 이 시는 그러한 하나님 부재의 순간을 경험한 모세의 간절한 요청으로 마칩니다. "여호와여 돌아오소서 언제까지니이까 주의 종들을 불쌍히 여기소서(13절)." 주의 인자하심으로 그들을 위로하시고 그들이 고통과 화를 당한 정도를 생각하셔서 그들에게 은혜를 베풀어달라고 간구한 뒤, 모세는 마치 유언처럼 자신의 세대를 넘어 이스라엘의 후손들을 위해 간구합니다. 주의 영광을 그들의 자손들에게도 나타내어 달라고, 그리고 그들의 수고가 열매 맺어 견고하게 해달라고 말입니다(14-17절). 예수님의 대제사장 기도를 (요 17장) 떠올리게 하는 모세의 기도문을 보며, 주님 교회의 미래세대를 위해서 기도하기를 마음먹습니다. 우리에게 주어진 시간이 길지 않기에… "우리에게 우리 날 계수함을 가르치사 지혜의 마음을 얻게 하소서(12절)."

❗ 적용하기

1. 우리 날들이 신속히 가는 것을 얼마만큼 체감하십니까?

2. 우리 인생을 값지게 하시는 주의 은총을 매일 기대하고 간구하십니까?

🙏 오늘의 기도

주께서 허락하신 우리 인생은 짧고 우리에게 주신 능력은 작습니다. 은혜를 베푸시고 지혜를 주셔서 주께서 인정하시는 삶 열매 있는 인생 살도록 허락해 주소서.

091

시편 91:1-16

찬송 361장

주야로 묵상할 말씀

"그가 나를 사랑한즉 내가 그를 건지리라 그가 내 이름을 안즉 내가 그를 높이리라" (91:14)

많은 시편이 하나님을 향한 시인의 1인칭적 고백으로 ("나는 하나님을 믿노라...") 시상을 풀어가는 데 비해 이 시는 "그는..." 이라는 3인칭 묘사를 택합니다. 그렇게 그려지는 "그"가 왕이나 제사장처럼 특정한 기능을 수행한다는 힌트도 없습니다. 그저 "지존자의 은밀한 곳에 머물고 전능자의 그늘 아래에 사는 자"로 시작해 하나님을 향한 마음과 행동을 보여줄 뿐이니 그는 하나님을 믿는 성도 누구라도 자신을 대입할 수 있는 "성도 A"인 셈입니다. 그런 뜻에서 모든 성도가 "나의 시편"으로 삼을 만한 이 시는 하나님을 사랑하고 신뢰하는 성도의 신앙고백과 그것을 확증해 주시는 하나님의 화답을 담담하고도 아름답게 묘사합니다.

하나님의 도우심을 노래하는 시편들은 하나님이 이스라엘과 맺으신 언약, 그리고 하나님의 긍휼과 사랑을 주로 언급합니다. 특이하게도 이 시는 "그가(성도가, 이스라엘이) 나를(하나님을) 사랑한즉 내가 그를 건지리라"고 하나님의 마음을 노래함으로써(14절) 그 사랑이 쌍방적임을 보여 줍니다. 여기 "사랑하다"는 단어 하샵 의 그리 흔치 않은 용례중 주목할 만한 것은 창세기 34장에서 야곱의 딸 디나를 강간한 히위족 족장 세겜이 디나를 "연연해서" 청혼한 사건, 그리고 신명기 7:7에 여호와 하나님께서 이스라엘을 "사랑하신"(표준새번역; 개역개정은 "기뻐하심"으로 번역) 것은 이스라엘이 강성해서가 아니라 오히려 약소한 민족이기 때문이라 말씀하신 대목입니다. 실상 이 시편 본문은 하나님께서 "성도 A"에게 베푸시는 헌신적 사랑의 묘사로 채워져 있습니다. 하나님께서 그를 사냥꾼의 올무와 무서운 전염병에서 건지시고, 그를 자기 날개 아래 보호하시고 밤낮없이 지켜 주십니다. 그를 공격하는 악인들을 물리쳐 주시고 천사들을 명령하셔서 그의 걸음을 지켜주십니다(3-11절). 사단이 성전 꼭대기에서 예수님께 "하나님 아들이라며, 뛰어내려 보시오. 천사들이 당신을 붙들어 '발이 돌에 부딪히지 않게 하리라' 했지 않소?"라고 유혹하며 인용한 구절이 바로 11-12절 말씀입니다(마 4:6). 성도 A가 한 일은 하나님을 "나의 피난처 나의 요새 내가 의뢰하는 하나님"이라 부른 것과 (2절), 그 고백대로 하나님 안에 거한 것 (9절) 뿐입니다. 따라서 14절 본문에서 하나님을 향해 사람이 품은 "강렬한 애정"을 전제로 구원이 일어난다는 논리를 이끌어내는 것은 본말을 바꾸는 오독입니다. 시인은 성도의 삶에 일어나는 복된 일들을 서술하면서, 하나님께서 성도를 구해

주시면서 "네가 날 사랑하니 내가 도와야지" 하신다고 말하고 있을 뿐입니다. 솔직히 우리 자신을 들여다보며 "하나님을 향한 성도의 사랑" 운운하기는 민망합니다. "그가 나를 사랑하니 내가 그를 건지리라"하신 우리 아버지 마음은, "사랑해 아빠~" 딸내미 뽀뽀 한 번에 녹아서 종일 일하면서도 흐뭇한 딸바보 아빠의 마음 같은 것이 아닐른지요.

적용하기

1. 내 삶에 일어나는 일들 속에서 하나님의 손길을 더 많이 보아가고 있습니까?

2. 어려운 고비에서 나를 지키시고 건져주셨던 일들을 기억하고 감사해 봅시다.

오늘의 기도

우리를 건지시고 높이시는 하나님께 감사를 드립니다. 아버지를 온전히 의지하는 어린아이 같은 믿음을 주시고 하나님의 사랑을 더 깊이 알게 하소서.

092

시편 92:1-15

찬송 391장

주야로 묵상할 말씀

"여호와여 주께서 행하신 일이 어찌 그리 크신지요 주의 생각이 매우 깊으시니이다" (92:5)

"안식일의 찬송시"라는 표제가 참 적절한 시입니다. 안식일은 우리가 하나님께 의존해서 사는 존재인 것을 고백하는 날입니다. 우리의 재능과 노동이 아무리 값지더라도 천지의 주인이신 하나님께서 수확을 허락하셔야 거두고 살 수 있습니다. 그것을 아는 시인은 하나님이 하신 일들을 찬양합니다. 아침마다 인자를, 밤마다 성실을 베푸시는 하나님을 생각하며 "여호와여 주께서 행하신 일이 어찌 그리 크신지요 주의 생각이 매우 깊으시니이다"라고 찬탄합니다(1-5절). 하나님께서는 그 특별한 능력을 발휘하셔서 악인들을 영원한 멸망으로 이끄십니다(7절). 베풀어 주시는 특별한 능력과 그로 인한 승리입니다. 하나님께서 당신의 원수들을 물리치시기에 악행하는 자들이 다 흩어져 버리지만 의인의 뿔은 들소의 뿔만치 높이시고 거기에 신선한 기름을 부으셨습니다(9-10절). 시인은 하나님의 심판이 얼마나 생생하던지 그 광경을 눈으로 배우고 가슴으로 느꼈습니다: "내 원수들이 보응받는 것을 내 눈으로 보며, 일어나 나를 치는 행악자들이 보응받는 것을 내 귀로 들었도다(11절)."

악인의 운명을 이야기한 시인은 의인에게 눈을 돌립니다: "의인은 종려나무 같이 번성하며 레바논의 백향목 같이 성장하리로다. 이는 여호와의 집에 심겼음이여 우리 하나님의 뜰 안에서 번성하리로다(12-13절)." 사람의 형편을 나무에 빗댄 것은 시편 1편을 떠올리게 합니다. 1편에서 의인은 물가에 심기어 이파리가 늘 푸르고 철 맞추어 과실을 맺는 나무였고, 여기서 의인은 성전에 심긴 종려나무와 백향목, 늙어도 결실하고 진액이 풍성하고 빛이 청청한 거목입니다. 1편이 의인의 삶을 그 일상을 중심으로 그린다면, 92편은 성전과 예배에 초점을 맞추어 보여 준다 하겠습니다. 하나님 안에서 행복하게 살고 그의 보호 가운데 노년을 맞이하는 모습이 아름답습니다. 그러나 의인의 노후가 영광스러운 참된 이유는 그의 삶이 보다 크고 뜻깊은 것을 위해 사용된 데 있습니다. 의인의 최종평가서를 보십시오: "그는 늙어도 여전히 결실하며 진액이 풍족하고 빛이 청청하니 여호와의 정직하심과 나의 바위 되심과 그에게는 불의가 없음이 선포되리로다(14-15절)." 나이가 들어도 건강하고 활력 있고 생산적인 것은 참 좋은 일, 부러워할 만한 일입니다. 이 세상 대다수 사람들의 꿈이라고 할 조건입니다. 그러나 우리가 더 욕심내야 할 것은 "여호와의 정직하심, 그가 나의 바위이심, 그에게는 불의가 없음"

이 우리의 삶을 통해 드러내는 것입니다. 우리 인생의 최종평가는 바로 우리가 어떤 업적을 쌓았는가보다 하나님의 영광을 얼마나 잘 드러냈는가에 의해 가늠됩니다. 사도바울의 사명선언대로 "살든지 죽든지 내 안에서 그리스도가 존귀하게 되는 것"을 목표로 살 때 우리도 가장 존귀하게 인생을 마무리할 것입니다.

❗ 적용하기

1. 위기상황에서 당시에는 이해하지 못한 방식으로 하나님이 도우셨던 경험이 있습니까?

2. 하나님의 "정직, 바위, 불의 없음"을 드러내기 위해 당신은 무엇에 애쓰고 계십니까?

🙏 오늘의 기도

변덕 많은 우리에게까지 아침마다 인애를 베푸시고 밤마다 성실하심을 주시니 감사드립니다. 우리 삶이 하나님의 크심과 자애로우심을 드러내는 광고판이 되게 하소서.

093

시편 93:1-5

찬송 25장

주야로 묵상할 말씀

"주의 보좌는 예로부터 견고히 섰으며 주는 영원부터 계셨나이다"
(93:2)

"여호와께서 다스리시니"(1절) 혹은 여호와가 왕이시다 라는 선언으로 시작하는 이 시는 하나님의 영광을 선포하는 찬송시입니다. 다섯 절로 길이도 짧지만, 묘사하고 있는 배경도 한 장면, 거기서 일어나는 액션도 단 하나로 집중되어 있습니다. 하나님의 왕되심은 그가 걸치신 옷에 드러납니다. 위엄 있는 옷을 입고 띠를 갖추어 늠름하게 서신 모습을 보고 시인은 세상에 대해 안심합니다. 저분께서 저기 계신 데 세상일 무엇을 걱정하랴 … 시인의 생각은 아득한 과거로 돌아갑니다. "주의 보좌는 예로부터 견고히 섰으며 주는 영원부터 계셨나이다(2절)." 오늘 시편 93편의 시인이 환상 속에 주의 보좌를 보았는지 아니면 자신의 신학적 지식 속에서 시상을 떠올렸는지 가늠하기 어렵지만, 시인의 언어가 구성한 세계 속에 들어간 우리는 그와 함께 주위를 돌아보고 자연의 장엄한 대합창을 듣게 됩니다. 그 소리는 "여호와의 큰 물"에서 흘러옵니다. 물러갔다 들이치는 바다의 파도처럼 세 번에 걸쳐 여호와의 큰 물결이 우리를 압도합니다. "여호와여 큰 물이 소리를 높였고 큰 물이 그 소리를 높였으니 큰 물이 그 물결을 높이나이다(3절)." 하나님의 보좌 가까이에서 그의 영광을 시위하는 거대한 폭포 혹은 파도.. 참으로 각별한 이미지입니다.

 하나님은 그 어떤 자연현상이나 물리적 힘과도 동일하지 않습니다. 그러나 하나님께서 사람에게 나타나실 때 사람들은 종종 신비롭고 장엄한 자연현상을 함께 목격했습니다. 시내산에서 하나님을 만난 이스라엘 백성은 자욱한 연기와 불꽃, 그리고 온 산을 흔드는 진동과 나팔 소리를 보고 들었습니다(출 19:18-19). 호렙산에서 하나님을 만난 엘리야 선지자도 폭풍이 산을 가르고 바위를 부수며, 지진과 바람이 지나간 후에 하나님의 음성을 들었습니다(왕상 19:11-12). 이사야 선지자도 여호와의 영광을 묘사하면서 "주께서 높이 들린 보좌에 앉으셨는데 그의 옷자락은 성전에 가득하였고 스랍들이 모시어 섰는데 ... 화답하는 자의 소리로 말미암아 문지방의 터가 요동하며 성전에 연기가 충만한지라(사 6:1-4)" 라고 적었습니다.

 구약성경은 자연을 신격화하지 않습니다. 연기와 불과 지진과 폭풍, 그리고 폭포수와 파도 그 어떤 것도 스스로를 높이고 자랑하지 않습니다. 그들은 단지 자신들을 지으신 그 분을 소개하는 전령들일 뿐입니다.

그것을 너무나 잘 아는 시인은 귀를 멍멍하게 하는 폭포수와 파도소리를 우리가 듣게 한 뒤 "높이 계신 여호와의 능력은 많은 물소리와 바다의 큰 파도보다 크니이다"라며 하나님께 우리의 관심을 향하게 합니다. 새롭게 열린 마음의 귀로 우리는 듣습니다: "여호와여 주의 증거들이 매우 확실하고 거룩함이 주의 집에 합당하니 여호와는 영원무궁하시리이다." 주의 위엄을 경험한 이들은 예부터 전해온 진리를 새롭게 발견합니다.

❗ 적용하기

1. 자연의 신비로부터 하나님을 묵상하게 되는 경험을 하시는지요?

2. 시편을 묵상하며 시인이 그리는 광경 속에 몰입하는 노력을 해보십시다.

🙏 오늘의 기도

주님의 권능과 영광을 묵상하며 안도와 확신을 갖습니다. 높이 계신 여호와의 능력을 이 땅의 파도소리보다 더 또렷이 들도록 늘 마음의 귀를 열어주소서.

094

시편 94:1-23

찬송 205장

주야로 묵상할 말씀

"여호와께서 내게 도움이 되지 아니하셨더면 내 영혼이 벌써 침묵 속에 잠겼으리로다" (94:17)

시인의 가슴이 뛰고 숨이 가빠집니다. 어떻게 이런 일이 또 일어납니까. 하나님 백성을 짓밟고 약자들을 죽이고도 모자라서 이 악인들이 "마구 지껄이고 오만하게 떠들며" 하는 소리를 들어보십시오. "하나님이 뭘봐 보기는" 껄껄대며 주님을 비웃는 그들의 웃음소리가 시인의 마음을후벼 팝니다. "여호와여 악인이 언제까지, 악인이 언제까지 개가를 부르리이까" 탄식하니 답답해 시인은 외칩니다: "여호와여 복수하시는 하나님이여 복수하시는 하나님이여 빛을 비추어 주소서. 세계를 심판하시는 주여 일어나서 교만한 자들에게 마땅한 벌을 주소서(1-2절)." 시인이 이렇게까지 악인을 벌주십시오, 저들이 당해 마땅한 형벌로 복수해 주십시오 라고 부르짖는 이유가 무엇입니까? 세상이 너무 악하다보니 악인을 처벌해야 할 재판관들이 하는 짓이란 법의 이름으로 악한 일을 꾸미고 의인의 삶을 망가뜨리는 일뿐이기에 그렇습니다.

시인은 믿음을 가진 사람입니다. 죄짓고도 멀쩡히 살아가는 사람들을 향해 그들이 어리석다 꾸짖고 믿음을 지키는 이들을 하나님께서 기억하신다며 위로하기도 합니다(8-14절). 그러나 그 모든 옳은 지식에도 불구하고 자기 자신의 마음이 끓어오르는 것을 어쩌지 못해 절규합니다: "누가 나를 위하여 일어나서 행악자들을 치며 누가 나를 위하여 일어나서 악행하는 자들을 칠까(16절)." 그의 장탄식은 "아무도 안 해"라는 답을 기대한 수사의문입니다. 이것은 깊은 절망입니다. 시인이 미쳐버리지 않고 자기 자리를 지킬 수 있는 유일한 이유는 하나님께서 그에게 말씀하시고 위로해 주시기 때문입니다. "여호와께서 내게 도움이 되지 아니하셨더면 내 영혼이 벌써 침묵 속에 잠겼으리로다. 여호와여 나의 발이 미끄러진다고 말할 때에 주의 인자하심이 나를 붙드셨사오며 내 속에 근심이 많을 때에 주의 위안이 내 영혼을 즐겁게 하시나이다(17-19절)."

이 위로는 참된 위로이지만 여전히 한시적입니다. 악은 여전히 여기 있고, 악인들은 내일 또다시 내일 몫의 악을 행할 것입니다. 결국 우리가 악을 견디고 선을 행할 힘은 하나님의 최후 심판과 정의의 궁극적 승리를 믿는 종말론적 신앙에서 나올 수밖에 없습니다. 의로우신 우리 하나님께서 이 땅에 정의와 공평이 넘치게 하시는 날이 반드시 옵니다. 히브리서 기자는 심판의 때를 기다리며 우리 믿음을 굳세게 할 것을 권면합니다. "잠시 잠깐 후면 오실 이가 오시리니 지체하지 아니하시리라 나의 의인은 믿음으로 말미암아 살리라 또한 뒤로 물러가면 내 마음이 그를 기뻐하지 아니하리라 하셨느니라. 우리는 뒤로 물러가 멸망할 자가 아니요 오직 영혼을 구원함에 이르는 믿음을 가진 자니라(히 10:38-39)." 우리는 이 믿음이 절박한 사람들입니다.

❗ 적용하기

1. 답답하고 억울한 일들을 경험하며 믿음을 포기할 뻔 한 순간이 언제였습니까?

2. 믿음을 지키는 것도 내 자신의 힘이 아닌 하나님의 도우심이 필요한 것을 실감합니까?

🙏 오늘의 기도

주의 뜻을 헤아리지 못하는 어리석은 자이기에, 제 속에 근심과 불안 분노가 있습니다. 주께서 헤아리시고 위로해 주셔서 온전하여지고 주를 위해 달려가게 하소서.

시편 95:1-11

찬송 67장

주야로 묵상할 말씀

"오라 우리가 굽혀 경배하며 우리를 지으신 여호와 앞에 무릎을 꿇자" (95:6)

"오라, 우리가 여호와께 노래하며 우리의 구원의 반석을 향하여 즐거이 외치자 / 감사함으로 그 앞에 나아가며 시를 지어 즐거이 노래하자"로 손짓하듯 초대하는 이 시는 하나님 앞에 나아가는 예배자의 마음에 담을 교본과도 같습니다. 예배시편과 교독문으로 공예배에 널리 쓰이는 이 시는 1-5절, 6-11절의 두 연으로 나뉘고, 각 연은 예배에의 초대에 이어 예배해야 할 이유를 말해주는 구조로 되어 있습니다. 예배에의 초대를 우리말 성경에는 "오라"로 동일하게 번역했지만(1, 6절) 원어로는 각기 다른 단어인데 그 뜻의 대비가 두 연의 흐름을 미묘하게 알려주고 있습니다. 첫 연에서 "오라"는 주로 출발을 뜻하는 단어이고 둘째 연에서 "오라"는 도착을 알리는 데 강조점이 있는 단어입니다. 즉 시인은 예배자가 자신의 삶의 자리에서 몸과 마음을 움직여 하나님의 처소를 향해 "출발"한 뒤 말씀을 듣고 묵상하면서 하나님과의 깊은 사귐에 "도달"하는 것을 그려 보이고 있습니다. 사람은 무엇보다 우선적으로 하나님 앞에 나아가야 합니다. 너무나 당연한 이야기지만 그래서 쉬 잊기 쉬운 진리입니다. 하나님 앞에 나아오지 않고는 자신을 건질 수 없고 남을 도울 수 없습니다. 우리도 가르치고 선교하고 봉사한다 바삐 돌면서, 막상 하나님 앞에 나아간다는 명징한 의식을 갖고 예배하기를 어려워할 때가 많습니다. 교회에 갔다, 예배를 드렸다, 교사모임 성가대연습 교역자회의에 참석했다, 가르치고 노래하고 설교하는 일로 봉사했다라고 말하는 만큼 하나님을 뵙기 위해 나아갔다고 말할 수 있는지 생각해 볼 일입니다. 우리가 경배해야 하는 이유는 단순합니다. 하나님은 크신 주 크신 왕이시고 천지를 다 만드신 분이어서입니다(3-4). 우리에게 생명이 있는 한 우리는 예배자로서 그분 앞에 나아가야 합니다. 둘째 연에서는 하나님 계신 곳에 한결 가까이 온 것을 전제로 말합니다. "(가까이) 다가가 몸을 굽혀 절하고 그분 앞에 무릎을 꿇자(6절)." 여기 몸을 "굽히다"라는 단어는 아주 구체적으로 왕 앞에 자신을 바짝 낮추어 조아리는 자세로, 우리 전통 풍습에서 어르신 앞에 큰 절을 드리고 무릎을 꿇는 모습에 가깝다고 짐작됩니다. 자세가 불편해야만 마음이 겸손해진다고 말할 수는 없겠지만, 몸가짐과 마음가짐은 밀접하게 연결되어 있습니다. 때로 하나님 앞에 정말 우리 자신의 몸과 마음을 낮추는 의미로 땅에 몸을 굽혀 경배해보면 좋겠다, 무릎을 꿇은 자세로 기도하고 말씀을 들어보면 좋겠다는 생각이 이따금 드는 것은, 그분께서 기르시는 백성이요 양떼인데도 광야에서 하나님께 불순종하고 하나님을 시험한 이들 가운데 제 자신의 얼굴이 보이기 때문입니다. 낮은 자리에서 그분의 높은 보좌를 바라보고, 당신 앞으로 우리를 불러주셔서 즐거이 노래하게 하신 하나님께 뜨거운 감사를 드리는 그 체험이 오늘 우리에게 있기를.

❗ 적용하기

1. 하나님 뜻이 느껴질 때 그대로 순종하는 훈련을 하고 있습니까?

2. 불순종했던 자신의 행동방식을 벗어나려면 무엇을 바꾸어야 합니까?

🙏 오늘의 기도

우리가 거역한 백성이요 길 잃은 양떼임을 잊지 않게 하시고, 구원자 되신 하나님 앞에 우리를 낮추고 감사하며 예배하게 하소서.

096

시편 96:1-13

찬송 69장

주야로 묵상할 말씀

"새 노래로 여호와께 노래하라 온 땅이여 여호와께 노래할지어다"
(96:1)

개인의 자유를 중시하고 다원주의가 환영받는 시대를 살면서 우리는 다른 종교들을 따르는 이들에게 참되신 하나님, 유일한 구주가 되시는 예수님, 인격이신 성령님을 믿게 하는 일이 쉽지 않은 것을 경험합니다. 구약시대 성도들 역시 수많은 신과 종교들에 둘러싸여 살았습니다. 정치적 약자로서 지배세력의 종교적 압력을 늘 경험했던 이스라엘이지만, 그들은 자기들의 신앙이 진리라는 믿음에 목숨을 걸었습니다. 시편 96편은 그러한 믿음을, 여호와가 유일무이하고 참된 하나님이라는 확신을 담대하게 선언합니다. 여호와는 하늘을 지으신 창조주이십니다. 그 "신들"을 섬기는 이들이 그들에게 어떤 힘이 있다고 주장한들 하늘을 지으신 창조주 앞에서는 할 말이 없습니다. 세계를 소유하신 하나님께서 의로움과 진실하심으로 세상을 다스리고 심판하십니다(10, 13절). 그 분 외에 모든 "신"들은 다 우상일 뿐입니다(5절). 하나님의 유일하심을 선포하는 목소리는 다수의 시편에 등장합니다만, 96편은 그와 같은 신학적 진술을 단지 "오직 우리 하나님!"에 머물지 않고 "우리 하나님 말고 누구에게 갈 수 있단 말인가. 이리로 오라!"하는 강력한 어조에 담았다는 점에서 특별합니다. 하나님이 유일하신 참 하나님이시라면 이 세상에 그분을 예배하고 그분께 복종할 의무를 피할 자는 없다는 것을 시인은 정확히 인식하고, 또 전파합니다: "만국의 족속들아 영광과 권능을 여호와께 돌릴지어다 여호와께 돌릴지어다. 여호와의 이름에 합당한 영광을 그에게 돌릴지어다 예물을 들고 그의 궁정에 들어갈지어다(7-8절)." 여호와께 합당한 예물은 "아름답고 거룩한 것"이며, 그것이 온 땅의 예배자들에게 요구하는 "새 노래"의 본질일 것입니다: "새 노래로 여호와께 노래하라 온 땅이여 여호와께 노래할지어다(1절)." 시인이 말하는 새 노래란, 예배가 익숙하고 찬양이 일상이 된 이들을 위한 "이 달의 신곡"이 아닙니다. 하나님을 만나본 일이 없는 이들 찬양해 본 일이 없는 이들이 그분 앞에 나아와 서툴게 부르는 그 노래가 새 노래이고, 부르는 이와 듣는 이를 일깨워 새 마음을 갖게 하는 노래가 새 노래입니다. 시내산 언약을 버렸던 이스라엘이 돌아오자 하나님께서는 연약한 그들을 위해 그 마음에 "새 언약"을 주셨고(렘 31:33), 때가 찼을 때 그 언약 밖에 있던 우리들도 그리스도의 피로 맺은 새 언약 속에 불러 주셔서 하나님의 구원역사에 합류하게 해 주셨습니다. 갚을 수 없는 그 은혜 받은 우리가 할 일은,

오늘도 새 노래를 지어 하나님께 나아가는 것입니다.

❗ 적용하기

1. 하나님께서 우주를 지으신 사실을 정기적으로 되새겨 봅니까?

2. 기독교의 절대성을 믿는 우리는 타종교를 어떻게 다루어야 합니까?

🙏 오늘의 기도

세상은 하나님의 진리에 맞서는 오래된 거짓말로 가득합니다. 저에게 새 생명 주시고 새 사람 되게 하셨으니 오늘 주님의 귀에 들려드릴 새 노래를 제 입에 담아 주소서.

097

시편 97:1-12

찬송 70장

주야로 묵상할 말씀

"(여호와께서) 의인을 위하여 빛을 뿌리고 마음이 정직한 자를 위하여 기쁨을 뿌리시는도다" (97:11)

하나님이 다스리시니 기뻐하라! 이 시편의 시작입니다. 우리는 지배받는 것을 좋아하지 않습니다. 누군가가 나를 다스린다는 데 기뻐할 수 있는 유일한 경우라면, 그 지배자가 다른 지배자와 비교할 수 없이 좋을 경우일 것입니다. 그래서 1절의 의미는 "하나님이 (우리 마음대로 못하도록) 우리를 다스리신다"가 아니라, "(우상신, 독재자, 미신 따위가 아니라) 하나님이 우리를 다스리신다!"로 보아야 합니다. 하나님이 우리 왕 우리 주인이신 것이 왜 좋은 소식입니까? 그 어떤 주인과 비교할 수 없는, 정의로우시면서도 자비하시고, 우리를 너무나 잘 아시고도 우리를 여전히 사랑하시는 그분이, 우리 왕이기 때문에, 더 좋을 수 없는 소식인 것입니다. 그래서 "여호와여 주는 온 땅 위에 지존하시고 모든 신들보다 위에 계시나이다"라 고백한 9절이 "우리는 무엇을/누구를 믿어야 하는가" 즉 신학의 결론이라 할 수 있다면, "그러면 우리는 어떻게 살아야 하는가" 즉 윤리의 결론은 10절에서 찾을 수 있습니다. "여호와를 사랑하는 너희여 악을 미워하라"는 말씀이 바로 그것입니다. 온 우주를 당신의 것이라 부르시고, 우리를 언약맺은 당신 백성으로 자녀로 삼으신 하나님을 알고 믿는 일은 "유일신 사상을 갖는다"는 표현에 도저히 담을 수 없는 깊은 인격적 관계 속으로 자신을 던져 넣는 일입니다.

　9절에서 10절로의 이동은 당연지사가 아닙니다. 하나님은 유일하신 하나님이시라는 데 아무런 의심이 없으면서도 악을 미워하지 않고 관용하는 이들은 주일 오전 전국 어느 교회를 가도 만날 수 있습니다. 하나님을 사랑하는 사람은 악을 미워해야 마땅합니다. 사랑은 통합하는 힘이지만 갈라놓는 힘이기도 합니다. 사랑하는 사람이 생겼는데 부모나 동기가 반대하면 결국 한 편과 멀어져야 합니다. 신앙도 마찬가지입니다. 예수님이 유일하신 구주시라고 정말로 믿으면서 주위 사람들과 갈등을 겪지 않기란 참으로 어렵습니다. 예수님께서 "나는 세상에 화평이 아니라 검을 주러 왔다" 하신 말씀은 빈 말이 아닙니다(마 10:34-35). 그러나 우리는 악을 미워해야 할 동인이 하나님과의 깊은 사랑에 있다는 것을 잊으면 안 됩니다. "(여호와께서) 의인을 위하여 빛을 뿌리고 마음이 정직한 자를 위하여 기쁨을 뿌리시는도다(10-11절)." 얼마나 뜨거운 사랑이며 얼마나 아름다운 표현입니까. 사랑하는 이들을 위해 빛을 뿌리고 기쁨을 뿌리시는 하나님! 그 사랑 받았기에 우리도 하나님을 사랑하고 기

뻐합니다: "의인이여 너희는 여호와로 말미암아 기뻐하라 그의 거룩한 이름에 감사할지어다(12절)."

❗ 적용하기

1. 하나님을 모르고 사는 친지 이웃에게 전도하기 위해 무엇을 하십니까?

2. 특별한 이유 없이 그저 하나님이 좋아서 기뻐하는 경험을 해보셨는지요?

🙏 오늘의 기도

나의 필요 때문도 두려움 때문에도 아닌, 하나님의 사랑에 감복해서 내 안에 이는 감사와 기쁨으로 하나님 아버지를 예배하게 하소서.

098

시편 98:1-9

찬송 36장

주야로 묵상할 말씀

"여호와께서 그의 구원을 알게 하시며 그의 공의를 뭇 나라의 목전
에서 명백히 나타내셨도다" (98:2)

이 시는 96편의 자매편 같은 시입니다. 거의 같은 어구로 시작하고("새 노래로 여호와께 노래하라") 마칠 뿐 아니라 ("그가 의로 세계를 심판하시며 공평으로 백성을 심판하시리라"), 주제와 전체적 흐름도 일치합니다. 차이가 있다면 96편은 이방인을 주의 백성에게 합류시키는 선교적 관점이 있는데 반해 오늘 98편은 전적으로 찬양과 축연에 집중하는 노래라는 점입니다. 이들 시편에서처럼 하나님의 "기적," "구원" 그리고 "의로움" 들이 중첩되는 문맥은 구약의 거룩한 전쟁을 배경으로 하는데, 특별히 출애굽기의 승전가 및 이사야서의 "여호와의 승전가"(59:15-21과 63:1-6)와

많은 내용을 공유합니다. 오늘 시편에 두드러지는 한 가지 주제는, 거룩한 전사 하나님께서 이스라엘을 이끄시고 싸우신 결과가 인간이 이룰 수 없는 하나님의 승리로 만천하에 공포된다는 사실입니다: "여호와께서 그의 구원을 알게 하시며 그의 공의를 뭇 나라의 목전에서 명백히 나타내셨도다. 그가 이스라엘의 집에 베푸신 인자와 성실을 기억하셨으므로 땅 끝까지 이르는 모든 것이 우리 하나님의 구원을 보았도다(2-3절)." 구약성도들에게 바벨론에서의 귀환은 그러한 사건이었습니다. 출애굽이 그랬고 가나안 정복이 그랬듯이 바벨론의 패망과 그에 이어진 본국 귀환은 인간이 상상할 수 없었던 기적 ("기이한 일," 1절)이라는 것을 누구도 부인하지 못했을 것입니다. 하나님의 승리는 공적인 승리입니다.

물론 우리는 더 이상 신정국가에 살지 않으며 구약시대처럼 하나님 백성의 자격으로 물리적 전쟁을 치르지 않습니다. 중세 십자군의 난맥상처럼 그리스도의 이름으로 타국을 침략하고 "이교도들"을 공격하는 것은 있을 수 없는 일입니다. 그러나 그리스도의 주권에 복종하는 성도로서 살아가는 일상이 영적인 투쟁이라는 것 역시 분명한 현실이기에, 오늘 본문이 우리에게 말씀하시는 영적 의미는 동일하게 적용됩니다. 그리스도인들이 고백하는 믿음이 "우리끼리"의 골방에 머물러서는 안됩니다. 사도바울은 온갖 흥미로운 철학과 수사의 잔치를 오락삼아 즐겼던 헬레니즘 문명 속에서 유유히 지성인 노릇하며 살아갈 수 있었지만 세상의 눈에 어리석게만 보이던 십자가의 복음을 거리낌없이 전했습니다. 최고의 지성인을 자부하던 아테네 사람들이 "이름 모를 신"을 포함한 온갖 우상을 섬기는 모습에 "마음에 격분하여" 그리스도의 복음을 전했습니다. 바로 지성의 광장 아레오바고에서였습니다. 기독교는 "광장의 기독교"입니다. 우리의 신앙은 개인의 소신을 넘어 객관적 진리, 공공의 신앙입니다. 오늘 우리 마음의 묵상이 나의 삶을 통해 누군가의 마음에 울림을 주기를, 우리가 경험한 하나님의 구원이 뭇사람 눈앞에 환히 드러나 나의 주 나의 그리스도가 온 세상의 주님으로 높임 받으시기를 열망하며 살아가야 합니다.

❗ 적용하기

1. "새 노래"란 무엇인가요? 새 노래를 드리기 위해 무엇을 할 수 있을까요?

2. 하나님께서 세상을 다스리고 심판하신다는 것이 당신에게 위로를 줍니까?

🙏 오늘의 기도

놀라운 일들을 행하시고 우리를 구원하시는 주의 일을 온 세상에 드러내시는 주님, 우리의 삶 전체가 감당 못할 하나님의 은혜와 구원을 노래하는 악기가 되게 하소서.

099

시편 99:1-9

찬송 8장

주야로 묵상할 말씀

"주의 크고 두려운 이름을 찬송할지니 그는 거룩하심이로다" (99:3)

"여호와께서 다스리신다!" 단 두 단어에 불과하지만 수많은 시편의 메시지를 요약하는 문장입니다. 시편 99편은 이 문장에 설명을 달듯 하나님이 누구신지 어떠한 분이신지 친절히 설명해주고 있습니다. 첫째, 하나님은 거룩하십니다. 그의 거룩함은 권능과 위엄으로 나타납니다. 그 분께서 보좌에 앉으시면("그룹 사이에," 1절) 땅이 흔들립니다. 그 앞에 나아온 사람들의 마음도 떨립니다. 이 떨림은 '하나님을 두려워하는" 마음, 종교학자들이 누미노제(Numinose) 경험이라 부르는 근원적 경외감과 상통합니다. 거룩한 존재 앞에 선 인간이 자신의 피조성을 직관적으로 인지하는 이 경험이 없으면 신앙은 신조에 대한 피상적 동의에 머무르기 쉽습니다. 거룩함이 하나님 존재 자체의 본성이라면 권능과 위엄은 피조물과의 대비에서 나타나는 현상입니다. 2절을 정확히 번역하면 "시온에 계시는 여호와는 위대하시니 모든 민족들 위에 높이 서신다"입니다. "한 나라 한 신"이라는 신관을 갖고 있던 동시대인들이 오해하지 않도록, 여호와 하나님은 시온에 계시지만 시온에 묶인 시온의 수호신이 아니라 모든 민족들을 굽어보고 다스리시는 분이시라는 것을 강조했습니다.

둘째, 하나님은 기도에 응답하십니다. 흥미롭게도 시인은 자신의 기도가 응답되었다는 간증이나 기도의 본질과 효용에 대한 설명을 제공하는 대신 이스라엘 역사에서 모세와 아론, 그리고 사무엘의 기도가 응답받았던 것을 언급합니다(6절). 참으로 훌륭한 설명입니다. 모세와 사무엘이 이스라엘과 더불어 체험하고 역사에 남겨준 일들보다 더 구체적이고 더 현실적인 일이 어디에 있겠습니까. 오늘날 많은 신자들이 감성적 메시지에 열광하고 개인적 경험에 귀를 기울입니다. 그런 이야기들이 죄나 독은 아니지만, 신자들이 성경 말씀을 통해 하나님의 성품과 하신 일들을 스스로 깨닫고 수용하는 것을 대치할 수는 없습니다.

셋째, 하나님은 죄를 용서하십니다. 이스라엘은 하나님을 불신하고 그분의 계획에 저항하며 명령에 불순종하는 죄를 범했습니다. 하나님께서는 "그들의 행한 대로(8절)" 벌을 주시고 죄를 용서해 주셨습니다(8절). 여기서 "행한 대로"의 뜻은 하나님께서 인간의 죄에 반응하신다는 뜻이지 죄값만큼이란 뜻이 아닙니다. 만일 하나님께서 인간이 죄값만큼 갚도록 하셨더라면 아무도 살아남지 못했을 것입니다. 죄의 삯은, 죄질을 막론하고, 죽음이기 때문입니다. 우리 죄가 그리도 무거웠기에 "세상 죄를 지시는 하나님의 어린 양"께서 순결한 생명을 우리의 죗값으로 지불하시고야 우리가 생명을 얻었습니다(롬 6:23). 이러한 하나님이신데 어떻게 그분을 높이고 예배하지 않을 수 있겠습니까. 성도들은 그 성산에서 하나님 앞에 나아가 예배해야 마땅합니다. 하나님이 거룩하시기 때문입니다(9절).

적용하기

1. 어떤 계기를 통해 하나님 앞에 자신의 피조성을 절감해 보셨습니까

2. 하나님을 알기 위해 성경을 배우고자 하는 마음을 어떻게 가꾸어나갑니까?

오늘의 기도

두렵고 거룩하시지만 우리를 찾아오시고 말씀하신 하나님의 사랑과, 우리의 죄를 지신 그리스도의 은혜를 깊이 알게 하소서.

시편 100:1-5

찬송 21장

주야로 묵상할 말씀

"온 땅이여 여호와께 즐거운 찬송을 부를지어다" (100:1)

예배시의 모범으로 여겨지는 시편 100편은 간결하면서도 장중한 멋이 뛰어난, 공동체의 예배송이자 감사의 노래입니다. 시인은 "온 땅이여 여호와께 즐거운 찬송을 불러라"로 시상을 열어갑니다. "온 땅"은 물론 그 위에 사는 주민들을 대신하는 표현이어서 이 시가 갖는 보편성을 잘 드러내 주는데, 이스라엘이라는 군소국가 한 구석에 앉은 이 무명시인이 자기와 자기 조상이 믿은 신 여호와를 온 세상 온 땅 온 백성의 찬송을 받아야 할 존재로 내세우고 있는 것은, 생각해보면 대단한 일입니다. 여호와가 흔해 빠진 잡신들 중 하나였더라면 시인의 시도는 우물 안 개구리의 큰소리, 호방하지만 현실성이 결여된 객기로 치부되고 말았을 것입니다. 그런데 사실은, 여호와가 우주의 하나님이십니다. 이스라엘이 근동의 패권국이었기 때문에 그 신인 여호와가 유명해지는 것이 아니라, 여호와 하나님께서 위대하시기에 그분께 붙어 있는 이들이 위대함의 편린이나마 붙들 수 있게 된 것입니다. 그래서 시인은 "온 땅"을 향해 "여호와가 우리 하나님이신 줄 너희는 알지어다 그는 우리를 지으신 이요 우리는 그의 것이니 그의 백성이요 그가 기르시는 양이로다"라고 외쳤습니다. 이스라엘은 이집트, 앗수르, 바벨론, 페르샤 … 고대사의 초강대국들에게 늘 치이는 처지였습니다. 그들에게 여호와 하나님을 전할 때 그들이 코웃음치면서 "허허 참. 저것들 저 형편에 있으면서 우리더러 자기들 하나님을 믿으란다네"하면 어쩌나 두려워하고 망설이지 않았습니다. 우리는 이 사실을 잊으면 안 됩니다. 우리가 성공하고 사람들의 주목을 받으면 주님을 높일 수 있다 그러니 일단 성공해야 한다는 성공주의도, 우리가 실패하고 초라한 존재가 되면 전도도 못하고 주의 영광을 드러내지 못한다는 패배의식도 온당하지 않습니다. 우리가 성공하든 실패하든 하나님은 위대하십니다. 남들이 우리를 어떻다 생각하든 우리는 하나님을 전하면 됩니다.

　만민이 다 여호와의 이름을 즐거이 찬송하라 노래한 시인의 소망은 당대에 이루어지지 않았을 것으로 보입니다. 구약시대에는 유대인과 이방인의 구별이 명확했고 이방족속들은 이스라엘 성도들과 함께 "감사함으로 그의 문에 들어가고 찬송함으로 그의 궁정에 들어가서(4절)" 예배드릴 수 없었기 때문입니다. 그러나 이사야는 이미 "나의 언약을 굳게 지키는 이방인마다 내가 곧 그들을 나의 성산으로 인도하여 …그들의 번제와 희생을 나의 제단에서 기꺼이 받게 되리니 이는 내 집은 만민이 기도하는 집이라 일컬음이 될 것임이라(사 56:7-8)"라고 예언했고 그 기대는 예수 그리스도의 재림 때 모든 나라와 족속 방언들이 함께 나아가 경배하는 때에 충족될 것입니다. 그때까지 우리는, 각자의 사명을 위해 서툰 발이나마 내어딛고 달려갑니다!

❗ 적용하기

1. 이따금 애쓰지 않아도 찬송이 우러나오는 마음의 상태를 경험하십니까?

2. 하나님이 하나님이시기에 감사가 일 때 어떻게 반응하십니까?

👤 오늘의 기도

선하시고 인자하신 하나님, 당신을 알고 모시고 섬길 수 있어 감사드립니다. 나의 왕 나의 목자가 되시니 기쁨으로 늘 주를 따르며 찬송하게 하소서.

101

시편 101:1-8

찬송 357장

주야로 묵상할 말씀

"내 눈이 이 땅의 충성된 자를 살펴 나와 함께 살게 하리니 완전한
길에 행하는 자가 나를 따르리로다" (101:6)

1절 첫 문장이 인상적입니다. "내가 인자와 정의를 노래하겠나이다." 인자와 정의를 앞세워 노래한 후에야 "내가 당신께"라는 문구가 이어집니다. 인자(히, 헤세드)는 하나님의 신실하신 성품 자체를 바라보게 하고 정의(히, 미쉬파트)는 하나님의 의로우심의 실현에 주목하게 합니다. 하나님은 스스로 인자와 정의를 실행하실 뿐 아니라 자신의 언약백성에게 동일한 실천을 요구하십니다: "사람아 주께서 선한 것이 무엇임을 네게 보이셨나니 여호와께서 네게 구하시는 것은 오직 정의를 행하며 인자를 사랑하며 겸손하게 네 하나님과 함께 행하는 것이 아니냐(미 6:8)." 다윗이 마음에 품은 결심이 바로 그랬습니다. 그는 인자와 정의를 마음에 담고 입으로 노래했으며, 자신의 다스림을 통해("내 집 안에서," 2절) 실천하기 원했습니다.

철저한 순종은 타협을 배제합니다. "완전한 길"에 눈을 고정한 다윗은 그 길을 벗어나게 만들 만한 존재를 자기 인생에 허락하지 않기로 결심했습니다: "나는 비천한 것을 내 눈 앞에 두지 아니할 것이요 배교자들의 행위를 내가 미워하오리니 나는 그 어느 것도 붙들지 아니하리이다(3절)." 참으로 통렬한 이 선언을 분파주의라고 비난할 수는 없습니다. 사람들을 신분의 귀천으로 나눠선 안 되지만 인격과 품행에는 고귀함과 천박함의 구별이 존재합니다. 하나님 앞에서 바르게 서고 행하기 위해서는 선한 것을 마음에 두겠다는 결심만으로는 부족합니다. 4절의 "악한 일" 혹은 "악한 자"를 알지 않겠다는 말은 사귀고 엮이지 않겠다는 뜻입니다. 다윗은 자신의 의로움을 지키는 데 만족하지 않고 하나님의 뜻이 실현되도록 자신의 힘을 다했습니다. 악행하는 자, 교만한 자, 거짓을 행하는 자들을 처벌했고, 충성스러운 이들을 발굴해 자신의 곁에 두었습니다(5-6절). 거짓말하는 자에게 책임을 맡겨 자기 앞에 세우지 않았습니다(7절). 이스라엘은 자기 집이 아니라 "여호와의 성"이기에 악인들의 자취가 없어질 때까지 "아침마다" 악인들을 멸하겠다 다짐하며 일했습니다(8절).

아무리 왕이라 해도 다윗의 결심을 철저히 실행하기는 어려웠을 것입니다. 악인들도 자신을 보호하기 위해 지략과 힘을 사용하기 때문입니다. 그러나 그 마음과 결심으로 행하는 한 다윗은 복된 인생을 산 것이 분명합니다. 시편 1:1에 명확히 나오듯이 "악인들의 꾀를 따르지 아니하며 죄인들의 길에 서지 아니하며 오만한 자들의 자리에 앉지 아니하는" 사람이 복된 사람이니까요. 우리는 다양성과 공존, 관용이 숭고한 가치로 대접받는 시대에 살고 있습니다. 과거에 종교와 신앙의 이름으로 저질러졌던 끔찍한 일들을 생각할 때 관용의 정신은 필요합니다. 그러나 우리는 확고한 진리의 존재를 부인하는 대가로 얻어지는 다양성은 혼돈과 타락을 불러온다는 것을 기억해야 합니다.

❗ 적용하기

1. 우리 믿음대로 말하고 행동하기 어렵게 하는 요인들은 무엇입니까?

2. 악인을 멸하겠다는 다윗의 결심을 오늘 내 삶에 어떻게 연결할 수 있습니까?

🙏 오늘의 기도

인자와 정의를 사랑하고 불의와 거짓을 미워할 수 있도록 우리 속사람을 강인하게 해 주시며, 우리 삶이 날마다 더 분명하게 주의 거룩함을 드러내게 해 주십시오.

102

시편 102:1-28

찬송 552장

주야로 묵상할 말씀

"여호와여 주는 영원히 계시고 주에 대한 기억은 대대에 이르리이다" (102:12)

한 해를 떠나보내는 즈음에 아쉬움을 갖지 않는 사람은 드물 것입니다. 특별히 중년에 들어선 이들은 "작년 다르고 올해 다른" 자신을 바라보며 인생의 무상함을 실감하게 됩니다. 시 102편의 시인도 육체의 연약함을 절감했던 것이 틀림없습니다. 11절에 "내 날이 기울어지는 그림자 같고 내가 풀의 시들어짐 같으니이다"라고 신음처럼 내뱉은 탄식은 23절에서 "그가 내 힘을 중도에 쇠약하게 하시며 내 날을 짧게 하셨도다"라는 애잔한 고백으로 마무리됩니다. 자신의 날수가 "중도에" 거의 찼다고 생각한 것을 보면 아직 갈 나이가 아닌데도 죽음의 그림자를 보았다는 뜻이었겠지요. 시인은 이 땅의 삶에 미련이 있었나봅니다. 금세 "나의 하나님이여 나의 중년에 나를 데려가지 마옵소서"라고 기도한 걸 보니 그렇습니다. 시인이 이 시를 쓰고 나서 몸이 나았겠지요. 나았으니 이런 시를 남겼으리라 짐작해봅니다. 그는 노래합니다. "주의 종들의 자손은 항상 안전히 거주하고 그의 후손은 주 앞에 굳게 서리이다(28절)."

그러나 우리는 압니다. 주의 종들과 그 자녀들 중에도 가난과 질병 때문에 하나님 앞에 큰 일을 행하는 것은 그만두고 자신을 추스르기도 벅차하는 이들이 계시다는 것을. 성도들이 합심하여 간구한 기도제목들이 다 "응답받는" 것은 아니며, 가장 고귀하고 "죽기 아까운" 분들이 병으로 사고로 우리 곁을 떠난다는 것을 말입니다. 오늘 102편의 시인도 그것을 너무나 잘 알기에 구구절절 마음이 애잔해지는 약자의 호소를 하나님께 드리고 있는 것입니다. 따라서 우리는 우리가 생각할 수 있는 최선을 하나님께 구하며 간절히 기도하는 것과 동시에, 이 시의 묵상을 우리 것으로 삼아야 할 것입니다. "주의 연대는 대대에 무궁합니다. 주께서 옛적에 땅의 기초를 놓으셨사오며 하늘도 주의 손으로 지으신 바니이다. 천지는 없어지려니와 주는 영존하시겠고 그것들은 다 옷같이 낡으리니 의복같이 바꾸시면 바뀌려니와 주는 한결같으시고 주의 연대는 무궁하리이다(25-27절)." 하나님께서 지으신 모든 것은 다 유효기간이 적혀 있다는 말입니다. 젊은이는 자신의 생동하는 젊음이 그리 오래가지 않는다는 것을, 유력자는 자신에게 주어진 권세가, 재산가는 자신의 부가 잠시 맡겨진 것일 뿐임을 기억해야 합니다. 우리가 오래도록 의지하고 바라볼 것은 다름 아닌 영존하시는 하나님이시며, 하나님의 언약을 간직한 언약백성의 자긍심이 곧 우리의 가치입니다. 이것을 깨달은 사람은 자신의 연약함을 의식하면서 하나님의 긍휼을 구하지 않을 수 없습니다: "주께서 일어나사 시온을 긍휼히 여기시리니 지금은 그에게 은혜를 베푸실 때라 … 주의 종들이 시온의 돌들을 즐거워하며 그의 티끌도 은혜를 받나이다(13절)."

🛑 적용하기

1. 자신의 죽음이 가깝다고 느끼면 어떤 생각을 하게 될 것 같습니까?

2. 교회와 국가의 난맥상을 보며 성도들이 함께 준비해야 할 것은 무엇입니까?

🙏 오늘의 기도

천하를 호령하는 사람도 풀처럼 시들고 장엄한 우주도 사라질 것들임을 기억하게 하시고, 한결같고 무궁하신 오직 한 분, 하나님만을 의지하게 하소서.

103

시편 103:1-22

찬송 14장

주야로 묵상할 말씀

"이는 하늘이 땅에서 높음같이 그를 경외하는 자에게 그의 인자하심이 크심이로다" (103:11)

많은 성도들이 아끼고 애송하는 이 시편에서 다윗은 "내 영혼아 여호와를 송축하라(1절)"로 시작해서 여호와의 천사들과(20절) 천군들(21절) 그리고 하나님의 통치권이 미치는 온 우주에 있는 이들에게 여호와를 송축하라 외친 뒤, 마지막으로 다시 한 번 "내 영혼아 여호와를 송축하라(22절)"로 마치고 있습니다. 하나님께서 다윗을 "내 마음에 드는 사람"이라 부르셨던 이유가 무엇인지 짐작해보게 합니다. 다윗은 인생의 영욕을 다 맛본 사람입니다. 용맹과 지략을 겸비한 탁월한 지휘관이었고, 이제 막 부족국가를 벗어난 이스라엘을 열방의 부러움을 사는 강국으로 발전시킨 정치외교의 달인이었습니다. 불세출의 시인이자 영혼을 위로하는 악기의 명인이었던 그는 하나님을 누구보다도 가까이한 신학자였고 인간을 깊이 이해한 심리학자이기도 했습니다. 오늘의 시편처럼 우주만물 어디에서도 하나님의 자취를 찾고 음미하는 감수성은 물론 자신의 인생을 녹여 쌓은 힘과 재물로 하나님 성전을 짓고자 열망했던 신앙심도 있었지만, 충신의 아내를 범하고 그 증거를 없애기 위해 살인교사라는 잔혹한 술수를 서슴지 않았던 모순덩어리이기도 했습니다. 자신을 은인으로 여겨야 할 사람에게 배신당했고, 자신의 소명을 따르기 위해 누구보다 사랑했던 친구를 버려야 했으며, 반란을 일으킨 아들에게 쫓기다 거꾸로 그 아들의 죽음을 애곡해야 하는 비통함에 울부짖었습니다. 이러한 삶의 굴곡들을 지나온 다윗이기에, 그가 "인생은 그 날이 풀과 같으며 그 영화가 들의 꽃과 같도다. 그것은 바람이 지나가면 없어지나니 그 있던 자리도 다시 알지 못하거니와(15절)"라 한 것은 사람들이 흔히들 읊는 시조 한가락이 아니라 그의 절절한 인생고백이요 영혼의 울부짖음이었습니다. 그가 경험한 하나님은 은혜의 하나님이요 긍휼의 하나님이셨습니다. "그가 네 모든 죄악을 사하시며 네 모든 병을 고치시며, 네 생명을 파멸에서 속량하시고 인자와 긍휼로 관을 씌우시며, 좋은 것으로 네 소원을 만족케 하사 네 청춘을 독수리같이 새롭게 하시는도다(3–5절)." "우리의 죄를 따라 우리를 처벌하지는 아니하시며 우리의 죄악을 따라 우리에게 그대로 갚지는 아니하셨으니 이는 하늘이 땅에서 높음 같이 그를 경외하는 자에게 그의 인자하심이 크심이로다(10–11절)." "아버지가 자식을 긍휼히 여김 같이 여호와께서는 자기를 경외하는 자를 긍휼이 여기시나니, 이는 그가 우리의 체질을 아시며 우리가 단지 먼지뿐임을 기억하심이로다(13-14절)." 다윗의 한숨은 기도가 되고 시가 되었으며, 이제는 성경의 시편으로 우리의 노래가 되었습니다. 오늘 주 앞에 드리는 나의 고백이 하나님의 사람들을 위해 시와 노래가 되게 하소서라고 기도해야 하겠습니다. 인생의 결승점에서 우리 입술에 기운이 남아 있다면 "내 영혼아 여호와를 송축하라" 고백하는 데 쓰고 그분을 만나러 갈 수 있었으면 좋겠습니다.

❗ 적용하기

1. 우리를 돌보시고 속량하시는 하나님 은혜를 경험하고 있습니까?

2. 하나님을 송축하라는 촉구에 어떻게 반응하며 살아가십니까?

🙏 오늘의 기도

우리의 죄에 합당한 벌을 감당할 수 없는 저희들에게 인자와 긍휼을 베푸시고 구원하신 하나님, 우리 심령을 다해 찬송과 영광을 드리오니 받아 주소서.

시편 104:1-35

찬송 593장

주야로 묵상할 말씀

"여호와여 주께서 하신 일이 어찌 그리 많은지요" (104:24)

　주위의 창조세계를 꼼꼼히 바라보던 시인은 헤아릴 수 없는 그 오묘함에 감탄하다가 그들을 세상에 있게 하신 하나님께로 마음이 옮겨 갑니다. 이 세상을 지으신 그분은 빛을 옷으로 입으시고 바람 날개로 다니시며 바람을 메신저로 보내시고 불꽃을 종으로 부리시는 분이십니다. 우주적 비유가 참으로 웅대합니다. 시인은 이 하나님께서 어떻게 우리가 사는 세상을 운행하시는 지 상상합니다. 땅의 든든한 기초를 놓으시고 바다를 그 위에 덮으시고, 물들을 모아 갈래지어 강과 내로 흐르게 하십니다. 물은 기암절벽 풍광들을 지나 하나님께서 정해주신 곳으로 흘러갑니다. 그 물은 다시 순환되며 온갖 피조물들에게 생명력을 공급합니다. 하나님께서는 땅에 곡식과 야채가 자라게 하셔서 사람과 가축들의 삶을 풍요하게 해 주십니다. 하나님께서 심으신 나무에 새들이 깃들고 하나님께서 정하신 자연의 리듬에 맞추어 만물이 제 일을 하며 살아갑니다. 이 일들을 생각하다 시인이 외칩니다: "여호와여 주께서 하신 일이 어찌 그리 많은지요!" 자연의 오묘함을 보고 어떤 이들은 우연과 진화를 주장하고, 또 다른 이들은 그 오묘함의 근원인 창조주를 묵상합니다. 세상을 바라보며 하나님을 생각하고 하나님께 말을 걸고, 하나님을 주야로 묵상할 수 있는 우리는 참으로 복된 존재들입니다.

시인은 연이어서 창조주 하나님께서 얼마나 풍요롭게 사람의 필요를 채워주시는지 주목하게 됩니다. "주께서 지으신 것들이 땅에 가득하나이다. 거기에는 크고 넓은 바다가 있고 그 속에는 생물 곧 크고 작은 동물들이 무수하니이다. 그곳에는 배들이 다니며 주께서 지으신 리워야단이 그 속에서 노나이다. 이것들은 다 주께서 때를 따라 먹을 것을 주시기를 바라나이다(25-28절)." 하나님은 창조주(creator)이실 뿐 아니라 공급자(sustainer)이십니다. 언젠가 한려수도 물길을 타고 있던 배 갑판 곁으로 맑은 바다를 응시했던 기억이 새롭습니다. 작은 물고기들이 떼를 지어 배를 스치듯 지나갑니다. 이름 모를 큰 물고기가 유연하게 몸을 틀며 헤엄칩니다. 일순간, 깊이를 가늠할 수 없는 저 바다 속에 얼마나 많은 물고기가 있는가. 유사 이래 헤아릴 수 없이 많은 어부가 이곳에서 고기를 잡아 왔을 텐데도 변함없이 어부의 요청에 응하는 저 바다의 넉넉함이란! 하는 생각이 반짝 들었습니다. 그리고는 저 바다를 늘 채워 놓으시는 하나님의 광대하심과 너그러움에 생각이 미쳤습니다. 이 하나님을 믿지 않고 누구를, 무엇을 믿을 수 있겠습니까. 우리는 참으로 복된 존재들입니다. 우리도 이 시인처럼 평생 그분을 찬양하며 살 수 있기를!

❗ 적용하기

1. 하나님의 무한한 창조의 능력을 의지하여 살아갑니까?

2. 우리 삶을 지탱하고 지켜주시는 하나님께 늘 감사하는 훈련을 합시다.

🙏 오늘의 기도

불안한 인생이지만 하나님의 능력을 의지하여 안도하게 하시고, 욕심과 강박을 이겨 승리하게 하소서.

105

시편 105:1-45

찬송 290장

주야로 묵상할 말씀

"그의 거룩한 이름을 자랑하라 여호와를 구하는 자들은 마음이 즐거울지로다" (105:4)

　시편 105편은 이스라엘의 역사에 대한 긴 회고를 담고 있습니다. 도입부에 반복되는 명령의 핵심은 하나님께서 하신 일들을 만민이 알게 하라는 것입니다. 그가 하신 일이 무엇입니까? 그분이 주도하신 이스라엘의 역사가 그분의 "일"이며 그분께서 이스라엘과 맺은 언약을 신실하게 지키신 것이 그 일입니다. 하나님께서 그 모든 일을 행하신 이유가 무엇일까요? 42절은 하나님께서 그의 거룩한 말씀과 그의 종 아브라함을 기억하셨기 때문이라고 설명합니다. 아브람을 부르셔서 원대한 구원계획을 선포하실 때 하나님께서는 의미심장한 약속을 덧붙였습니다: "너를 축복하는 자에게는 내가 복을 내리고 너를 저주하는 자는 내가 저주하리니 땅의 모든 족속이 너를 통하여 복을 얻을 것이다(창 12:3)." 아브라함과 그 후손을 축복하면 하나님의 복을 받고, 그들을 저주하면 하나님의 저주가 임한다는 것입니다. 아브라함의 후손들은 손자 야곱의 때에 이집트로 이민을 갔습니다. 하나님께서 요셉을 먼저 이집트로 보내셨고, 그에게 꿈을 해석하는 특별한 은사를 통해 이집트에 닥칠 풍년과 흉년의 싸이클을 선제적으로 대비하게 하셨습니다. 전무후무한 대흉년이 닥쳤을 때 다급한 사람들이 찾아갈 곳은 이집트뿐이었고, 그들에게 곡식을 팔아 이집트의 국부는 놀랍게 증가했습니다. 아브라함의 후손인 요셉으로 인해 이집트가 축복을 받은 것이지요. 파라오는 요셉의 식구들에게 영지를 내리고 후대하여 그 고마움을 표했습니다. 그러나 사백여년의 시간이 지나 모세의 시대가 왔을 때 이집트는 "요셉을 알지 못하는" 즉 요셉의 공로를 기억도 인정도 하지 않는 상태에 있었고 오히려 히브리인들의 인구가 늘어나는 것을 염려해 히브리인 사내아이들을 다 죽이려 했습니다. 모세의 메시지와 열 가지 재앙, 그리고 유월절과 출애굽, 홍해 도하... 바로 이 시편에 유장하게 흐르는 역사의 내레이션의 결론이 무엇입니까? 자신들을 구원해준 아브라함의 후손에게 생명의 빚을 지고도 그것을 종족 말살로 갚으려 했던 애굽에게 하나님의 심판이 임했다는 것입니다. 이스라엘이 가나안에 정착할 때 하나님께서는 가나안 일곱 족속의 땅을 이스라엘에게 주셨습니다. 이스라엘을 편애해서가 아니라, 일곱 족속이 저질러온 죄악의 심판을 그 때에 비로소 실행하신 것입니다. 따라서 이스라엘 역시 하나님의 법을 따르고 순종해야 땅의 축복을 누릴 수 있었음이 오늘 시편의 결론이 된 것은 매우 적절한 것입

니다: "여러 나라의 땅을 그들에게 주시며 민족들이 수고한 것을 소유로 가지게 하셨으니, 이는 그들이 그의 율례를 지키고 그의 율법을 따르게 하려 하심이로다. 할렐루야(44-45절)." 하나님께서 우리 인생에 복을 주셨으니 우리는 그 복에 도취해 있지 말고 복을 주신 하나님께 마음을 드리고 그분의 뜻을 깨달아 순종하는 것이 마땅합니다.

❗ 적용하기

1. 신실하게 언약을 지키시는 하나님 앞에서 나도 신실합니까?

2. 이스라엘의 하나님이 어떻게 해서 나의 하나님이 되십니까?

🙏 오늘의 기도

주의 백성에게 베푸신 은혜와 행하신 이적들을 기억만 하지 않고, 오늘 나의 삶에 동일하게 체험하기를 사모하고 간구하게 하소서.

시편 106:1-48

찬송 429장

주야로 묵상할 말씀

"그들이 그 기쁨의 땅을 멸시하며 그 말씀을 믿지 아니하고"
(106:24)

장수는 자신을 믿어주는 주군을 위해 생명을 바친다는 말이 있습니다. 우리는 자신을 믿어주는 사람을 위해서는 최선을 다하지만, 우리를 의심하는 사람에게는 그 의심의 열매를 돌려주곤 합니다. 그래서 이스라엘이 하나님께서 마련해 주신 "기쁨의 땅"을 멸시하고 약속의 말씀을 불신했다는 24절 내용은 가슴을 멍하게 만드는 아픈 지적이 아닐 수 없습니다. 열 가지 재앙을 보고도, 유월절 신비와 홍해도하의 기적을 경험하고도, 40년 간 광야를 걸으며 단 하루도 급식을 잊지 않으신 그 신실성을 보고도 그들은 여전히 하나님의 말씀을 믿지 않았습니다. 아니, 그런 일들을 기억조차 하지 않았습니다: "우리 조상들이 애굽에 있을 때 주의 기이한 일들을 깨닫지 못하며 주의 크신 인자를 기억하지 아니하고 바다 곧 홍해에서 거역하였나이다(7절)." 105편에서와 마찬가지로 이 시편에서도 역사의 내레이션과 해석이 중심에 있는 것은, 조상들의 죄가 은혜를 잊은 죄, 기억하지 않은 죄라는 사실과 불가분의 관계에 있습니다. 하나님은 약속을 지키셨습니다. 이스라엘은 잊고 두시했습니다. 하나님께서는 이스라엘의 죄로 인해 진노하시고 그들을 엄한 징계로 다스리셨습니다(40-41절). 그러나 우리 하나님께는 큰 약점이 있습니다. 그것은 사랑입니다. 하나님께서는 당신이 사랑하는 이에게 늘 양보하고 불리한 약속을 맺곤 하십니다. 그래서 이스라엘의 반복되는 불신과 불순종에 대해 당연하고 합당한 벌을 내리시기보다는, 그들에게 약간의 고통을 허락하심으로써 그들이 깨닫고 돌아오도록 배려하십니다. "그러나 여호와께서 그들의 부르짖음을 들으실 때에 그들의 고통을 돌보시며 그들을 위하여 그의 언약을 기억하시고 그 크신 인자하심을 따라 뜻을 돌이키사 그들을 사로잡은 모든 자에게서 긍휼히 여김을 받게 하셨도다(44-46절)."

시인은 자신들의 범죄를 고백합니다: "우리가 우리의 조상들처럼 범죄하여 사악을 행하며 악을 지었나이다(6절)." 조상들의 죄를 비웃는 대신 조상들이 실패한 그 자리에 바로 자신이 서 있음을 직시하는 것, 이것이 역사를 되짚어본 사람이 깨달아야 할 진리입니다. 이스라엘의 행적을 읽으며 그 기록 속에 자신의 모습이 보인다면 그 때 비로소 우리는 기도할 수 있습니다. "주의 택하신 자가 형통함을 보고 주의 나라의 기쁨을 나누어 가지게 하사 주의 유산을 자랑하게 하소서(5절)." 예루살렘이 불타고 성전이 무너지며 백성들이 이국땅 포로로 끌려가는 초유의 재난을 바라보면서도 시인이 하나님의 긍휼을 의지할 수 있었던 이유입니다. "여호와 우리 하나님이여 우리를 구원하사 여러 나라로부터 모으시고 우리가 주의 거룩하신 이름을 감사하며 주의 영예를 찬양하게 하소서(47절)."

❗ 적용하기

1. 하나님께서 하신 일들을 잊어버리는 영적 건망증을 앓고 있지는 않습니까?

2. 조상들의 범죄를 회개하는 자세를 오늘 우리에게 적용할 수 있습니까?

🙏 오늘의 기도

주 하나님의 영광을 늘 선포하게 하시고, 주께서 내게 베푸신 은혜와 사랑을 잊지 않고 감사하게 하소서.

시편 107:1-43

찬송 289장

주야로 묵상할 말씀

"그가 사모하는 영혼에게 만족을 주시며 주린 영혼에게 좋은 것으로 채워주심이로다" (107:9)

이 시는 "여호와의 속량을 받은 자들" 즉 바벨론 포로생활에서 풀려난 후 자발적으로 본국에 돌아온 귀향민들의 노래이며, 모든 그리스도인들에게 감사시의 모범이 되어 주는 장엄한 시입니다. 감사시의 구조 속에 포함된 한 가지 특이점은 이스라엘의 과거를 회상함으로써 성도가 살아갈 길을 깨닫도록 촉구하는 지혜전승의 흐름입니다. 죄의 결과로 하나님의 징계를 초래한 이들은 "미련한 자들"이며(17절), 시인은 인생사에는 풍랑과 위기가 닥치게 마련이고 하나님은 생사와 운명을 주관하시는 분이라는 가르침들을 준 뒤 "지혜 있는 자들은 이러한 일들을 지켜보고 여호와의 인자하심을 깨달으리로다"라는 훈계로 마무리합니다(43절). 형태상 이 시를 지혜시로 보긴 어렵지만 범죄로 인한 징계와 고통, 회개와 구원의 순환구조를 43절에 걸쳐 파노라마처럼 보여준 이 시를 통해 주의 백성이 자신을 돌아보고 각성하여 지혜를 얻는 것은 지극히 자연스러운 반응일 것입니다.

하나님의 구원역사는 "이에 그들이 근심 중에 여호와께 부르짖으매 그들의 고통에서 건지셨다"는 핵심구절에 요약됩니다. 그들은 광야에서 구출되었습니다. 갈 곳을 몰라 방황하고 주리고 목말라 신음하던 이스라엘입니다(4-6절). 하나님께서 그들을 구출하시고 길을 인도하여 살만한 곳으로 이끄셨습니다(7절). 출애굽은 이스라엘이 하나님의 인자하심과 능력을 조우한 원초적 경험이며, "사모하는 영혼에게 만족을 주시고 주린 영혼에게 좋은 것을 채우시는(9절)" 구원의 원형입니다. 따라서 "세상 죄를 지신 유월절 어린 양" 그리스도를 믿어 구원받은 우리는 바로 지금 이 시편의 내용을 육화하는 삶을 살고 있다고 하겠습니다.

하나님의 구원은 경험한 이들도 "하나님의 말씀을 거역하며 지존자의 뜻을 멸시"한다면 죄의 굴레를 벗을 수 없습니다(10-11절). 하나님께서 그들에게 고난과 고통을 주어 깨우치시면(12절), 그들이 환란 중에 주의 자비를 구해 부르짖게 되고(13절) 하나님께서 응답하셔서 그들을 풀어주시고 구원해 주십니다(14-15절). 이 친숙하고도 슬픈 패턴을 벗어나기를 바라는 이들은 하나님이 어떤 분이신지를 주목해야 합니다. "그 주민의 악으로 말미암아" 옥토를 염전이 되게 하시는 하나님께서는 광야를 호수로, 마른 땅을 샘물로 바꾸시며(33-35절), 교만한 자들은 황야에 유리하게 하시고 억눌린 자는 구원해 주시는 분이십니다(40-42절). 세계를 뒤집어엎어서라도 당신의 공의를 펼치시는 것이 하나님의 인애입니다! 역사와 현실을 지켜보며 이것을 깨닫는 이가 복됩니다. 이 하나님이 오늘도, 변함없이, 다스리십니다. 할렐루야.

❗ 적용하기

1. 주린 영혼을 채우려는 사모함이 내 안에 있습니까?

2. 고통을 당해야 돌이키고 순종하는 악순환을 끊어내기를 원하십니까?

🙏 오늘의 기도

주의 백성이 겪은 모든 일들을 통해 어리석은 제가 깨달을 수 있도록 교훈해 주심을 감사합니다. 잘 배우는 종이 되어 하나님 뜻을 받들도록 허락하소서.

108

시편 108:1-13

찬송 460장

주야로 묵상할 말씀

"우리가 하나님을 의지하고 용감히 행하리니 그는 우리의 대적을
밟으실 자이심이로다" (108:13)

이 시는 "다윗의 찬송시"라는 표제답게 가슴 벅찬 찬송으로 시작됩니다. "하나님이여 내 마음을 정하였사오니 내가 노래하며 나의 마음을 다하여 찬양하리로다. 비파야, 수금아, 깰지어다. 내가 새벽을 깨우리로다. 여호와여 내가 만민 중에서 주께 감사하고 뭇 나라 중에서 주를 찬양하리이다(1-3절)." 여기에서 이 시가 멈췄더라면 그야말로 순수한 찬송의 진수로 남았을 것입니다. 그런데 6절에 가면 시의 정서가 변합니다. 위기상황에서 나오는 긴박감과 간절함이 가득 담긴 어조로 구원을 요청하는 것입니다: "주께서 사랑하시는 자들을 건지시기 위하여 우리에게 응답하사 오른손으로 구원하소서." 주의 오른손은 하나님의 힘을 나타내는 표현으로서 전쟁에서 이스라엘을 도와 승리하게 해달라는 요청에 등장하곤 하는데, 11절을 보니 그들이 처한 상황이 명확해집니다: "하나님이여 주께서 우리를 버리지 아니하셨나이까. 하나님이여 주께서 우리의 군대들과 함께 나아가지 아니하시나이다." 주닏이 우리를 버리신 것 같다. 주님께서 우리 진군행렬에 동행하지 않고 계신다." 어떤 방식으로 그들이 이러한 상황인식에 도달했는지 궁금해집니다. 과거의 패전을 되새기면서 그 때는 하나님이 안 도와 주셔서 진 것이라 말하는 일종의 학습된 반응이었는지, 아니면 객관적 상황으로는 져야할 이유가 없는데 자신들의 영적인 상태가 좋지 않다는 어떤 기류를 느꼈기 때문인지 말입니다. 그들이 12절에 "우리를 도와 대적을 치게 하소서 사람의 구원은 헛됨이니이다"라고 고백한 것을 보면, 그들은 지원군의 파병으로 해결될 수 없는 좀 더 깊은 문제를 의식하고 있었다고 보입니다. 이스라엘은 출애굽 후 가나안정복전쟁에서 그것을 뼈저리게 체험한 일이 있습니다. 난공불락, 감히 꿈꿔볼 수 없었던 상대 여리고는 하나님 말씀대로 순종하자 무너져 버렸지만, 여리고에서의 승리에 도취해 하나님의 뜻을 구하지 않고 "제까짓 것들" 하며 공성했던 아이성에서는 참패와 도주라는 치욕을 겪었습니다. 이스라엘 자손 중 아간이 불순종한 일로 진노하신 하나님께서 그들과 함께하지 않았던 것입니다. 이 사실을 안 이스라엘은 전쟁에 임하면서 자신들을 점검해보았습니다. 병력과 군수물자가 든든해도, 동맹군이 지원을 약속했어도 "사람의 구원"은 헛되다는 것을, 오직 하나님이 함께 하셔야만 이길 수 있다는 고백을 드린 후 그들은 출정을 외쳤습니다: "우리가 하나님을 의지하고 용감히 행하리니 그는 우리의 대적들을 밟으실 자이심이로다(13절)." 우리도 인생의 싸움에서 이기려면 자신의 능력, 가용자원, 도와줄 수 있는 원군이 다 필요합니다. 그러나 하나님이 함께 해 주시지 않으면 "인간의 구원"은 다 허무합니다. 부디 우리는 이 진리를 잊지 않기를!

❗ 적용하기

1. 하나님의 광대하심을 묵상하며 감탄하는 경험을 자주 가져 보십시오.

2. 나보다 강한 적을 맞서 싸우기 위해 오늘 무엇이 필요합니까?

🙏 오늘의 기도

나의 적은 강하고 내 힘은 약하지만, 오대양 광활한 바다를 목욕통으로 여기시는 광대한 주님과 연합하여 싸울 때 승리를 주실 줄 믿습니다.

시편 109:1-31

찬송 357장

주야로 묵상할 말씀

"그 죄악을 항상 여호와 앞에 있게 하사 그들의 기억을 땅에서 끊으소서" (109:15)

시편 곳곳에서 우리는 환호와 흐느낌을 여과 없이 쏟아 놓는 시인을 마주합니다. 슬픔은 종종 분노를 동반하고, 극악한 가해자를 향한 분노는 우리가 저주라고 부르는 감정으로 전이되기도 합니다. 오늘 109편은 그러한 분노와 저주의 정서를 노골적으로 쏟아놓고 있는 시입니다. 시인에게 억울한 고통을 준 가해자는 그저 악행을 저지르는 불량배나 범죄자가 아니라 시인의 사랑을 증오로, 선행을 악형으로 돌려준 배반자입니다(4-5절). 배신당하는 것은 사람에게 가장 힘든 경험 중 하나입니다. "나는 사랑하나 그들은 도리어 나를 대적하니 나는 기도할 뿐이라(4

절)." 나는 기도할 뿐이라… 얼마나 고통스런 심정입니까. 믿고 아끼던 이에게 배신을 당하면 분노나 슬픔을 넘어 절망감을 느끼게 됩니다. 바로 그 지점에 오늘 본문이 있습니다. 시인은 그 가해자가 하나님의 처벌을 받게 되기를 원하고 있습니다. 그런데 그 처벌의 내용이 우리 상식과 기대를 넘어섭니다. "악인이 그를 다스리게… 그의 기도가 죄로 변하게 하시며, 그의 연수를 짧게 하시며 그의 직분을 타인이 빼앗게 하시며, 그의 자녀는 고아가 되고 그의 아내는 과부가 되며, 그의 자녀들은 유리하며 구걸하고 그들의 황폐한 집을 떠나 빌어먹게 하소서 … 그에게 인애를 베풀 자가 없게 하시며 그의 자손이 끊어지게 하시며 후대에 그들의 이름이 지워지게 하소서(6-13절)." 시인은 왜 이토록 무서운 언사를 입에 담았을까요. 첫째, 가해자가 하나님의 진노를 일으켰기 때문입니다. "그가 인자를 베풀 일을 생각하지 아니하고 가난하고 궁핍한 자와 마음이 상한 자를 핍박하여 죽이려 하였기 때문이니이다(16절)." 가난하고 궁핍한 자는 하나님이 특별히 돌보시는 약자입니다. 그들을 이유 없이 미워하고 핍박과 죽음으로 내몬다면, 하나님께서 신원하여 주십니다. 둘째, 가해자의 타락이 이미 회복불능의 상태였습니다. "그가 저주하기를 좋아하더니 그것이 자기에게 임하고, 저주하기를 옷 입듯 하더니 저주가 물 같이 그의 몸속으로 들어가며 기름같이 그의 뼈 속으로 들어갔나이다(17-18절)." 따라서 시인은 악인의 회개가 아닌 철저한 좌절을 바랍니다. 시인의 "저주"는 그 본질상 증오에서 비롯된 저주이기보다는 가해자의 악행에 대한 공분이며 그 악의 힘이 약자들을 삼키지 못하도록 주의 도우심을 구하는 호소입니다. 그런 전제 위에 서 있기에 시인은 악인의 몰락을 가리켜 "나의 대적들이 여호와께 받는 보응"이라고 갈

파한 것입니다(20절). 그리스도인으로서 우리는 하나님의 공의로움이 세상을 다스리기를 갈망해야 합니다. 주 예수께서 거룩한 성전을 사적 이익의 도구로 타락시킨 종교지도자들을 향해 섬뜩한 "저주"를 퍼부으신 것을 기억한다면 우리도 시편 109편을 사적인 증오와 복수심을 담는 도구가 아니라 주의 나라와 그 의를 구하는 심령의 고백으로 사용할 수 있을 것입니다.

❗ 적용하기

1. 당신 안에 공분을 일으키는 이는 누구이며 무엇 때문에 그렇습니까?

2. 악을 심판하시는 하나님을 믿고 악과 싸우십시오.

🙏 오늘의 기도

세상에 악한 자가 너무 많습니다. 의로우신 재판장이신 하나님, 그들을 공의로 심판하여 그들의 오만한 웃음을 통곡으로 바꾸어 주소서.

110

시편 110:1-7

찬송 574장

주야로 묵상할 말씀

"주의 권능의 날에 주의 백성이 거룩한 옷을 입고 즐거이 헌신하리
니 새벽이슬 같은 주의 청년들이 주께 나오는도다" (110:3)

모든 시편에 하나님의 신비가 묻어 있다면 오늘 이 시편은 그 신비 속에 잠겨 있다고 해야 할 것입니다. 다윗이 "내 주"라 부른 분이 누구인지, 그 분을 향해 "내가 네 원수들로 네 발판이 되게 하기까지 너는 내 오른 쪽에 앉아있으라"고 하신 뜻은 무엇인지, 멜기세덱이 누구이며 그의 서열을 따른 제사장이란 의미가 무엇인지 등이, 본문의 해석과 번역 자체가 어려운 3절에서 새벽과 "젊음/젊은이"의 의미가 무엇인지 등이 모두 베일에 가려져 있기 때문입니다. 교회의 전통은 이 시가 메시아 그리스도를 예시한다고 이해합니다. 하나님의 계획 속에 때가 차면(갈 4:4) 하나님께서 메시아를 보내시고 주 백성의 왕으로 삼으실 것과 그를 믿고 따르는 주의 백성들이 갈수록 번성할 것을 예언해 주신 말씀이란 뜻입니다.

그리스도는 하나님께서 "멜기세덱의 서열을 따라" 세우신 제사장입니다(4절). 멜기세덱은 아브라함이 가나안 도시국가들 간의 분란에 휘말려 납치되었던 조카 롯을 구출하고 돌아오는 길에 만난 인물입니다(창 14장). 살렘 왕이자 "지극히 높으신 하나님"의 제사장이었던 멜기세덱은 롯을 구출해 돌아온 아브람을 하나님의 이름으로 축복했고, 아브람은 그에 대한 보답으로 멜기세덱에게 십일조를 드렸습니다. 다윗이 예루살렘을 접수하고 그의 아들 솔로몬이 그곳에 성전을 세워 하나님께 봉헌하는 제사를 드린 것은 (예루)살렘의 통치자였던 멜기세덱의 왕-제사장직을 다윗 왕조가 계승한 셈입니다. 히브리서 7장이 멜기세덱을 메시아의 직함인 "평강의 왕"으로 부르고, 부모도 족보도 인척도 없이 "하나님의 아들과 같아서 항상 제사장으로" 섬기고 있다고 묘사한 것은 그가 "다윗의 자손으로 오신 이" 그리스도의 예표였다는 강력한 증거가 됩니다. 따라서 여전히 풀리지 않은 비밀들에도 불구하고 이 시편의 메시지는 분명합니다. 왕과 제사장의 권능을 한 몸에 지닌 참된 통치자가 도래해서 "제사장 나라이자 거룩한 백성(출 19:6)"인 이스라엘을 이끌어 그 사명을 이루게 될 것입니다. 예수께서 유다 땅에 오셨을 때 백성들은 그분을 알아보지 못했습니다. 그분의 말씀과 행하신 일들을 보고도, "세상 죄를 지고 가는 하나님의 어린 양"으로 소개된 그분이 유월절에 십자가에 달리시고 삼일 만에 다시 살아나셨어도 그분을 알아 본 사람은 적었습니다. 그러나 그분이 다시 오시는 날은 형편이 다를 것입니다. "주의 권능의 날"은 심판의 날입니다. 그리스도께서 진노하시는 그 날은 "왕들을 쳐 깨뜨리는 날(9절)이며 "뭇 나라를 심판하여 시체로 가득하게 하시고 여러 나라의 머리를 쳐서 깨뜨리시는" 두려운 날입니다. 그러나 그 심판의 날에도 거룩한 옷을 입은 주의 백성은 여전히 주님을 환영하고 그 곁에서 헌신할 것입니다. "새벽 이슬 같도다! 주 앞으로 나아오는 주의 청년들이여!"(3절)

❗ 적용하기

1. 구원자 그리스도의 사랑만큼 심판주 그리스도의 권능에 대해서도 묵상해 봅시다.

2. 하나님 앞에 즐거이 헌신하는 대열에 오늘도 참여하고 있습니까?

🐝 오늘의 기도

열국을 다스리고 심판하실 그리스도의 권능을 알게 하시고, 그와 함께 왕 노릇할 우리의 사명을 생각하며 오늘도 세상에 대한 거룩한 책임을 다하게 하소서.

시편 111:1-10

찬송 15장

주야로 묵상할 말씀

"그의 손이 하는 일은 진실과 정의이며 그의 법도는 다 확실하니"
(111:6)

이 시편은 짧지만 정교하고 아름답습니다. 주님을 찬양하라는 초대가 시작과 끝에 배치되어 수미쌍관의 대칭을 이루고(1, 10절), 각 절이 둘로 나뉘는 반절 단위로 첫 단어들의 머리글자가 히브리어 알파벳 순서를 따라 배치되어 있습니다. 전체적으로 형태와 내용은 찬양시인데 마지막 절에서는 지혜시의 면모를 확실히 보여주고 나서 찬양의 초청으로 결말을 짓는 구성이 특이합니다: "여호와를 경외함이 지혜의 근본이라 그의 계명을 지키는 자는 다 훌륭한 지각을 가진 자이니 여호와를 찬양함이 영원히 계속되리로다(10절)." 구사하는 시적 기법과 주제, 표현의 유려

함, 그리고 지혜전승의 사용으로 보아 이 시는 성전의 제의뿐 아니라 하나님에 관해 가르치는 신앙교육을 위해서도 사용되었을 것으로 보입니다.

하나님은 위대하십니다. 그가 하신 일들을 기뻐하는 이들은 그 일들을 숙고합니다("기리는도다," 2절). 우리가 구원의 메시지인 성경과 더불어 하나님의 구원역사가 이루어지는 무대인 사회와 역사도 잘 이해한다면 복음사역에 큰 유익이 될 것입니다. 하나님은 구원하십니다. 하나님은 자기 백성에게 너그러우십니다. 자기를 경외하는 자들에게 양식을 주시는 것은 물론(5절), 여러 나라의 기업을 이스라엘에게 허락하시고(6절), 죄 가운데서 속량해 주십니다(9절). 하나님은 신실하십니다. 이스라엘을 이처럼 사랑하고 돌보시는 하나님의 동기에 대해 본문은 별다른 말을 하지 않습니다만, 유일한 연계점이 있다면 하나님께서 이스라엘과 더불어 맺은 언약의 중요성입니다. 본문에는 하나님을 경외하는 이들을 위해 양식을 주시는 행동이 언약을 기억하신 것과 나란히 언급되고(5절), 자기 백성을 구원하신 것 역시 언약과 연결됩니다(9절). 자신의 영광을 걸고 맺으신 언약이기에 그 언약을 어기시지 않고 자기 백성을 위해 크고 놀라운 일을 행하시는 하나님, 우리가 믿는 분이 그 하나님이시기에 우리는 안심할 수 있습니다. 주께서 하시는 일들은 존귀하고 엄위합니다(3절). 그의 손으로 하시는 일은 진실과 정의이며 그 법도는 모두 확실합니다(7-8절). 이 구절들은 모두 하나님의 성품에 대해 말하고 있습니다. 변함없고 신실하신 분, 자신이 맺은 언약을 영원히 기억하고 지키시는 분이 우리 하나님이십니다. 과연 그분은 "거룩한 분," "지존하신 분"이십니다. 이처럼 위대하신 하나님을 묵상하면 그분을 향한 경외심이 일어나게 마련입니다. 그래서 시인의 마음은 여호와 경외로, 다시 지혜의 영역으로 펼쳐져 갑니다. "여호와를 경외함이 지혜의 근본이라 하나님의 계명을 지키는 자는 다 훌륭한 지각을 가진 자이니 여호와를 찬양함이 영원히 계속되리로다(10절)." 이 지각 즉 판단은 학자만을 위한 것이 아니라 하나님을 향해 마음이 열려 있는 모든 이에게 주어집니다. 여호와를 경외하는 자가 누리는 복을 놓치지 맙시다.

❗ 적용하기

1. 하나님에 관해 알고자 하는 순수한 열망이 내게 있습니까?

2. 문제가 많은 세상이지만 여전히 하나님의 지혜와 공의를 믿습니까?

🙏 오늘의 기도

주의 말씀을 묵상하고 주께서 하신 일들을 연구하여 당신의 아름다움과 경이로움을 새롭게 알게 하소서.

112

시편 112:1-10

찬송 384장

주야로 묵상할 말씀

"정직한 자들의 후손에게 복이 있으리로다" (112:2)

콩 심은 데 콩 나고 팥 심은 데 팥 난다, 뿌린 대로 거둔다... 우리는 어떤 형태로든지 도덕적 인과율을 믿고 삽니다. 아니, 믿어야만 살 수 있습니다. 불공평한 세상, 망할 세상이라고 욕하는 사람들도 인과율이 전혀 작동하지 않는다고 생각하지는 않습니다. 시편도 마찬가지여서, 의인이 고통당하고 악인이 득세하는 현실을 바라보며 자괴감과 씨름하는 시인도 여전히 하나님이 세상의 주재가 되셔서 악인을 벌하고 의인을 상 주신다는 믿음을 붙들고 있는 것을 봅니다. 오늘 시편은 그와 같은 믿음을 특히나 직설적이고 강하게 표현하고 있습니다. 하나님을 경외하고 그의 계명을 크게 즐거워하는 자가 복됩니다. 그들의 후손은 땅에서 번성하고 복을 누립니다. 이러한 축복은 일시적이 아니라 항구적인 것이며, 의인의 인생은 대대로 흔들림이 없고 그들의 기억, 즉 명예는 소멸되지 않습니다. 이것은 놀라운 선언입니다. 자신과 주위 사람들의 살아가는 모습을 보고 경험적으로 이러한 결론에 도달하기란 참으로 어려울 것입니다. 따라서 이 시편에 그려진 의인의 궁극적 행복은 현실 다큐의 결론이기보다는 시인이 깊은 믿음에서 길어 올린 신앙고백이라 해야 할 것입니다. 의인의 자리에 서서 체험과 확신과 상상력을 총동원해 그려낸 "의인의 행복도"는 신앙의 동지의식을 가진 독자에게 공감을 불러일으킵니다. 이 시편에서 의인이 모습에 자신을 대입해 볼 수 있는 사람은, 그래서 진정 복된 사람입니다.

궁극의 복락을 허락받은 의인은 오늘의 현실에서 어떤 모습으로 살아야 할지 생각할 필요가 있습니다. 의인의 특징은 무엇입니까? 하나님을 향한 믿음이 확고하기에 세상에 떠돌아다니는 소문에 흔들리거나 두려워하지 않습니다(7절). 참으로 함축적인 표현입니다. 교회에 열심이어서 "믿음 좋은" 성도 소리는 듣지만 스스로의 주관 없이 흘러 다니는 루머와 편견에 휘둘려 살아가는 모습들은 우리를 슬프게 합니다. 진리에 의지하고 배움과 기도에 힘쓰면 우리의 생각이 견실하고 소신이 확고해질 것입니다. 이러한 사람이 끝까지 견뎌 승리하고 악인들의 몰락을 보는 반면(8절), 악인들은 이를 갈며 소멸되고 그들의 욕망은 사라집니다(10절). 시편 1편에서 의인은 시냇가에 심긴 우람한 나무처럼 견고하지만 악인은 바람에 날아가는 겨와 같아 그들의 길은 "망한다" 했습니다. 그 "망함"이 오늘 본문의 "사라짐"입니다. 흔적 없이 의미 없이, 기억해 주는 이 없이 사라지는 악인의 길은 허무이고 허탈입니다. 의로운 길은 좁은 길입니다. 고난과 핍박이 있고 때로는 생명을 앗길 수도 있습니다. 그러나 이인이 이 땅에서 장수하든 단명하든 의인에게 주어질 명예는 영속적이니, 그 길을 따른 자가 어찌 손해를 본다 말하겠습니까.

❗ 적용하기

1. 믿음으로 사는 의인을 하나님께서 돌보신다는 믿음이 있으십니까?

2. 편견 아닌 소신으로 살려면 평소에 어떤 훈련이 필요합니까?

🙏 오늘의 기도

정직한 자와 그 후손에게까지 복을 주시는 하나님, 의의 대가로 치르는 잠시간의 어려움을 이기고 의의 길을 떠나지 않도록 힘을 주소서.

113

시편 113:1-9

찬송 20장

주야로 묵상할 말씀

"여호와 우리 하나님과 같은 이가 누구리요" (113:5)

　이 시는 짧지만 하나님의 위대하심에 관한 지극히 큰 찬양을 담고 있습니다. 하나님은 높으십니다. 모든 나라보다 높으시고, 하늘보다 높으시고, 어떤 이상 신념 우상들보다 높으십니다. "여호와 우리 하나님과 같은 이가 누구리요!" 하나님을 만나고 바로 알고 나면 그 누구라도 이렇게 고백할 수밖에 없습니다: "그분 같은 분? 없지!" 하나님은 나라들보다 높으십니다. 국가의 위력은 대단합니다. 내가 택하지 않았어도 날 때부터 한 나라에 속해 있고, 그 나라가 정한 법을 따라야 합니다. 내 마음에 안 든다고 물건 환불하듯 국적을 바꾸지도 못합니다. 내 일상 순간 순간이 나와 의논한 적 없는 국가의 결정이라는 것에 의해 휘둘립니다.

그런데, 그 어떤 대국 강국보다 더 높으신 분이 하나님이십니다. 그분은 자연의 위엄을 능가합니다. 그랜드 캐년, 히말라야 산맥이나 북극의 오로라가 아무리 신비하고 웅장하다 해도 그들은 하나님의 발등상도 되지 못합니다. 그 모든 것을 말씀 한 마디로 지으신 분이 하나님이시 않습니까. 하나님은 신들보다 높으십니다. 크고 작은 잡신들 사단의 졸개들만이 아니라 사람이 상상하고 지어낸 모든 "신적 존재"들과는 전혀 다른 존재입니다. 하나님은 비할 데 없이 위대하십니다. "누가 우리 하나님 같으리요!"

그런데 놀랍게도 그 하나님께서 스스로를 낮추시고 우리에게로 내려오셨습니다. 사람은 본능적으로 신성(divinity)을 원합니다. 종교들은 수양, 정진, 묵상, 선행을 통해 궁극에는 사람더러 신이 되라는 메시지를 전합니다. 마귀가 에덴동산에서 했던 말, 너희가 눈이 밝아지고 하나님처럼 될 것이다, 바로 그 유혹입니다. 그러나 복음은 종교가 아닙니다. 종교가 "이리로 올라오라!"고 한다면 우리 하나님은 "내가 그리로 가마!"라고 말씀하십니다. 이것이 기독교의 본질인 은혜의 원리이며 성육의 신비, 낮아짐의 비밀입니다. 빌립보서 2장 그리스도의 찬가는 그분을 "하나님과 동등하시지만 그 영광을 자신의 것이라 여기지 않으시고 자신을 낮추어 사람들과 동등해지시고, 자신을 낮추시어 죽기까지 복종하신 분"이라 묘사합니다. 인간을 구하기 위해 자신을 낮추다 못해 십자가에서 죽으신 하나님. 우리 하나님과 같은 존재는, 단연코 없습니다.

이 하나님께서 우리는 높여 주십니다. "높은 곳에 앉으셨지만 스스로 낮추고 연약한 자를 일으켜 세우시고 미천한 자를 지도자로 높여 주시는 분, 불임의 고통을 진 여인들에게 출산의 기쁨을 주시는 분"이 그분이십니다. 이 높여주심의 그림이 얼마나 아름답습니까. 이 하나님을 어찌 찬양하지 않을 수 있습니까. 이제부터 영원까지, 해 돋는 데부터 해 지는 데까지 그분의 이름이 찬양받기를 원합니다. 할렐루야.

❗ 적용하기

1. 우리를 위해 감내하신 하나님의 낮추심에 대해 묵상해 보십시오.

2. 낮은 우리를 "거름더미에서 들어 세워" 높여주신 경험을 나눠보십시오.

🙏 오늘의 기도

하나님의 위대하심을 생각해보지 않고 살아가는 우리들입니다. 주님 영광의 놀라움과 그 높은 곳에서 우리를 위해 낮은 곳에 임하여 주신 은혜를 깨달아 감사하게 하소서.

114

시편 114:1-8

찬송 21장

주야로 묵상할 말씀

"땅이여 너는 주 앞 곧 야곱의 하나님 앞에서 떨지어다" (114:7)

출애굽 사건의 뜻을 묵상한 아름다운 시입니다. 출애굽을 언급한 시는 물론 많이 있습니다만, 114편은 여타 시들처럼 이스라엘의 해방에 초점을 맞추는 대신 하나님의 권능과 영광을 마주대한 피조세계의 반응에 주목하고 있다는 점에서 무척 특별합니다. "바다가 보고 도망하며 요단은 물러갔으니 산들은 숫양들같이 뛰놀며 작은 산들은 어린 양들같이 뛰었도다(3-4절)." 홍해가 열린 사건을 "하나님께서 홍해를 가르셨다"거나 "이스라엘이 좌우에 도립한 물 벽 사이로 마른 땅을 걸었다"고 묘사하는 대신 "바다가 보고 도망(후퇴)했다"고 적은 시인과 공감해 봅니다. 자연계의 피조물들이 창조주를 인식하고 찬양한다는 생각은 의인화의 수사법으로 여기기에는 성경에 너무 자주 구체적으로 등장하는데, 대표적인 예가 시편 19편일 것입니다. "하늘이 하나님의 영광을 선포하고 궁창이 그의 손으로 하신 일을 나타내는도다. 날은 날에게 말하고 밤은 밤에게 지식을 전하니 언어도 없고 말씀도 없으며 들리는 소리도 없으나 그의 소리가 온 땅에 통하고 그의 말씀이 세상 끝까지 이르도다(19:1-4)." 인간의 언어도 기록된 말씀도 갖지 않은 피조물들이 서로 소통하는 가운데 하나님의 소리와 말씀은 땅 끝까지 전달되고 있습니다. 우리가 잘 아는 대로 동물들은 인간이 듣지 못하는 주파수의 소리를 듣습니다. 돌고래들이 주고받는 신호는 우리 귀에는 너무 낮고, 박쥐들이 주고받는 신호는 너무 고음이어서 못들을 뿐입니다. 지구의 자전도, 은하계의 나선운동도 다 소리를 냅니다. 거대한 우주가 숨쉬고 움직이며 내는 원대한 교향곡의 풀 레인지를 다 들을 수 있는 귀는, 오직 하나님만 갖고 계실 것입니다. 하나님이신 그리스도께서도 피조물의 소리를 들으셨습니다. 십자가를 지시기 위해 예루살렘에 입성하시는 예수님을 제자들이 환영하며 찬송을 불렀습니다. "찬송하리로다 즈의 이름으로 오시는 왕이여 하늘에는 평화요 가장 높은 곳에는 영광이로다!" 이 찬송을 들은 바리새인들이 제자들을 막으라고 예수님께 요구하자 예수님이 말씀하십니다: "만일 이 사람들이 침묵하면 돌들이 소리지르리라!(눅 19:37-40)" 돌들이 소리지르리라, 그렇습니다. 사람들이 몰랐을 뿐이지 돌들은 이미 주재요 구주이신 그리스도를 알아보았고, 환영의 노래를 부를 준비가 되어 있었습니다. 사람들이 못 들을 뿐이지요.

출애굽의 놀라운 현장에 증인으로 있었던 피조물들은 환호성을 올렸습니다. 하나님의 능력의 시연 앞에서 기뻐 뛰놀그 두려워 물러가기도했습니다. 시인은 외칩니다. "땅이여 너는 주 앞 곧 야곱의 하나님 앞에서 떨지어다!" 오늘 우리는 응답해야 합니다. 바다가 도망하고 땅이 떨던 권능의 보좌를 버리시고 우리를 위해 가장 작은 자가 되어 오신 분, 우리를 위해 자신의 모든 것을 내어 주신 그분께서 우리를 부르고 계시기 때문입니다.

❗ 적용하기

1. 하나님의 위엄을 묘사한 시적 표현 중 무엇에 가장 공감이 갑니까?

2. 살면서 내 삶에 하나님의 권능이 강력하게 드러난 일은 무엇이었습니까?

🙏 오늘의 기도

바다가 도망하고 짐승들이 뒷걸음치며 땅이 떨어야 할 당신의 영광을 가벼이 여기지 않도록 제 안에 경건한 두려움을 일깨워 주소서.

시편 115:1-18

찬송 29장

주야로 묵상할 말씀

"여호와여 영광을 우리에게 돌리지 마옵소서. 주의 이름에만 영광을 돌리소서" (115:1)

이 시편의 첫 절은 참으로 신선하고 충격적입니다. "우리에게는 말고 주님께만. 영광을 돌리소서. 주의 은총과 진실하심 때문에만!" 대한민국 국민들은 열심을 넘어 만성피로 자기학대 수준에 이르는 노동에 시달린 지 오래 됐습니다. 왜 그리 일하느냐 물으면 "먹고 살자고," "돈 좀 모아 보자고"라는 대답을 흔히 하지만 돈을 모아도 만족해하고 쉬지는 못합니다. 출세를 하면 행복할 것 같았지만 지위가 올라가도 만족이 없습니다. 돈도 지위도 가진 이들은 좀 더 고상해 보이는 사회적 존경과 명예를 향해 달립니다. 하지만 명예를 얻는 것이 쉽지 않으니 그것을 차지하기 위해 경쟁하고 싸우고 죽는 딱한 모습이 될 뿐입니다. 이런저런 상을 받고 무슨무슨 자리를 얻기 위해 별별 짓을 다합니다. 하늘을 바라보고 일해야 할 교회에서도 직분을 놓고 어처구니없는 일들이 많이 벌어집니다. 명예에 욕심이 나서 부당한 방법을 쓰다가 수치를 당하는 일이 얼마나 많은지 모릅니다.

그렇기 때문에 "영광을, 명예를, 우리에게 주지 마십시오!" 라는 시인의 요청이 참 귀합니다. 자신의 명예를 추구하지 않고 하나님의 영광을 원하는 사람은, 믿음의 성숙을 이룬 사람입니다. 시인은 성도의 신분을 이렇게 묘사합니다. "너희는 천지를 지으신 여호와께 복을 받는 자로다(15절)." 이것이 비밀입니다. 나는, 우리는, 천지를 지으신 여호와께 복을 받은 자들이다! 라는 고백을 확인하고 공유할 때 우리는 그분께 영광을 돌려드리고, 우리 자신의 영광을 향한 욕구로부터 풀려납니다. 하나님의 것을 하나님께 드린 사람은 땅의 것을 즐길 수 있습니다: "하늘은 여호와의 하늘이라도 땅은 사람에게 주셨도다(16절)." 하나님을 알고 자신을 아는 사람은 하나님께 인생을 맡기게 됩니다. 내 생각보다 하나님 생각이 중요하고, 내 힘으로 할 수 없는 것을 주께서는 하시기 때문입니다. 그래서 시인은 이스라엘에게 권면합니다. 세 번에 걸친 대창입니다: "이스라엘아 여호와를 의지하라 / 그는 너희의 도우심이요 너희의 방패시로다(9절)." "아론의 집이여 여호와를 의지하라 / 그는 너희의 도우심이요 너희의 방패시로다(10절)." "여호와를 경외하는 자들아 여호와를 의지하라 / 그는 너희의 도우심이요 너희 방패시로다(11절)." 이렇게 하나님을 인정하고 의지하는 사람을 주께서 버려두실 리 없습니다. 이스라엘을 위해 복을 주시고, 영적인 일에 헌신한 아론의 후손에게 복을 주시며, "높은 사람 낮은 사람을 막론하고 여호와를 경외하는 자에게 복을" 내리십니다(13절). 행복한 삶의 비밀은 단순합니다. 하나님을 인정하고, 믿고 따르면 주께서 복을 주십니다. 이 말씀을 믿고 그대로 살아가는 사람은 정말로 "천지를 지으신 여호와께 복을 받는 자"입니다.

❗ 적용하기

1. 내가 인정받으려다 하나님의 영광을 가리지 않으려면 어떻게 해야 할까요?

2. 어제보다 오늘은 하나님을 조금 더 의지하기 위해 구체적으로 훈련할 것은 무엇입니까?

🙏 오늘의 기도

헛된 욕심에 휘둘려 하나님의 영광을 가로채지 않게 하시고, 이 땅에서 내게 주신 분복을 감사하며 하나님을 의지하여 살게 하소서.

116

시편 116:1-10

찬송 304장

주야로 묵상할 말씀

"내게 주신 모든 은혜를 내가 여호와께 무엇으로 보답할까" (116:12)

하나님, 사랑합니다! 라고 찬양하는 성도에게 왜 하나님을 사랑하느냐고 물으면 대답이 제각각일 것입니다. 오늘 116편의 시인은 "하나님께서 내 음성과 내 간구를 들으시니까"라고 대답했습니다(1절). 난 아빠가 좋아! 하고 안기는 아들에게 왜 좋아? 하고 물으니 로봇 사줬으니까! 하고 대답하는 천진한 모습을 본 듯해 미소가 지어집니다. 우리가 하나님을 사랑하는 데 높고 깊은 신학적 이유가 있을 수 있겠지만, 이 시인의 고백만큼 솔직하고 정확한 답이 또 있을까요. 주님의 도움을 요청하고, 응답에 감사하며, 그래서 이 은혜를 어떻게 갚을까 자문하는 시인의 모습이 참으로 아름답습니다. 그의 인생이 순탄하고 유복했던 것은 아닙니다. "사망의 줄이 나를 두르고 스올의 고통이 내게 이르므로 내가 환난과 슬픔을 만났을 때에…" 이 한 줄의 묘사만 곰곰이 생각해보아도 등골이 서늘해집니다. 내가 이러다 죽겠구나. 이미 죽은 것과 같구나… 자신의 죽음이 현실적으로 가깝다 느낄 때 사람은 자신의 거짓 없는 실체를 보여주기 마련입니다. 더 살아야겠다고 발버둥치거나, 주먹을 흔들며 운명을 저주하거나, 마지막으로 이걸 해보고 저걸 갖고 싶다며 욕구를 드러내는 사람들도 있습니다. "사망의 줄이 나를 두르고 스올의 고통이 내게 이르므로 내가 환난과 슬픔을 만났을 때에…" 시인은 자신의 한계점 앞에서 무엇을 원했습니까? "내가 여호와의 이름으로 기도하기를 여호와여 주께 구하오니 내 영혼을 건지소서 하였도다(4절)." 위기에서 하나님을 찾은 시인은 인생의 대반전을 경험했습니다. "주께서 내 영혼을 사망에서, 내 눈을 눈물에서, 내 발을 넘어짐에서 건지셨나이다(8절)!" 하나님의 구원을 경험한 사람은 그저 죽음을 면하고 기진한 모습으로 앉아있을 수 없습니다. 자신의 내면을 향해 "내 영혼아, 네 평안함으로 돌아갈지어다. 여호와께서 너를 후대하심이로다"라고 선포합니다. 여기 시인이 "내 영혼아"라고 자기 내면에게 말하는 이런 독백 형식은 자신의 체험에 근거한 확신을 선포할 때 쓰입니다. "내 영혼아, 네 평안함으로 돌아갈지어다"라는 외침은 시인의 삶이 정상으로 돌아왔다는 선언이자, 위기를 넘어 더 깊은 믿음과 삶의 능력을 지니게 되었다는 자신감의 표현입니다. 우리도 크고 작은 위기를 통과할 때마다 이렇게 외치고 전진했으면 좋겠습니다. 또 하나, 시인은 자신의 기쁨과 감사를 사적인 영역에 머물게 하지 않습니다. 그의 소원은 자신의 경험을 성도들과 나누고 기쁨의 노래를 들려주며, 이전에 서원했던 바를 대중 앞에서 실행하는 것입니다(13-14절). 그 서원의 내용이 무엇인지 서원을 갚는 행동이 구체적으로 어떻게 "여호와의 모든 백성 앞에서" 표현되었을지 우리로선 알기 어렵지만, 그 마음만큼은 우리 삶에 적용할 수 있을 것입니다. 우리의 지극히 사적인 경험도 궁극적으로는 주님의 백성 모두의, 그리스도의 몸인 교회의 것이기 때문입니다.

적용하기

1. 하나님의 도우심을 받은 경험이 하나님을 사랑하는 마음으로 이어지고 있습니까?

2. 하나님께 감사한 마음을 어떤 방식으로 "모든 백성이 보는 앞에서" 표현하십니까?

오늘의 기도

성도의 눈물과 희생을 소중히 여기시는 하나님 아버지, 오늘도 우리에게 긍휼과 능력을 베푸셔서 주 앞에서 신실하게 세상 앞에서 담대하게 하소서.

117

시편 117:1-2

찬송 621장

주야로 묵상할 말씀

"우리에게 향하신 여호와의 인자하심이 크시고 진실하심이 영원함이로다 할렐루야" (117:2)

시편 117편은 시편에 수록된 150수의 시들 중 가장 짧습니다. 그러나 단 두 절로 이루어진 이 시는 찬양시가 보여주는 전형적 요소들을 모두 갖춘, 그야말로 찬양시의 모본이라 부를만한 시입니다. 성서학자들이 관찰해 정리한 찬양시들의 세 요소는 찬양으로의 초대, 찬양의 이유 제시, 찬양의 촉구입니다. 이 시를 분절해보면 찬양으로의 초대("너희 모든 나라들아 여호와를 찬양하며 너희 모든 백성들아 그를 찬송할지어다"), 찬양의 이유 제시("우리에게 향하신 여호와의 인자하심이 크시고 여호와의 진실하심이 영원함이로다"), 찬양의 촉구("할렐루–야" = 야웨를 찬양하라!)라는 세 부분으로 정확히 나눠집니다. 이것은 우리의 찬양과 기도에 관해 많은 것을 돌아보게 합니다. 우리는 종종 찬양을 감성적, 음악적으로 접근합니다. 손을 들라, 손뼉을 쳐라, 소리를 높이라, 기뻐 뛰라… 방식과 강도를 바꾸어가며 찬양-하라고 요구하고, 더 효과적으로 열정과 감동을 끌어내기 위해 무대의 기법들을 동원합니다. 그러나 정작 우리가 왜 찬양해야 하는가라는 이유를 깨달아 찬양이 솟아나도록 하는 데는 관심이 부족한 경우가 많습니다. 오늘 본문은 찬양의 이유를 "우리에게 향하신 여호와의 인자하심이 크시고, 여호와의 진실하심이 영원함"이라고 가르칩니다. 사업에 성공하고 아들이 명문대에 간 것도, 남편이 승진한 것도 찬양해야 할 타당한 이유이겠지만, 신앙공동체가 인자함과 진실함이라는 하나님의 인격과 본질을 마음에 담아 그것이 찬양의 이유라고 노래한 것을 보며 마음이 뭉클해집니다. 이스라엘의 번성기 때만 이 노래를 부른 것이 아니라면, 그들은 국운이 기울고 심지어 나라가 외적에게 짓밟힌 뒤에도 그 무참함을 딛고 주님 앞에 서서 "당신의 인자하심이, 비록 지금 우리 처지에서 그것을 보기 어렵지만, 참으로 큽니다!"라고 함께 기도했다는 뜻입니다. 한 공동체가 주님 앞에 나아와서 한 목소리로 "우리"라고 외치는 현장은 성스러운 시공입니다. 자신들의 삶 속에 찬양의 근거와 이유를 가졌다는 것은 참으로 크나큰 특권입니다. 우리 삶 속에서 찬양의 이유를 늘 확인하며 살고 예배하기를 원합니다.

놀랍게도 찬양에 동참하라는 1절의 권유는 이스라엘이 아닌 "모든 나라"에게 주어집니다. 회개하고 신앙고백을 하라, 어느 정도 기본은 닦은 후에, 성가대에 들어가라는 말이 아닙니다! 믿지 않는 열방의 만민을 향해 언약백성인 우리 자리로 어서 빨리 합류하라고, 모두 여호와를 찬양하라고, 그것도 주께서 "우리" 이스라엘에게 인자하셨기 때문이라며 요구할 수 있다는 것은 그만치 시인의 마음속에 열방을 향한 마음이 애틋해서일 것입니다. 신자들끼리만 나누는 찬양과 예배를 넘어서, 온 세상 사람들을 향해, 어서 성도의 자리에 나아오라고 외치는, 이 뜨거움을 식히지 말고 살아야겠습니다.

❗ 적용하기

1. 하나님의 인자하심과 진실하심 때문에 찬양하고 있습니까?

2. 인자하신 주님을 생각하면 주님을 믿지 않는 이들에게 전도할 마음이 일어나는지요?

🙏 오늘의 기도

당신의 인자와 진실하심을 먼저 누린 우리에게 감사를 가르치시고, 주의 이름이 땅 끝까지 알려져 모든 나라 모든 사람들이 주를 찬양하게 하소서.

118

시편 118:1-29

찬송 31장

주야로 묵상할 말씀

"여호와께 피하는 것이 고관들을 신뢰하는 것보다 낫도다" (118:9)

우리는 평소에 주님 믿고 살아간다 말하지만, 막상 해고, 실연, 교통사고처럼 우리 삶을 뒤흔드는 상황 속으로 던져졌을 때 정말 주님부터 찾기는 쉽지 않습니다. 이 시편을 쓴 시인은 그 과정을 통과했습니다. 원수들의 공격을 받았습니다. 상황은 급박했고 적은 압도적이었습니다. "뭇 나라가 나를 에워쌌으니 … 그들이 나를 에워싸고 에워쌌으니 … 에워쌌으니." 10절부터 12절에 에워싸다(포위)라는 단어가 네 번이나 나옵니다. 그러나 시인은 그 긴박한 탄식과 잇대어 한 호흡으로 이렇게 말합니다: "내가 여호와의 이름으로 그들을 끊으리로다!" 10-12절에 똑같은 문장이 세 번 반복됩니다. 그리고 그는 선언합니다: "너는 나를 밀쳐 넘어뜨리려 하였으나 여호와께서 나를 도우셨도다. 여호와는 나의 능력과 찬송이시오 또 나의 구원이 되셨도다(13-14절)." 얼마나 통쾌합니까. 살다보면 나를 밀쳐 넘어뜨리려는 사람을 만나게 됩니다. 안 만나면 좋겠지만, 그건 우리 마음대로 되는 일이 아닙니다. 내가 저지른 잘못 때문만도 아닙니다. 죄 없는 사람을 그냥 괴롭히는, 악한 사람도 있습니다. 우리는 그 상황에서 낙심하고 불평할 여유가 없습니다. 우리가 해야 할 일은 여호와께 피하는 것, 그에게 부르짖고 그를 신뢰하는 것, 그분의 이름으로 원수를 끊어내는 것, 그리고 승리주신 하나님을 높이는 것입니다.

시인의 경험은 시어가 되고 그 시는 시편에 들어와 우리 모두의 것이 되었습니다. "이제 이스라엘은 말하기를 / 그의 인자하심이 영원하다 할지로다," "이제 아론의 집은 말하기를 / 그의 인자하심이 영원하다 할지로다," "이제 여호와를 경외하는 자는 말하기를 / 그의 인자하심이 영원하다 할지로다." 인도자가 "이제 … 말하여라!" 외치면 온 회중이 천지가 울리도록 "그의 인자하심이 영원하도다!" 라고 화답하는 우렁찬 소리가 들리는 듯합니다.

유대교 전통에서 유월절 기념시로 쓰인 이 시의 깊은 의미는 그리스도의 생애와 사역을 통해 비로소 드러났습니다. 마지막 유월절을 앞두고 수난과 죽음을 위해 예루살렘에 드실 때 사람들은 "여호와의 이름으로 오는 자가 복이 있도다(26절)"는 말씀으로 환영했고(마 21:9), 호산나 ("구원하소서")를 외쳐 그의 구주되심을 고백했습니다: "여호와여 구하옵나니 이제 구원하소서(25절)." 예수께서도 포도원농부의 비유를 통해 자신이 메시아이심을 드러내시면서 "건축자가 버린 돌이 집 모퉁이의 머릿

돌이 되었다"는 22-23절 시구를 인용하셨습니다(마 21:42).

그렇습니다. 모든 시대의 성도들이 시편들을 통해 얻은 위로와 힘, 구원(구출, 건짐)은 궁극적으로 유월절 어린양으로 오셔서 세상 죄를 지신 그리스도 안에서 완성됩니다. 그를 믿고 모신 우리는 참으로 복된 사람들입니다.

❗ 적용하기

1. 당신이 원수들의 에워쌈을 실감하는 것은 어떤 상황에서입니까?

2. 호산나를 불러 주님을 환영했던 성도들처럼 그리스도를 모시는 경험을 하셨습니까?

🙏 오늘의 기도

옛적부터 오늘까지 변함없는 진리이기에, 우리 삶에 나타나 행하신 그대로이기에, 온 맘 다해 고백합니다: 당신의 인자하심이 영원합니다.

시편 119:1-56

찬송 366장

주야로 묵상할 말씀

"주의 종에게 하신 말씀을 기억하소서 주께서 내게 소망을 가지게 하셨나이다" (119:49)

　시편 119편은 그 자체로 하나의 소우주입니다. 다루는 내용은 방대하고 시학적 기술이 뛰어나며 형태상으로도 온갖 장르를 총망라하고 있습니다. 히브리어 알파벳 22글자의 순서를 따라 매 글자로 시작하는 시행 8절씩이 배열된 176절의 장문입니다. 이처럼 광대한 시적 건축물이 보여주려 하는 주제는 토라 즉 하나님 율법(말씀)의 위대함입니다. 토라를 다룬 시편 중 1편이 하나님의 말씀이 복된 삶의 근원이라는 프레임을 제시했고 19편이 피조세계에 드러난 하나님 말씀과 기록된 말씀을 연결해 보여주었다면, 119편은 보다 순수하게 하나님 말씀의 아름다움과 지혜로움, 생명을 살리고 사람을 변화시키는 그 능력을 노래하고 있습니다.

시인은 "복된 삶은 ... 하다"라는 메시지로 시작합니다. "행위가 온전하여 여호와의 율법을 따라 행하는" 사람(1절), 그리고 "여호와의 증거들을 지키고 전심으로 여호와를 구하는 자(2절)"가 복됩니다. 이 시에서 율법, 말씀, 증거, 계명, 법 등의 단어는 뜻과 느낌상 미묘한 차이점이 있지만 거의 동의어로 쓰이며, 두 시행은 표현과 내용의 평행적인 균형을 이루고 있습니다. 따라서 1-2절이 우리에게 전달하는 것은, 율법조항을 지키는 것과 하나님을 온 마음으로 찾는 것 그리고 올바른 삶을 사는 것은 서로 분리할 수 없는 하나의 실체라는 가르침입니다. 시인은 이 사상을 풍성한 실례를 들어 전개합니다. 주의 말씀에 주의하면 부끄러울 일을 피하고(6절), 행실을 정결히 하며(9절), 죄를 피할 수 있기에(11절), 그는 말씀을 잊지 않으려 늘 가까이 하고 묵상했습니다(15-16절). 말씀이 내면화되면서 시인은 말씀의 놀라운 일들을 깨닫고(18절), 말씀 자체를 사랑하고 즐거워하게 되었습니다. 계명은 더 이상 그저 "주의 계명"이 아니라 "내가 사랑하는 주의 계명들"입니다(47-48절). 이처럼 주의 말씀을 스스로 즐거워하니 그 계명들을 입에서 읊조리며 다닙니다(48절). 시인은 말씀과 가까이 살면서 여러 번 위기를 벗어났습니다. 죽을 것 같은 상황에서 말씀의 능력으로 살기를 간청했고(25절) 자신을 위협하는 비방이 쏟아질 때 주의 규례를 믿고 의탁했습니다(39-40절). 그러한 행동을 통해 시인은 고난 중에 말씀이 그를 살리시는 것을 경험합니다(50절).

이처럼 말씀과 늘 동행하며 살아온 시인에게 말씀은 더 이상 지켜야 할 규정이 아닙니다. 그는 말씀과 대화하고 말씀을 사랑합니다. 56절의 고백은 말씀이 그에게 무엇을 의미하는지 간결하게 정리해주고 있습니다. "내 가진 것은 이것, 내가 주의 법도들을 지켰습니다(56절)." 시장경제가 인정하는 것이 재산이 아니라, 내가 하나님 말씀을 지키고 살아냈다는 그것이 곧 내 재산이요 가치라는 이 고백을 오늘 우리가 모두 공유할 수 있기를!

❗ 적용하기

1. 말씀을 의지할 때 삶이 어떻게 변화되었는지요?

2. 말씀이 귀한 것을 깨달아 "난 이 말씀이면 족하다"라고 느낀 적이 있습니까?

🙏 오늘의 기도

세상 무엇과도 비교할 수 없이 고귀한 하나님의 말씀을 우리에게 주시니 감사드립니다. 배운 만큼 사랑하고 순종하여서 말씀의 비밀과 능력을 체험하게 하소서.

시편 119:57-120

찬송 200장

주야로 묵상할 말씀

"주의 말씀은 내 발에 등이요 내 길에 빛이니이다" (119:105)

주의 법을 지킨 것이 자신의 소유라 한 어제 본문 56절의 고백이 바로 다음 절로 이어집니다: "여호와가 나의 분깃이시니 나는 주의 말씀을 지키리이다(57절)." 타락한 세상에서 주의 법을 지키는 것은 헌신을 요구합니다. 그러나 신앙을 지키고 그리스도인다운 삶의 기준을 지키기 위한 헌신은 하나님 그분을 향한 사랑을 전제로 해야 합니다. 성경에 능통하고 바르게 살아도 인격체이신 하나님을 사랑하지 않는다면 불행한 일인 줄 알기에, 시인은 말씀을 향한 간절함 속에 하나님과의 인격적인 만남을 기대하는 마음을 담습니다: "나의 영혼이 주의 구원을 사모하기에 피곤하오나 나는 주의 말씀을 바라나이다. 나의 말이 주께서 언제나 나를 안위하실까 하면서 내 눈이 주의 말씀을 바라기에 피곤하니이다(81-82절)." 그의 마음을 받으신 하나님께서 그를 만나 주시고 그의 인애를 베풀어 주셨습니다(90절).

하나님의 말씀은 사람을 지혜롭게 합니다. 시인은 자신의 체험으로 그것을 증언합니다: "주의 계명들이 항상 나와 함께 하므로 그것들이 나를 원수보다 지혜롭게 하나이다. 내가 주의 증거들을 늘 읊조리므로 나의 명철함이 나의 모든 스승보다 나으며 주의 법도들을 지키므로 나의 명철함이 노인보다 나으니이다(98-100절)." 이집트와 수메르, 바벨론 같은 이스라엘 주변국가들 역시 지혜를 소중히 여겼고 전통적 지혜를 집성한 문헌을 많이 남겼습니다. 그러나 그들의 지혜문헌들은 지혜는 관찰과 사색, 그리고 전통의 수용에서 얻어진다고 가르칩니다. 살아계신 하나님의 율법과 훈계를 경청하고 암송함으로써 지혜를 얻는다는 사상은 구약성경의 독특한 강조점입니다. 신약성경 역시 이 구약 지혜전승의 바탕에 서 있습니다. 신령한 지혜는 세상지식과는 근원이 다르고 가는 길이 다르기에 인간적 지식의 축적을 통해 얻을 수 없으며, 참된 지혜는 우리를 위해 지혜가 되신 그리스도 안에서만 얻을 수 있습니다(고전1:30). 하나님의 거룩한 선물인 신령한 지혜는 삶의 문제를 사전에 피하도록 해주고, 닥쳐온 문제를 해결하도록 도와줍니다. 그런 뜻에서 지혜의 말씀은 정말로 우리 앞길을 비춰주는 등불입니다: "주의 말씀은 내 발에 등이요 내 길에 빛이니이다(105절)." 지금도 상황은 동일합니다. 계시된 지혜의 말씀을 귀하게 여기고 그 말씀을 자신의 등불로 여기는 이는 하나님의 인도와 보호 안에 머물게 됩니다. 경건한 성도는 크고 작은 일들을 놓고 성경말씀을 삶의 기준으로 삼아 생각하고 판단하는 습관을 길러야 합니다. 오늘 우리들이 인류 역사상 가장 풍부한 자원과 인력을 가진 교회가 되었지만 하나님의 일을 힘차게 감당하지 못하는 이유는, 우리가 너무 세속적이고 물욕에 사로잡혀서 말씀의 기준을 무시하며 살기 때문입니다. 이 시인과 더불어 "주의 의로운 규례들을 지키기로 맹세하고 굳게 정하였나이다"라고 고백해야 할 때입니다.

❶ 적용하기

1. 성경에 대한 관심과 지식이 하나님을 향한 사랑으로 이어지고 있습니까?

2. 살면서 맞닥뜨리는 선택과 결정의 고비에서 말씀을 구체적으로 의지하십니까?

🙏 오늘의 기도

하나님의 말씀을 정말로 사랑하기 원합니다. 말씀을 알려 하고 깨달은 말씀대로 살기 원하는 자세를 잃지 않도록 성령님께서 지키시고 격려해 주소서.

시편 119:121-176

찬송 205장

주야로 묵상할 말씀

"여호와여 내가 주의 구원을 사모하였사오며 주의 율법을 즐거워 하나이다" (119:174)

앞서 본문에서 시인이 노래한 것이 율법의 내용을 행동으로 옮긴다는 의미에서의 "지킴"이었다면, 오늘 본문에서 시인은 율법이 무시되고 폐기되지 않도록 하는 "지킴"을 다짐하고 있습니다. 하나님의 법을 찾지 않고 멀리하는 악인들이 득세하고(150, 155절) 주의 법대로 살려는 사람들을 좌절시키니 하나님께서 나서셔야 할 절박한 상황이었습니다(126절). 세상에는 악한 사람들이 있게 마련이지만, 그들에게 자신들이 죄를 짓고 있다는 자의식이 남아 있는 한 희망도 남아 있습니다. 정말 무서운 것은 선악의 기준 자체가 잊어지고 죄를 죄라고 말하는 사람들이 바보

나 미치광이로 취급받는 상황입니다. 불의, 추악, 탐욕, 악의, 시기, 살인, 분쟁, 사기, 교만, 자랑, 우매, 배약, 무정, 무자비! 로마서 1:28-31에 언급된 죄의 목록만 보아도 참담하지만 더 절망적인 것은 이들이 확신범이라는 사실입니다: "그들은 이같은 일을 행하는 자는 사형에 해당한다고 하나님께서 정하심을 알고도 자기들만 행할 뿐 아니라 또한 그런 일을 행하는 자들을 옳다 하느니라(롬 1:32)." 거듭된 책망에도 불구하고 죄인들의 마음이 굳어지면 "그들이 마음에 하나님 두기를 싫어하매 하나님께서 그들을 그 상실한 마음대로" 유기하시는 지경이 되니, 이것이 이 땅에서 인간이 처할 수 있는 최악의 상황입니다. 우리 시대가 로마 왕국의 타락상에 비해 더 낫다고 믿는 사람이 있을까요? 스스로 그리스도인이라 하고 성직자를 자처하는 사람들이 하나님이 제정하신 경계선들을 허물고 영감어린 성경말씀을 편견에 물든 구닥다리 유품으로 취급하는 우리 세대가 하나님의 진노로부터 얼마나 떨어져 있는지는 아무도 모릅니다. 교회사에 남을 것이라고들 말하는 한국교회의 부흥은 성경을 반입하고 가르치기 위해 선진들이 흘린 희생의 피땀 위에, 쌀자루에 솥단지를 이고 수백 리를 걸어 사경회에 참석해 말씀을 배우던 성도들의 열심 위에 세워진 것입니다. 그러나 지금은 성도들이 말씀에 무지하고 무관심한 세대, 하나님 말씀과 아무 상관이 없는 천박하고 세속적인 메시지들이 강단에 난무하는 형편이 되었습니다. 말씀의 위기는 결국 인간됨의 위기, 시대와 사회의 위기를 초래할 수밖에 없습니다. 진정으로 그리스도 앞에 순종하는 성도라면 지금 깨어 기도하고 진리의 말씀을 지켜내는 전투에 나서야 합니다. 주께서 피 흘려 사신 교회는, 살아 계신 하나님의 집이며 진리의 기둥과 터이기 때문입니다(딤전 3:15). 주의 말씀을 지극히 사랑해서(187절) 입을 열어 헐떡였던(131절) 시인은, 말씀을 지키지 않는 거짓된 자들을 보고 슬퍼했습니다(158절). 자신의 믿음을 지키기에도 벅찬 상황에서 시인이 부르짖습니다: "그들이 주의 법을 폐하였사오니 지금은 여호와께서 일하실 때니이다(126절)." 세월이 많이 흘렀습니다. 그러나 상황은 나아지지 않아 보입니다. 여호와께서는 이미 일하고 계십니다. 우리는 어떻습니까?

❗ 적용하기

1. 하나님 말씀이 성도들에게도 점점 더 무시된다그 느끼십니까?

2. 말씀과 규례를 "지켜내는" 일을 위해 내가 할 수 있는 일이 무엇인가요?

🐜 오늘의 기도

진리이신 하나님, 생명보다 소중한 하나님의 말씀이 믿는다는 이들 가운데에서도 무시받고 있는 현실 앞에 회개합니다. 말씀을 지켜내기 원하오니 사용하소서.

120

시편 120:1-7

찬송 415장

주야로 묵상할 말씀

"내가 환난 중에 여호와께 부르짖었더니 내게 응답하셨도다" (120:1)

시편 120편에서 134편까지 15편의 시는 시편 안의 작은 컬렉션으로 「성전에 올라가는 노래」라는 제목으로 불립니다. 세부적으로는 각기 다르지만 모두가 예루살렘 성전을 사모하는 마음을 표현하고 있고, 성전을 방문하기 위해 먼 곳에서 여행하는 순례자의 상황에 적절한 내용들을 담고 있습니다. 그 첫 편인 120편은 악인으로 인해 겪은 환난을 언급하며 악인들의 모습을 스케치해 보입니다. 그들은 "거짓된 입술과 속이는 혀"입니다: "너 속이는 혀여 무엇을 네게 주며 무엇을 네게 더할꼬. 장사의 날카로운 화살과 로뎀나무 숯불이리로다(2-4절)." 그들의 인격과 존재를 농축시키면 그것만 남는다 말하는 듯 통렬한 비평입니다.

시인은 그들을 악인이라 부르지 않고 자신이 의인이라고도 말하지 않습니다. 그러나 "거짓된 입술과 속이는 혀"는 악인의 가장 두드러진 특징 중 하나이고, 악인에게 괴롭힘을 당하고 그것을 하나님께 아뢰는 것은 의인들의 행동이기에 우리는 이 시에서 의인과 악인의 대조를 봅니다. 의인과 악인은 구체적인 인물들의 묘사이기보다는 오랫동안 정형화된 대조적 인간 유형이어서 양자 간에 마주치고 부대끼는 상황들이 잘 나타나지 않습니다. 그런 점에서 오늘 시편은 의인이 악인과 함께 한 경험을 서술한 것이 특별합니다. "내가 화평을 미워하는 자들과 함께 오래 거주하였도다. 나는 화평을 원할지라도 내가 말할 때에 그들은 싸우려 하는도다(6-7절)." 물론 이스라엘 자손들 중에도 심사가 뒤틀려서는 화평을 원하는 이웃에게 굳이 싸움을 거는 자도 있었겠지만, 본문에서 화평 대신 싸움을 택하는 이들은 이방 지역의 주민들이었습니다: "메섹에 머물며 게달의 장막 중에 머무는 것이 내게 화로다(5절)." 메섹은 이스라엘 북방 한계 바깥에 있었고 게달은 오늘날 아라비아 광야 남동부로 추정되는 지역에 있습니다. 두 지역의 거리를 볼 때 이 두 지명을 한 문장에 담은 것은 시인이 메섹에서도 살고 게달에서도 살았다는 의미이기보다는 이스라엘을 중심으로 이방 땅 동서남북에 흩어진 동족들이 겪는 고초를 시인이 자신의 몸으로 대변하고 있다는 뜻입니다.

오늘 우리는 세속화된 사회에서 타종교인 비종교인들과 함께 살아갑니다. 비기독교인이 주도하는 직장에 있는 것이 그들을 하나님께로 인도하는 선교적 기회가 될 수 있습니다. 그러나 전도는 고사하고 내 믿음을 지키는 것만도 다행인 환경도 분명히 있습니다. 우리 아버지께서는 자녀들의 상황을 이해하십니다. 메섹에서 게달에서 치이고 살다가 주님 계신 성전을 향해 나오며 감격해하는 것을, 내가 당한 환란을 아뢰고 호소하는 것을, 주님께서는 기뻐하십니다. 예수께서도 말씀하셨습니다. "수고하고 무거운 짐진 자들아 다 내게로 오라. 내가 너희를 쉬게 하리라(마 11:28)." 참 성전이 되신 주 앞에 나와서 쉬십시오.

❗ 적용하기

1. 내가 경험한 "이방인의 세계"는 어떤 것입니까?

2. 믿지 않는 이웃과 동료들 속에서 화평이신 그리스도를 어떻게 나타내야 할까요?

🙏 오늘의 기도

환란 중에 부르짖으면 응답하시는 하나님, 주께서 주시는 지혜와 능력으로 화평을 미워하는 자들 가운데에서라도 형통하게 하소서.

121

시편 121:1-8

찬송 383장

주야로 묵상할 말씀

"여호와께서 너를 지켜 모든 환난을 면하게 하시며 또 네 영혼을 지키시리로다" (121:7)

성전을 향해 순례길에 오른 성도는 예루살렘 가까이 오면서 성전이 서 있는 시온산을 올려다보게 됩니다. 자연산 언덕 위에 축대를 쌓고 그 위에 건설한 성전은 자연스레 이어져 내리는 골짜기와 대비되어 까마득하게 높이 올려다 보였습니다. 이런 자연조건에서 이스라엘 사람들에게 "내가 산을 향하여 눈을 들리라"라는 시구는 너무나 자연스러운 표현이었습니다. 그러나 그들이 올려다 본 그 산은 단지 물리적 고지만은 아니었습니다. 유대 사람들에게 시온산은 곧 성전이고 성전은 하나님이었기 때문입니다. 산을 바라보고 하나님을 떠올리면서 "나의 도움이 어디서 오는가?" 자문하고는 "천지를 지으신 여호와께로부터구나' 라는 자답하는 시인은 이스라엘 무리를 지키시는 하나님을 묵상합니다. 하나님은 지치지 않으십니다. 이 시상을 떠올린 것은 어쩌면 성전에서 불침번을 서던 담당자가 졸고 있는 모습을 이 시인이 목격했기 때문은 아니었는지 상상해 봅니다. 이 성전을 사모해 먼 길을 달려왔는데, 그 성전을 지켜야 할 믿음의 형제가 졸고 있는 모습을 보니 애처롭고 미안하기도 하고, 한편으로는 못마땅하지 않았을 지… "그래, 레위인들이 사명자라지만 졸음을 못 이기는 사람일 뿐. 나를 지켜주실 부는 오직 주님, 졸지도 주무시지도 않는 그분이시지." 그렇게 생각했는지도 모릅니다. 우리 인생을 지켜주시는 분은 주님이십니다. "여호와는 너를 지키시는 이시라 여호와께서 네 오른쪽에서 네 그늘이 되시나니, 낮의 해가 너를 상하게 하지 아니하며 밤의 달도 너를 해치지 아니하리로다(6절). 시인은 그 어떤 어려움을 떠올려 보아도 신실하신 주 여호와께서 물리치시고 우리를 보호해 주실 약속이 더 분명하게 보였습니다. 그래서 그는 이스라엘 동족들을 그리며 노래합니다. "여호와께서 너를 지켜 모든 환난을 면하게 하시며 또 네 영혼을 지키시리로다(7절)."

하나님의 보호를 믿는 신앙고백이 여호와께서 저들의 출입을 길이 지켜주시기 바라는 기원으로 연결되었습니다. 성전을 지키는 레위인을 보고 떠오른 시상은 이 시편이 오랫동안 성도들의 공공재로 사용되면서 이스라엘 백성 모두를 위한 축복의 기원문이 되었을 것입니다. 성전문을 "출입"하는 모든 이에게, 전쟁을 위해 출동하고 귀환하는("출입") 이에게, 인생의 중대한 전환점에서 발을 내딛는 모든 이에게 이 시는 큰 위로와 용기를 주었을 것입니다. "나의 도움이 어디서 올까 나의 도움은 천지를 지으신 여호와에게서로다. 여호와께서 너를 실족하지 아니하게 하시며 너를 지키시는 이가 졸지 아니하시리로다 … 여호와께서 너를 지켜 모든 환란을 면하게 하시며 또 네 영혼을 지키시리로다. 여호와께서 너의 출입을 지금부터 영원까지 지키시리로다(1, 2, 7, 8절)." 아멘, 아멘.

❗ 적용하기

1. 두려워했던 상황을 하나님께서 막아 주시고 돌파하게 해주신 기억들을 되살려 봅시다.

2. 내 삶이 하나님의 지키심 속에 있음을 믿고 매사를 계획하고 실행합니까?

🙏 오늘의 기도

졸지도 주무시지도 않으시는 하나님께 안심하고 맡겨 드립니다. 제 인생을 지키시고 뜻대로 쓰셔서 주의 일을 이루소서.

시편 122:1-9

찬송 419장

주야로 묵상할 말씀

"예루살렘을 위하여 평안을 구하라 예루살렘을 사랑하는 자는 형통하리로다" (122:6)

성전을 향해 가는 사람이 마음에 품어야 할 것이 무엇인지를 묻는다면 오늘 시편의 시인은 말없이 웃어 보일 것 같습니다. 하나님 집에 같이 가자는 말만 들어도 행복한 사람이기 때문입니다: "사람이 내게 말하기를 여호와의 집에 올라가자 할 때에 내가 기뻐하였도다(1절)." 하나님을 위해 일한다고 돌아다니기 전에 이 시인처럼 하나님을 기뻐하는 자리에 머무르기를 배워야겠습니다.

이 시의 직접적인 배경은 성도들이 예루살렘 성전을 찾아 예배드리는 주요 절기 때의 예루살렘 광경입니다. 율법은 이스라엘에게 유월절과

칠칠절, 그리고 장막절 세 번에 걸쳐 모든 이스라엘 사람은(최소한 성인남성) 성전에 와서 "하나님께 보이라" 즉 예배드리라고 명령합니다. 예루살렘에 사는 이들에게도 일을 쉬고 제물을 준비하는 것이 만만치 않았을 터, 이국에서 위험한 길을 뚫고 예루살렘을 찾아오는 순례객들의 수고야 두말 할 필요가 없었을 것입니다. 그렇게 해서 도착한 순례자들이 감격하며 노래합니다: "예루살렘아 우리 발이 네 성문 안에 섰도다. 예루살렘아 너는 잘 짜여진 성읍과 같이 건설되었도다(2-3절)." 물론 이 시인이 예루살렘 건축물 예찬에 머물지는 않습니다. 예루살렘이 귀한 것은 당연히 거기에 하나님의 임재와 예배의 처소가 있기 때문입니다. 그곳은 하나님의 지파들이 여호와의 이름에 감사하려 모여드는 곳이고, 다윗왕조의 보좌와 다가오는 심판의 보좌도 그곳에 자리를 잡습니다. 그래서 시인은 예루살렘에 독자의 관심을 이끌며 예루살렘을 마음에 두고 위해서 기도하라고 가르칩니다: "예루살렘을 위하여 평안을 구하라 예루살렘을 사랑하는 자는 형통하리로다(6절)." 예루살렘의 평안을 구하라는 히브리어 문장은 "샤알루 쉴롬 예루샬라임"으로, 듣는 우리 귀에 특별한 아름다움을 전해줍니다.

  예루살렘이 샬롬의 도시이기에, 그 성읍의 샬롬을 비는 것이 마땅합니다. 시인은 성전에 모인 회중이 샬롬의 공동체를 실제로 체험하고 유지하기를 바라며 형제들과 친구들에게 말합니다: 그대들 가운데에 평강이 있기를! 하나님의 백성은 샬롬의 사람들이어야 합니다. 구약시대 이스라엘 백성들도 물론이지만 혈연과 지연이 아닌 신앙의 인연으로 하나되어야 하는 우리 그리스도인들은 더더욱 그렇습니다. 외인들은 신학은 모르더라도 화평은 이해하고, 그 화평 안에서 예수님을 봅니다. 예수께서도 성도 간에 불화를 품은 채로 예배드리러 오지 말라는 말씀을 우리에게 주셨습니다. 영적 어두움에 묻혀 살아온 우리를 구하기 위해 오신 예수님께 드려진 예언의 이름 중 마지막 것이 싸르 샬롬 "평화의 왕"이었음을 기억해야겠습니다(사 9:6).

❗ 적용하기

1. 구약성도가 예루살렘을 사랑하는 것은 오늘 우리에게는 무엇을 의미합니까?

2. 주 안에서 교제하고 동역하는 이들을 위한 기도를 꾸준히 하십니까?

🙏 오늘의 기도

아름다우신 주를 함께 예배하고 섬기는 이들을 주셔서 감사합니다. 주의 몸 된 교회를 신실하게 섬기는 나의 동역자들을 위해 기도하오니 그들에게 주의 복을 주소서.

123

시편 123:1-4

찬송 394장

주야로 묵상할 말씀

"우리의 눈이 우리 하나님을 바라보며 우리에게 은혜 베풀어 주시기를 기다리나이다" (123:2)

시인의 눈은 하늘을 향하고 있습니다. "내가 눈을 들어 주께 향하나이다." 눈이 빠지게 기다린다는 표현대로, 하늘의 하나님에게 눈을 고정시키고 그저 기다리는 자신의 모습이 "상전의 손을 바라보는 종들의 눈, 여주인의 손을 바라보는 여종의 눈" 같다고 묘사합니다. 얼마나 생생한 표현입니까. 주인의 말도 아니고 손짓만 봐도 그 뜻을 알아채는 것은, 늘 주인의 기색을 살피고 기다려 왔기에 가능한 일이겠지요. 하나님의 은혜만을 애타게 기다리는 자신의 모습을 주인의 배려를 기다리는 종의 모습과 교차시킨 것은 결코 자괴감에서 나온 것이 아니었습니다. 히브리어 '헨'은 은혜, 온정, 호의, 배려 등의 뜻을 두루 품는 단어이며 경건한 이스라엘 성도들은 하나님의 종이라는 호칭을 큰 영예로 여겼습니다. 시인은 자신을 하나님 앞에 모시고 선 종의 자리에 세우고 이스라엘이 겪는 자신이 겪는 어려움을 토로합니다. "심한 멸시가 우리에게 넘쳐납니다." "안일한 자의 조소와 교만한 자의 멸시가 우리 영혼에 넘치나이다." 안일한 자 // 교만한 자 라는 대응관계가 신선합니다. 두 시행에 병렬되는 단어와 시상이 합쳐질 때 전체의 의미가 드러날 것입니다. 먹고 살만하다고 느긋한 사람, 그래서 자기만한 형편이 안 되는 이들을 우습게 아는 교만한 사람. 바로 그 사람들이 성도들을, 주의 일꾼들을 낙심케 하는 자들입니다. 그들은 경건하여 주의 일에 힘쓰는 이들을 조소하고 멸시합니다. 존경하고 부러워해도 부족할 지경인 것을…

  안일한 자 교만한 자의 조소와 멸시가 얼마나 파괴적인지는 겪어보지 않으면 모릅니다. 나를 비웃고 멸시하는 사람을 보며, 나도 당신 우습게 알거든? 그렇게 무시해 버리면 거뜬히 극복되느냐 하면, 그렇지가 않습니다. 아무리 신경을 안 쓴다 해도 누군가가 (이웃, 동료) 자꾸 내 일을 트집 잡고 내 선택을 비난하는 것을 듣고 있으면 기분이 가라앉고 의욕이 떨어지게 마련입니다. 우리는 이 점을 잘 기억하고 주의 은혜와 도우심으로 극복해야 합니다. 나를 깔보고 내 일을 방해하는 악한 자를 의식하고 낙심하는 것, 그에게 화를 내는 것이야말로 원수의 공격에 기름을 끼얹어주는 것과 같습니다. 주님께서는 박해의 시기를 보내는 소아시아 일곱 교회를 향해 "끝까지 견디어 이기는" 자에게 면류관을 주시겠다고 약속하셨습니다. 오늘 내 삶에 이러한 존재가 반드시 있을 것입니다. 우리가 싸우면 우리가 피를 흘립니다. 주께서 싸우시면 저들이 피를 쏟습니다. 우리가 가진 최고의 무기는 그 싸움을 주님의 싸움으로 만드는 것입니다.

❗ 적용하기

1. 당신을 피곤하게 만드는 대적에 관해 하나님과 구체적으로 의논하십니까?

2. 당신은 "여주인의 손을 바라보는 여종의 눈"으로 주님을 바라보십니까?

🙏 오늘의 기도

연약한 종이 주님을 모시고자 주님 손을 바라봅니다. 주의 마음을 시원케 하는 종 되길 원하오니 이끄시고 힘을 주소서.

시편 124:1-8

찬송 357장

주야로 묵상할 말씀

"여호와께서 우리 편에 계시지 아니하셨더라면 우리가 어떻게 하였으랴" (124:1)

우리가 살다보면 아찔한 순간들을 경험하게 됩니다. 인적 없는 길에서 사고가 났는데 마침 지나가던 사람이 도와주었다, 집에 홀로 계시다 쓰러진 노인을 전화를 안 받으시니 혹시 하고 찾아온 이웃이 119를 불러 생명을 건졌다... 이런 이야기를 들으며 "어휴 그 양반 아니었으면 어쩔 뻔 했어..." 하고 가슴을 쓸어내립니다. 오늘 시편은 이스라엘의 처지가 바로 그랬다고 회상합니다. 적들이 맹공을 퍼부었습니다. 객관적으로 이기지 못할 상대였습니다. 싸움이 계속되면 결과는 뻔했을 것이라고, "그들의 노여움이 우리에게 맹렬하여 우리를 산채로 삼켰을 것이며 ...

우리 영혼을 삼켰을 것이며 … 우리 영혼을 삼켰을 것이라"라고 세 번이나 반복해 말합니다(3-5절). "그랬을 것이라"는 가정법으로 말하는 뜻은 "여호와께서 우리 편에 계시지 아니하셨더라면" 그랬을 것이 틀림없다는 말이지요. 그 말이 옳습니다. 여호와께서 그들과 함께 하지 않으시면, 그들은 아무것도 아니었습니다. 그러나 이스라엘의 지휘관이신 만군의 여호와께서는 그들을 버리지 않으셨습니다. 그들을 진두지휘하셨고, 그들은 이겼습니다. 그래서 이스라엘은 득의만만 외칩니다. "우리를 내주어 그들의 이에 씹히지 않게 하신 여호와를 찬송하여라!" "우리 생명이 사냥꾼의 그물에서 벗어난 새와 같구나(6-7절)." 운동시합에서 만년하위 약체팀이 우승후보 강팀을 이기면 팬들이 얼마나 신나 합니까? 2002년 월드컵 축구에서 우리 대한민국 팀이 포르투갈, 스페인, 이탈리아를 꺾고 4강에 오를 때의 그 흥분과 감격은 참으로 특별했지요. 그런데 저는 이렇게 그 일을 생각해 보기까지는 그때의 감격을 잊고 지냈습니다. 인터넷에 올라 있는 기록들, 거리를 뒤덮은 붉은 유니폼과 선수들의 경기장면 사진을 보면서 그 기억이 새롭게 되살아났습니다. 우리는 망각하는 존재이기에 기억 재생 장치가 필요합니다.

이스라엘은 하나님께서 주신 그 특별한 승리를 잊지 않기 위하여 노래들을 지었습니다. 성전에 올라갈 때 그 감격의 순간을 되새기고 노래했습니다. 바로 오늘의 시편이 그런 노래들 중 하나입니다. 이스라엘이여 이제 외치라. 여호와께서 우리 편에 계시지 않았더라면 우리가 어떻게 되었겠는가? 이스라엘아 노래하라. 우리의 도움은 천지를 지으신 여호와의 이름에 있도다! 오늘 우리가 잊고 지내는 기적의 현장이 있지는 않은지요? 하나님께서 우리를 위해 일어서시고 원수를 물리치시고, 넘치는 물에 잠겨버릴 뻔한 우리를 살려주셨던 그곳은 어디인가요? 그곳을 잊지 않기 위해 오늘 어떤 기억의 노래를 부르고 계신가요? "우리의 도움은 천지를 지으신 여호와의 이름에 있도다." 할렐루야.

❗ 적용하기

1. 개인적으로 혹은 공동체에서 하나님의 놀라운 구원을 경험한 것은 언제입니까?

2. 우리를 씹으려 이를 날카롭게 간 적들이 누구입니까? 어떻게 해야 그들을 물리칩니까?

🙏 오늘의 기도

물이 차올라 목구멍을 막듯 원수의 공격이 드셀 때 주께서 우리 편에 서 주셔서 우리가 승리하게 하소서.

시편 125:1-5

찬송 382장

주야로 묵상할 말씀

"여호와여 선한 자들과 마음이 정직한 자들에게 선대 하소서" (125:4)

이 시는 성전에 올라가며 부르는 노래입니다. 성전을 향해 오르막길을 걷는 순례자가 고개를 들면 성전 주위로 펼쳐진 산봉우리들이 보입니다. 이스라엘의 자랑인 예루살렘 성전이 시온산 위에 견고하게 서 있습니다. 시인은 그 모습을 보며 여호와를 의지하는 이의 삶이 얼마나 견고한지를 묵상하고, 산들에 둘러싸인 예루살렘 풍경으로부터 하나님의 손이 이스라엘 백성을 둘러싸고 있는 모습을 연상해 냅니다. 이처럼 보이는 것으로부터 보이지 않는 영적인 세계로 우리를 인도해주는 시인의 시적 상상력이 고맙고 부럽습니다. 우리가 바라보는 이미지가 마음을 지배하고, 마음에 생각이 차오르면 그것을 보게 되기도 합니다. 초등학교 때 엑소시스트(Exorcist)라는 영화를 보았습니다. 악령 들린 소녀가 괴물로 변해 저지르는 일들이 끔찍스러웠는데, 영화를 다 보고 늦은 시간에 집 근처에 다가오자 갑자기 나뭇가지가 팔을 벌리고 제게 달려들어 온몸이 으스스했던 기억이 납니다. 물론 다음날 밝을 때 본 그 나무는 원래 모습 그대로였습니다. 마음을 지배한 강렬한 자극이 헛것을 보게 만든 것이지요. 이 시를 읽으니 서울서 살면서 경복궁 뒤로 펼쳐진 북한산 인왕산 자락에서 하나님의 품을 연상해보지 못한 것이 왠지 부끄러워집니다.

5절에서 시인은 스스로 굽은 길로 치우쳐 가는 자들을 죄인들과 함께 다니게 해달라고 요청합니다. 사람들은 그 내면과 "영혼"의 동질성을 따라 속할 곳을 찾습니다. 초록은 동색이다라는 말처럼 악인에게는 악인이, 의인에게는 의인이 매력적으로 보이기에 서로를 가까이하게 되고, 서로를 진심으로 이해할 수 있기에 우정과 동료의식을 갖게 됩니다. 굽은 길을 스스로 찾아가는 사람은 결국 굽은 것을 똑바른 것으로 인지하는 구제불능의 상태로 나아갑니다. 시편 1:1은 복된 인생으로 남으려면 악인들의 계략에 끌리지 말고, 죄인들과 동석하지 말고, 오만한 자와 삶을 섞지 말아야 한다고 가르칩니다. 시편 1편이 시편 전체의 길라잡이 역할을 한다는 것을 생각하면, 누구와 가까이 지내는가라는 것이 얼마나 중요한 문제인지를 알 수 있습니다. 따라서 "스스로 굽은 길로 치우치는 자들은 죄인들과 함께 다니게 하소서"라고 기도하는 시인은, 악의 전염성을 차단하고 의인들을 보호해 주시라는 요청을 드리고 있는 것입니다. 그러한 도우심을 믿기에 시인은 여호와를 의지하는 자는 굳건히 선 시온산처럼 견고할 것이며(1절), 악인의 힘은 의인들의 땅에서 무력해지고(3절), 이스라엘은 평강을 누리리라고(5절) 선언할 수 있었습니다. 악으로부터 초연하고 자신의 의로움을 지키기는 참 어렵습니다. 우리도 시인의 겸손함을 본받아 하나님의 도우심과 보호를 요청하는 기도를 늘 드려야겠습니다. 주님께서도 그리 기도하려 하셨지요. "우리를 시험에 들지 않게 하시고 다만 악에서 구하옵소서."

❗ 적용하기

1. 하나님의 보호하심을 믿기에 악인들을 두려워 않는 마음을 유지하고 있습니까?

2. 이웃에게 하나님을 알릴 기회들을 어떻게 마련하시겠습니까?

🙏 오늘의 기도

넘어지는 자를 붙드시고 짓밟힌 자를 일으키시는 하나님, 당신 가까이 늘 있기를 원하오니 주의 손을 제게 뻗어 구해 주시고 주 곁에 있게 하소서.

시편 126:1-6

찬송 496장

주야로 묵상할 말씀

"눈물을 흘리며 씨를 뿌리는 자는 기쁨으로 거두리로다" (126:5)

바벨론 포로생활에서 풀려난 이스라엘의 기쁨을 노래한 시입니다. "꿈꾸는 것 같았도다(1절)." 사람들은 가장 황홀한 일을 꿈같다고, 가장 끔찍한 일을 악몽같다고 표현합니다. 이스라엘에게 예루살렘 함락은 악몽이었고, 바벨론으로부터의 해방은 꿈만 같은 경험이었습니다. 일제강점기의 악몽을 탈출해 해방의 기쁨을 맛본 우리 민족이 누구보다도 깊이 공감할 수 있는 노래이리라 봅니다. 한 가지 차이가 있다면 그들은 자신들의 경험을 민족정기의 승리나 독립투쟁의 성과로 이야기하지 않는다는 점입니다. 그들은 포로생활을 자기들의 죄에 대한 하나님의 징벌로 받아들였고 해방은 하나님의 구원이요 은혜의 열매로 이해하고 감사

했습니다: "그 때에 우리 입에는 웃음이 가득하고 우리 혀에는 찬양이 찼었도다 … 여호와께서 우리를 위하여 큰일을 행하셨으니 우리는 기쁘도다(2-3절)." 이것은 "고대근동의 세계관에 의하면 전쟁은 모두 신들의 것이므로 이스라엘의 해방을 자기들의 신인 여호와에게 돌렸다"는 식으로 간단히 설명되는 일이 아닙니다. 유대민족은 훗날 로마의 제국주의 지배를 상대로도 필사적인 저항을 벌여 로마의 모든 속주 중 "악명"이 높아 총독들이 유대 지역 파견을 면하기 위해 상부에 뇌물을 바치곤 했다는 기록이 있을 정도입니다. 그러나 그들은 바벨론 포로생활 70년이 하나님의 징계인 것을 받아들이고 순종했습니다. 마침내 약속된 시간이 왔고 그들은 풀려났습니다. 하늘 아래 넘볼 자가 없다던 바벨론을 격파하고 패권을 잡은 페르샤의 왕 고레스가 이스라엘의 종교자유를 보장하고 본국으로 돌려보내는 놀라운 일이 벌어졌던 것입니다. 오늘 본문에 있듯 이웃 나라들도 입을 모아 이것은 그들의 신 야웨께서 하신 일이라고 인정했습니다(2절).

그러나 소수의 귀환자들이 뭉쳐 새 나라를 일구는 일은 쉽지 않았습니다. 파괴는 철저했고 재건은 버거웠습니다. 남아있던 세력의 방해는 끈질긴데 함께 싸울 형제들은 소수였습니다. 4절을 보면 초기 귀환자 들 중 하나였을 시인의 안타까움이 느껴집니다: "우리의 (남은) 포로들을 남방 시내들 같이 돌려 보내소서(4절)." 그러나 그 기도는 탄식만은 아니었습니다. 평상시 바짝 말라 있는 남방 땅 위에 실금처럼 자취만 남아있던 와디("시내들")에 우기가 되면 물이 차 흐르는 광경을 빌어, 물이 돌아오듯 유다 땅에 백성들이 돌아오고 이스라엘의 영광이 회복되기를 꿈꾸는 희망의 기도였습니다. 그들은 포기하지 않았습니다. 역사를 향한 하나님의 크신 뜻이 거기 있는 줄을 믿었기에 그들은 한 삽씩 땅을 파고 한 움큼씩 씨를 뿌렸습니다. 그렇게 전진하다보면 반드시 하나님의 영광이 회복될 날이 올 것을 기대하면서 함께 노래했습니다: "울며 씨를 뿌리러 나가는 자는 반드시 기쁨으로 그 곡식단을 가지고 돌아오리로다(6절)."

적용하기

1. 내 삶에서 짓눌림과 속박으로부터 풀려난 경험은 무엇이었습니까?

2. 나는 어떤 추수의 기쁨을 기대하며 오늘도 씨를 뿌리고 있습니까?

오늘의 기도

우리를 죄의 굴레에서 풀어 자유를 주신 하나님, 다시는 종의 멍에를 매지 않게 하시고 이 땅 위에 세워 가시는 하나님의 일에 동참하여 기쁨으로 단을 거두게 하소서.

127

시편 127:1-5

찬송 73장

주야로 묵상할 말씀

"여호와께서 집을 세우지 아니하시면 세우는 자의 수고가 헛되며 여호와께서 성을 지키지 아니하시면 파수꾼의 깨어 있음이 헛되도다" (127:1)

"성전에 올라가는 노래" 그룹의(시 120-134편) 정중앙에 있는 시편 127편과 128편은 성전의 노래라는 제목에 걸맞지 않게 신학적 색채는 약하고 가정의 예찬에 초점을 맞추고 있습니다. 그러나 다시 생각해 보면 경건한 가정이야말로 신앙생활의 완성체이니 이 두 편의 시는 신학의 정수를 다룬 시로서 적절한 위치에 배치되었다고도 하겠습니다. 127편은 마치 저녁밥상에 둘러앉은 가족을 창밖에서 들여다보며 쓴 듯합니다. 부모와 자식 간에 화목한 가정, 여러 자녀가 부모 마음을 든든하게 해주는 가정(4절), 어디에 가서도 위축되지 않고 존중받는 가정의 모습이 아름답습니다(5절). 그러나 화목하고 유복한 가정이 구성원들의 노력만으로 된다면 이 시는 필요하지 않았을 것입니다.

하나님께서 세워주시지 않으면 집이 바로 서지 않습니다. 이른 아침부터 늦은 밤까지 달리고 "수고의 떡"을 먹어도 하나님이 세워주셔야만 합니다. 농부가 땀흘려 일하지만 햇빛과 바람은 하나님께서 주셔야 하고, 정성들여 가꾼 과실농사도 하룻밤 태풍이 불면 망치고 맙니다. 성공한 인생이라 자부하던 건강한 아버지가 말기 암 판정을 받고, 우등생 딸이 불의의 교통사고로 다시는 귀가하지 않을 수 있는 것이 우리 인생입니다. 하나님께서 세워주시지 않으면 집이 바로 서지 않습니다. 본문은 하나님께서 "도와 주셔야" 한다고 말하지 않습니다. 하나님께서 "세워 주셔야" 합니다. 우리의 가정이라는 드라마는 하나님께서 대본작가이시고, 감독이시고, 주연배우이십니다. 우리 눈에 사람들이 하나님 없이도 건강하고 돈 있으면 행복한 가정을 이룬 것으로 보이는 이유는, 우리가 애초부터 하나님께서 다스리시고 하나님이 세우시는 참 믿음의 가정을 본 적이 없기 때문인지도 모릅니다. 패스트푸드와 냉동음식에 길들어버린 입은 명장 요리사가 준비한 진짜 별미를 맛있다고 느끼지 못합니다. 하나님의 임재와 통치를 자신의 삶에서 시인하고 누려 보지 않은 사람이 가정에서 그렇게 하기란 더욱 어려울 것입니다. 그래서 우리는 훈련해야 합니다. 하나님의 주권을 고백하고 마음 중심에 모셔야 합니다. 그분을 의탁하는 법을 배우면 우리도 평강을 누리고 안식할 수 있습니다: "그러므로 여호와께서 그의 사랑하시는 자에게는 잠을 주시는도다(3절 하반절). 불안과 걱정, 분노가 있으면 단잠을 잘 수 없습니다. 약한 들짐승은 맹수가 두려워 조그만 소리만 들려도 화들짝 깨지만, 사자는 주위를 살피지 않고 퍼져서 잠을 잡니다. 자기를 건드릴 적이 없기 때문입니다. 하나님의 사랑을 확신하기에 단잠을 자는 모습이야말로 믿음이 무엇인지를 보여주는 삽화입니다. 하나님이 세우시는 "집"은 가정만을 뜻하지 않습니다. 우리 가정과 교회에, 그리고 우리 나라를 하나님께서 세워 주시고 우리들 위에 하나님의 평강이 늘 풍성하기를 바래봅니다.

❗ 적용하기

1. 하나님이 세워 주셔야 하는 나의 "집"은 무엇입니까?

2. 하나님께서 사랑하시기에 잠들 수 있다는 것을 어떻게 경험하셨습니까?

🙏 오늘의 기도

우리 삶의 근원과 힘이 되신 아버지, 내 힘으로 세운 왕국이 아닌 주께서 세우신 주의 집에 거하게 하시고 주의 사랑을 입어 편히 잘 수 있는 복을 허락하소서.

128

시편 128:1-6

찬송 559장

주야로 묵상할 말씀

"네가 네 손이 수고한 대로 먹을 것이라 네가 복되고 형통하리로다"
(128:2)

돈이 만능인 시대이긴 한가 봅니다. "부자 되세요"가 유행하더니 "돈벼락 맞으세요"를 거쳐 이제는 "돈 세다가 밤 새세요"라는 말까지 등장했습니다. 로또에 인생을 걸고 대박을 꿈꾸는 사람에게 "수고한 만큼 벌어라"는 말은 축복이 아니라 저주로 들릴지 모르겠습니다. 그러나 오늘 본문은 틀림없이 수고한 만큼 먹는다는 말과 복되고 형통한다는 말을 한 호흡 한 절에 담고 있습니다. 이 시편은 예배하러 성전에 올라가며 부르는 노래입니다. "여호와를 경외하며 그의 길을 걷는 자"라는 표현이 얼마나 멋지게 들어맞습니까. 예루살렘 성전은 높은 언덕 위에 있습니다. 각지에서 모여드는 예배자들이 그 길을 오릅니다. 그 중 일부는 정말 먼 곳에서 힘들여 찾아오는 순례자였습니다. 그들이 멀리서 보이는 성전을 향해 한 걸음씩 다가가며 무엇을 생각했을까요? 이 시편을 지은 시인은 하나님을 마음에 두고 묵상하며 그분이 주시는 복을 헤아려 보았습니다. "여호와를 경외하며 그의 길을 걷는 자마다 복이 있도다!"라고 감탄한 뒤 복된 삶의 모습을 그려나갑니다. 열심히 일하고 수고에 걸맞은 댓가를 얻는 삶. 그것이 복된 인생이라고 노래합니다. 건강한 아내와 귀여운 자녀들이 있는 가정. 여호와를 경외하는 사람은 "이같이 복을 얻으리로다~" 또 한 번 예찬합니다. 평생토록 예루살렘의 번영을 보고 자식의 자식을 보는 삶. 그것이 복된 삶. 바로 샬롬, 즉 평강의 삶입니다.

대단할 것 없는 평범한 모습에 시인이 감동하는 것은, 생각해 보면 이 모든 것이 하나님께서 은혜로 지켜 주셔야 가능한 것을 깨달았기 때문입니다. 일 년 내내 땀 흘려 농사를 지어도 폭풍 한 번에 다 망가질 수도 있습니다. 병들고 다치고 분란에 휩쓸리면 사랑스런 가족은 풍비박산 나고 맙니다. 사실 평온한 일상은 격동과 격동 사이에 누리는 특별한 축복입니다. 자살테러 노상총격 걱정 없이, 골목마다 병원이 있고 국민보험이 있는 대한민국에 살면서 오늘 이 시인처럼 "일상이라는 축복"을 감사하지 못하는 것은 우리 마음에 욕심이 너무 많아서가 아닐지요. 더 부강한 나라, 더 안전한 나라, 공정한 분배와 넉넉한 배려가 이루어지는 사회를 만드는 것은 꼭 필요한 일입니다. 각자가 더 성공하고 더 많이 가지면 좋은 일을 더 많이 할 수 있겠지요. 아마도. 그러나 주께서 이미 주신 나의 인생을 보며 "복되도다"라고 말할 수 없다면 밤새 돈 세고는 쓰러지고 마는 어리석은 인생이 될까 두렵습니다. 여호와를 경외하고 그의 길을 걷는 사람으로 남고 싶습니다. 일한 것에 떳떳하고, 가진 것에 감사하며, 인생을 함께 하는 이들을 사랑하며 살아가고 싶습니다. 하나님, 이 복을 제게 주옵소서.

❗ 적용하기

1. 가정과 직장, 사업체에서 일하고 거두는 "정상적인" 삶을 감사하며 살고 있습니까?

2. 가족들이 내 곁에 있음을 감사하고 한 사람 한 사람 축복하는 기도를 드립시다.

🙏 오늘의 기도

제게 주신 삶을, 가정과 학교와 직장, 교회와 사역의 터전들을 참으로 감사드립니다. 저의 손의 수고에 복을 주셔서 결실하게 하소서.

시편 129:1-8

찬송 357장

주야로 묵상할 말씀

"무릇 시온을 미워하는 자들은 수치를 당하여 물러갈지어다" (129:5)

    이 시는 이스라엘을 괴롭힌 적국들을 조롱하는 노래입니다. 많은 시편에서 "원수"는 개별화된 주체 즉 시인의 개인적 적대관계라는 틀에서 묘사되는 데 비해 이 시에서는 명확하게 이스라엘의 국가적 관점에서 다루어지고 있습니다. 그러나 1절의 "그들," 5절의 "시온을 미워하는 자들"이 구체적으로 어느 나라인지를 밝히는 일은 쉽지도, 필요하지도 않아 보입니다. 이스라엘은 역사에서 갈등이 없는 평화의 기간이 거의 없었다고들 할 만큼 인접국의 침입과 지배에 시달려왔기 때문입니다. 그 역사를 밖에서, 멀리서 바라보는 우리로서는 그 적은 의인화된 이스라엘이 "내가 어릴 때부터"라고 말하는 기간, 즉 역사의 전 기간에 걸쳐 이스라엘을 괴롭힌 모든 적국들을 모두 합성한 몽타주라고 보는 것이 최선일 듯합니다.

시인은 1-4절에서 원수들의 핍박과 하나님의 보호를 이스라엘을 향한 명령 혹은 촉구의 형태로 풀어냅니다. 인용부호를 쓰지 않는 개역개정 본문의 모호성을 없애고 쉽게 번역하면 이렇게 읽힙니다. "이스라엘아 이제 이렇게 외쳐라. '내가 어릴 적부터 그들이 늘 나를 괴롭혔지만 그래도 나를 이기지 못했다. 밭가는 이들이 밭을 갈 듯 그들이 내 등에 고랑을 냈지만, 의로우신 여호와께서 그들의 사슬을 끊어 주셨다'라고!" 등에 고랑을 낸다는 표현은 고대근동 신화에 배경을 둔 숙어로 극심한 고통이나 애곡을 가리킵니다. 이 연은 하나님의 도우심으로 시련을 극복한 사실의 증언을 전해줍니다. 하나님 앞에 나아가면서 이제껏 자신의 삶 속에서 하나님이 행하신 일들을 기억하고 증언하는 것은 예배자로서 자연스럽고 유익한 일일 것입니다.

5-8절은 원수들을 향한 자신의 바램을 기원문 형식으로 서술합니다. "시온을 미워하는 자들이 수치를 당하고 후퇴하기를! 지붕위의 풀처럼, 자라보지도 못하고 말라죽는 신세가 되기를! 풀 베는 자 묶는 자들의 성에 차지도 않아 버려지기를! 행인 중 아무도 그들을 보며 '참으로 멋지구나, 하나님 복이 있기를'이라고 축복하지 않기를!" 시편 1편이 의인을 시냇가에 심은 나무, 악인을 바람에 나는 겨로 비유한 것처럼, 오늘 시편은 이스라엘의 대적들을 잡초에 빗대고 있습니다. 지붕에 난 잡초를 치울까 말까 망설이는 농부는 없습니다. 이스라엘을 공격한 대적들 역시 지금은 푸르른 잎을 자랑할지 몰라도 어느 날 작심한 농부에 의해 뽑혀져 던져지는 잡초의 처지를 벗어날 수 없을 것입니다. 악인은 바람에 날

아가고, 적국은 던져져 시들어버립니다. 시편 73편의 저자가 그랬듯이 악인의 득세를 바라보는 우리 마음에 공분이 차오를 때 우리는 성전에 나아가야 합니다. 하나님을 뵙고자, 하나님께 예배드리고자 나아갈 때 우리가 문득 깨달아 아는 순간이 옵니다. 그 악인들의 앞날은 겨와 같고 잡초와 같다는 것을(시 73:17-20).

❗ 적용하기

1. 예배드릴 때 하나님께서 내게 해주신 일들을 기억하는 시간을 갖습니까?

2. 악인들을 보며 느끼는 분노나 냉소를 어떻게 처리해야 합니까?

🙏 오늘의 기도

시온을 미워하는 자들이 수치 속에 물러가게 하실 하나님, 그 섭리의 광대하심을 감당할 수 없는 이 작은 종에게 믿음을 주셔서 안도하며 주를 섬기게 하소서.

시편 130:1-8

찬송 363장

주야로 묵상할 말씀

"그러나 사유하심이 주께 있음은 주를 경외하게 하심이니이다"
(130:4)

절망의 자리, 인생의 심연이라 부를 만한 자리에서 나는 무엇을 할 수 있을까... 그런 처지에 가기 전에 스스로 던져봐야 할 질문일 것입니다. 오늘 시인의 답은 명확합니다. "여호와여 내가 깊은 곳에서 주께 부르짖었나이다(1절)." 이것이 정답입니다. 성전을 향해 발걸음을 옮기며 이 시를 되뇌게끔 하신 것은 우리가 다 그 순간이 왔을 때 주님이 아닌 다른 곳을 향해 부르짖을 수 있는 사람들이기 때문일 것입니다. "여호와여 내가 깊은 곳에 있을 때 주께만 부르짖게 하소서"라는 기도를 조용히 입술에 올려 봅니다. 시인은 하나님의 거룩하심을 알고 자신의 추함을 압니다. 주님께서 자신을 응시하신다면 감출 수 있는 것이 없고 드러나지 않을 것이 없으니 똑바로 서 있을 수가 없으리라는 것을 시인은 정확히 이해하고 있습니다. "여호와여 주께서 죄악을 지켜보실진대 주여 누가 서오리까?"(3절) 그렇습니다. 죄를 차마 보지 못하시는 주 여호와께서 불꽃같은 눈을 거두지 않으시면 아무도 설 수 없습니다. 절망적인 상황입니다. 그런데 시인은 계속합니다. "그러나 사유하심이 주께 있음은 주를 경외하게 하심이니이다(3-4절)." 용서받을 수 없는 죄인, 떳떳이 살 수 없는 죄수가 우리들입니다. 주께서 지켜보시니 피할 수가 없습니다. "그러나," 그러나! 투박하고 놀라운 반전입니다. "그러나, 사유하심이 주께 있습니다." 그 앞에서 아무것도 감출 수 없는 하나님에 대해 가질 수 있는 태도는 딱 두 가지가 아닐까요. 도망치든가 하나님의 요구를 따라 살든가 양자택일일 것입니다. 죄악을 지켜보시는 하나님, 그 죄를 사유하시는 하나님. 이 두 인식 간의 틈은 실로 어마어마합니다. 그 틈새로, 자신의 죄악을 인정하지만 사죄의 권세와 능력은 받아들일 수 없다는 이들이 추락합니다. 그 간격을, 그리스도의 십자가가 다리가 되어 건너게 해 줍니다. 나는 죄인입니다. 그러기에 주의 구원을 의탁합니다. 이제 나는 구원받은 성도입니다! 이것을 분명히 알아버린 시인이 자신의 절망적 위치와 주가 주시는 사죄의 놀라움을 한 호흡에 노래하고 있는 것입니다. 그것을 묵상하고 자신의 유일한 소망으로 받아들이면서 시인은 강렬한 갈망을 품게 됩니다: "나 곧 내 영혼은 여호와를 기다리며 주의 말씀을 바라는도다. 파수군이 아침을 기다림보다 내 영혼이 주를 더 기다리나니…" 졸음과 싸우며 불침번 임무를 수행중인 군인에게 아침이 오는 것만큼 절박한 기다림이 있겠습니까. 시인은 자기 영혼이 주님을 기다리는 심정이라 합니다. 얼마나 귀한 믿음이자 담대한 선포인지요. "인자하심과 풍성한 속량이 여호와께 있다… 그가 이스라엘을 그의 모든 죄악에서 속량하시리라 (7-8절). 그렇습니다. 다른 것은 필요치 않습니다. 사죄의 은총이면 족합니다. 이 단순하고 강력한 고백으로 매일을 지탱해 나가렵니다.

❗ 적용하기

1. 불침번이 교대시간을 기다리듯 하나님과 말씀을 사모하십니까?

2. 나의 죄와 절망, 누추한 비밀들을 다 주님께 아뢰어 사유하심을 받읍시다.

🐝 오늘의 기도

하나님 앞에 얼굴을 들 수 없는 죄인이지만 사유의 은총이 주께 있음을 믿기에 담대히 간구합니다. 나의 기도를 들으시고 내 죄를 용서하소서.

131

시편 131:1-3

찬송 419장

주야로 묵상할 말씀

"내 영혼이 젖 뗀 아이와 같도다" (131:2)

이 시는 성전에 올라가는 노래 중 하나입니다. 이 노래들은 예배와 관련되어 많이 읽혀지는데, 오늘 131편은 그중에서도 예배자의 내적인 고요함과 평안함에 집중하고 있어서 특별한 시입니다. 우리는 예배를 하나님 앞에 나아가 행하는 특별한 일로 생각하는 데 익숙합니다. 더구나 성전에서의 예배라면 웅장한 건물과 찬란한 기물들, 화려하고 장엄한 예식, 훈련된 전문가들이 연주하는 음악, 수많은 사람들이 드리는 제물과 기도의 합창 등을 떠올리며 우리의 일상과는 거리가 먼 신비로운 어떤 것을 연상합니다. 그것이 틀린 생각은 아닙니다. 성전과 예배는 분명 평이한 일상과 구별되는 면을 갖고 있습니다. 아무런 준비 없이 행해지는 예식, 최선과 정성을 다하지 않은 예배는 하나님께 합당하지 않습니다. 그러나 우리가 잊지 말아야 할 것은, 예배는 무엇보다도 하나님과 사람 사이에서 일어나는 생생하고 꾸밈없는 만남이어야 한다는 것입니다. 오늘 시에서는 위대한 일 대단한 일이 주목을 받지 않습니다. 시인은 하나님께서 행하신 이적과 기사도, 대자연의 아름다움도, 성전의 영광, 예배의 신비도 언급하지 않습니다. 놀랍게도 그는 하나님의 "이적과 기사"를 그대로 반영하는 표현인 "큰 일과 감당하지 못할 놀라운 일"을 교만에서 나온 욕구의 대상으로 묘사합니다. 이것은 수많은 시편에서 즐겨 사용되는 모티프의 대담한 반전입니다. "여호와여 내 마음이 교만하지 아니하고 내 눈이 오만하지 아니하오며 내가 큰 일과 감당하지 못할 놀라운 일을 하려고 힘쓰지 아니하나이다(1절)." 그렇다면 그처럼 큰 일 놀라운 일을 버리고 얻고자 하는 것은 무엇인가요? 시인의 묘사를 들어보십시오. "실로 내가 내 영혼으로 고요하고 평온하게 하기를 젖 뗀 아이가 그의 어머니 품에 있음 같게 하였나니 내 영혼이 젖 뗀 아이와 같도다(2절)." 젖 먹고 엄마 품에 잠든 아이라니요! 주변에서 너무나 흔하게 보였을 광경, 엄마젖을 열심히 빨고 배부른 후 쌔근쌔근 잠든 그 아이의 모습을 보고 이 시인은 "그래 저거야. 하나님 안에 안식하고 행복한 예배자의 모습은 바로 저래야 하는 거지!"라고 무릎을 쳤던 것입니다. 엄마 젖을 먹고 잠든 아기는 행복해 합니다. 그러나 아이를 위해 자신을 내어주는 어머니는 그 이상으로 행복합니다. 젖 뗀 아이의 모습에서 자신을 본 시인은 그 아이를 품은 어머니 모습에서 하나님을 보았기에 온 이스라엘을 향해 "여러분도 지금부터 영원까지 여호와를 바라십시오"라고 외칩니다. 시인은 젖 뗀 아이라는 소박한 그림을 통해 우리에게 심오한 교훈을 던져줍니다. 신앙을 위해 무엇을 해야 합니까?라는 질문을 던지고는 뭘 하려는 마음 자체를 내려놓고 그분 안에서 쉬세요라고 답한 셈이니까요. 우리는 참으로 젖 뗀 아이처럼 평화롭게, 그분의 뜻을 기다릴 줄 아는지요.

❗ 적용하기

1. 주님을 위한 열심이 교만이 되지 않으려면 어떻게 해야 합니까?

2. 봉사/사역의 부담 없이 하나님 안에 푹 쉬는 경험을 해보셨나요?

🙏 오늘의 기도

하나님을 위한 열심이 하나님을 신뢰하는 소박한 믿음을 가리지 않게 하시고, 감당할 수 없는 놀라운 일 대신 하나님 안의 안식을 사랑하게 해 주소서.

132

시편 132:1-18

찬송 210장

주야로 묵상할 말씀

"주의 종 다윗을 위하여 주의 기름부음 받은 자의 얼굴을 외면하지 마옵소서" (132:10)

성전에서 드리는 예배를 배경으로 한 이 시에는 하나님을 향한 다윗의 사랑과 다윗을 향한 하나님의 사랑이 예루살렘(시온)과 법궤를 교차점으로 만나고 있습니다. 다윗은 자신이 왕으로 기름부음 받은 곳인(삼하 5:17) 예루살렘에, 오래 전 엘리 제사장 당시 성소에서 블레셋으로 강탈되었던 법궤를 다시 모셔오기를 원했습니다. 오늘 시편 2-5절은 그때 다윗이 드렸던 서원의 기도입니다. 법궤를 되찾아 하나님의 처소를 마련해 모실 때까지는 침상에 오르고 잠을 자지 않겠다는 그의 기도를 하나님께서 받으셨습니다. 성전의 건축은 아들 솔로몬 때로 미루라 하셨지만 법궤를 옮겨오고 성벽과 왕궁을 짓는 것을 허락하심으로써 예루살렘을 이스라엘의 영적, 정치적 중심으로 확정해 주신 것이지요. 오랫동안 장소를 바꾸며 홀대받던 법궤를 다시 모셔올 때 다윗이 느낀 기쁨은 사무엘하에 잘 기록되어 있습니다: "다윗이 가서 하나님의 궤를 기쁨으로 메고 오벧에돔의 집에서 다윗 성으로 올라갈새 여호와의 궤를 멘 사람들이 여섯 걸음을 가매 다윗이 소와 살진 송아지로 제사를 드리고 다윗이 여호와 앞에서 힘을 다하여 춤을 추는데 그 때에 다윗이 베 에봇을 입었더라. 다윗과 온 이스라엘 족속이 즐거이 환호하며 나팔을 불고 여호와의 궤를 메어오니라(삼하 6:13-15)."

다윗은 그 감격을 자기 인생의 정점으로 여기며 하나님을 섬겼습니다. 하나님께서는 나단 선지자를 통해 다윗의 후손이 이스라엘의 영구한 왕조를 이으리라고 약속해 주셨습니다(삼하 7장). 다윗이 자신의 때를 누리고 떠났습니다. 솔로몬, 르호보암, … 그 이후 누군가의 시대에 오늘 시인은 다윗의 그 열심을 언급하면서 하나님께서 지금과 미래의 다윗 왕조를 복주시고 지키시기를 간구합니다. 아마도 나라가 위태한 때였을 것입니다. 이대로 우리 나라가 망하는 것은 아니지요, 하나님 우리를 버리실 수는 없습니다. 다윗과의 약조, 나단을 통해 주신 언약이 있지 않습니까. 주께서 이 시온에 영원히 거하시마 말씀하시고(13-14절) 우리를 풍족하게 하시마 약속하셨습니다(15절). 함께 예배하는 회중이 목소리를 모아 노래합니다. "주의 종 다윗을 위하여 주의 기름부음 받은 자의 얼굴을 외면하지 마옵소서(10절)." 어느 훗날 예루살렘은 함락되고 성전은 불탑니다. 하나님께서는 예루살렘을 신격화한 이스라엘이 "시온 신학"의 참뜻을 깨달아 참된 성전이신 메시아께로 돌아오기를 바라셨습니다. 때가 차매 예수께서 오셨고(갈 4:4) 이제 온 족속들 가운데서 그를 믿는 자들이 나아와 참 성전이 되어 하나님 나라를 지어 가고 있습니다 (엡 2:22). 그러나 경건한 주의 백성이 드렸던 이 진실한 기도는 그들의 시대에 그들이 드릴 수 있었던 최상의 진심이었으며, 여전히 우리 마음에 울림을 줍니다: 주의 종 다윗을 위하여 (우리 왕의) 얼굴을 외면하지 마옵소서.

❗ 적용하기

1. 법궤를 모시려 애타한 다윗의 마음은 오늘 나의 삶에 어떻게 연결할 수 있습니까?

2. 믿음의 선배들을 생각하며 나의 믿음을 다잡아 보는 경험을 하십니까?

🕯 오늘의 기도

믿음을 지키기 위해 고통받고 희생을 무릅쓴 우리의 선진들을 기억하시고 한국 교회에 긍휼을 베풀어 주셔서 정결하고 거룩한 교회로 새로이 일어서게 하소서.

시편 133:1-3

찬송 208장

주야로 묵상할 말씀

"거기서 여호와께서 복을 명령하셨나니 곧 영생이로다" (133:3)

이 시 역시 "성전에 올라가는 노래들(시 120-134편)" 중 한 수입니다. 누가 어떤 형편에서 이 노래들을 불렀을지 상상해 봅니다. 성전을 향해 먼 길을 떠나는 성도도 있었겠고, 혹은 성전이 서있는 언덕을 오르다가 허리를 펴고 숨을 고르는 성도도, 아니면 이런저런 형편으로 성전에 가지 못하고 마음으로 동경하며 이 노래를 부른 성도도 있었을 것입니다. 이들 "성전가"들은 성전 건물의 장엄함이나 성전에서 드려지는 제사, 성전을 지키고 섬기는 봉사자들에 관해 노래하기도 합니다만, 오늘 시편은 성전을 직접 언급하지 않습니다. 성전이 세워진 곳의 이름으로서 시온을 말하지만 시온이라는 장소의 지형이나 아름다움을 이야기하지도 않습니다. 그러나 오늘 시편은 시온을 세계의 중심에 놓습니다. 시온보다 크고 화려한 그 어떤 도시도 갖지 못한 하나님의 성전이 거기 있기 있습니다. 그래서 시온은 중심입니다. 사방에서 성도들이 모여들고, 이슬이 모여와 비가 되어 내리는, 세계의 중심이 시온입니다. 시인이 이스라엘 국수주의자여서가 아니라, 우주의 주재이신 하나님을 모시는 예배공동체의 아름다움이 그것을 보게 해 준 것입니다. "보라 형제가 연합하여 동거함이 어찌 그리 선하고 아름다운고!(1절)"

하나님의 임재를 사모해 성전에 모여든 성도들이 서로를 바라보며 감격합니다. 한 하나님을 모시고 예배하는 공동체가 그 하나됨을 자각할 때, 그것보다 아름다운 광경이 또 있을까요. 시인의 심안은 이스라엘 북부 고지 헐몬의 이슬이 하나님 계신 시온을 사모해 바람을 타고 모여드는 광경을 봅니다. 각지에 흩어졌던 성도들이 성전을 향해 모여드는 동안 헐몬의 이슬이 여정을 마치고 시온의 산 위에 비가 되어 내립니다. 하늘을 향해 두 팔을 들고 선 제사장의 머리를 적시고 수염을 타고 흐르는 빗물을 보고 거룩한 직분을 나타내는 향유를 떠올렸을지도 모릅니다: "머리에 있는 보배로운 기름이 수염 곧 아론의 수염에 흘러서 그의 옷깃까지 내림 같도다(2절)." 인생의 곤함도 세상사의 추함도 그 거룩한 기름에 다 씻어지는 것만 같습니다. 여호와께서 복을 부어주시는 현장에 선 사람, 영생을 가진 자의 감격이 가슴을 적십니다. "헐몬의 이슬이 시온의 산들에 내림 같도다. 거기서 여호와께서 복을 명령하셨으니 곧 영생이로 (3절)."

백두산 천지에서 피어오른 물안개가 바람을 타고 산을 넘고 물을 건너 한라산 백록담에 단비가 되어 내리는 광경을 상상해 봅니다. 통일조국 믿음의 식구들이 한 목소리로 우리의 하나님 여호와를 높이고 우리 구주이신 그리스도께 사랑의 송가를 올려드리는 그날을 그리며 우리도 나직이 되뇌어봅니다: 보라 형제가 연합하여 동거함이 어찌 그리 선하고 아름다운고… 거기서 여호와께서 복을 명하시니 곧 영생이로구나.

❗ 적용하기

1. 신앙의 연륜이 쌓이면서 성도의 교제를 사랑하는 마음이 깊어져 가고 있습니까?

2. 내가 있는 자리를 더 깊은 사귐이 있는 영적 공동체로 만들기 위해 할 일은 무엇입니까?

🙏 오늘의 기도

하나님 임재가 있는 곳 하나님을 뵙는 곳. 형제와 연합하여 동거하는 믿음의 공동체를 사모하고 기뻐하는 마음이 평생토록 이 가슴을 떠나지 않게 하소서.

시편 134:1-3

찬송 450장

주야로 묵상할 말씀

"천지를 지으신 여호와께서 시온에서 네게 복을 주실지어다" (134:3)

시인은 특이하게 "밤에" 성전의 근무를 서는 여호와의 종들을 묘사합니다. 이스라엘인들은 누구나 자신을 "여호와의 종"이라 부를 수 있었지만, 여기서 말하는 여호와의 종은 성전에서 근무하는 레위지파 소속 사역자들입니다. 아침 제사와 저녁 제사를 포함해 순번제로 성전을 경비하고 기물들을 관리하며 하나님을 송축하는 것이 그들의 임무였습니다. 원문 1절에서 하나님을 향한 "송축"은 3절에서 인간을 향한 "축복"과 동일한 히브리어 바락 입니다. 주석가 키드너(Kidner)는 "사람이 하나님을 송축(bless)하는 것은 그분의 어떠하심을 그대로 인정하는 행위이고, 하나님께서 사람을 축복(bless)하는 것은 그를 새로운 존재로 바꾸시고 그에게 결핍된 것을 선물하시는 행위이다"라고 멋지게 표현했습니다. 우리는 하나님께서 축복해 주셔야 하나님을 송축할 수 있는 사람들입니다.

3절은 시인의 기원문입니다: "천지를 지으신 여호와께서 (이처럼 수고하는) 그대에게 시온의 복을 내리시기를!" 성전의 봉사는 겉으로 보이지 않는 일들, 반드시 해야 하지만 그 자체로서는 사소해 보일 수많은 일들을 포함합니다. 그 일을 묵묵히 해내고 있는 동료를 향해 시인이 마음으로 축복의 기도를 드립니다. "천지를 지으신 여호와께서 그대에게 복 주시기를!" 원문 3절은 문법상 "하나님께서 네게 복을 주실 것이다"로 읽을 수도 있어 "하나님을 축복하라, 그러면 그가 네게 복을 주실 것이다!"라는 의미로 해석할 수도 있습니다만, 앞서 본 문맥대로 시인이 동료들에게 하나님을 찬양하라 촉구하고는 스스로 그들을 위해 "하나님의 복이 네게 있기를!" 하며 축복한 것으로 보고 싶습니다. 그것이 레위지파 본연의 임무이기도 합니다: "그 때에 여호와께서 레위 지파를 구별하여 여호와의 언약궤를 메게 하며 여호와 앞에 서서 그를 섬기며 또 여호와의 이름으로 축복하게 하셨으니 그 일은 오늘날까지 이르느니라(신 10:8)." 결국 시인은 레위 자손답게 하나님을 칭송하고 사람을 축복하는 직무를 충실히 이행한 셈입니다.

시인이 동료들을 마음에 두고 "하나님을 송축하라!"는 시상을 떠올린 것도 자신 역시 돋보이지 않는 직무를 수행하는 중이 아니었을까 상상해 봅니다. 남들 눈에 띄지 않는 한 구석에서 자기 일에 힘을 다하는 주의 일군. 그 모습을 무심한 듯 지켜보는 또 한 사람의 사역자. 스쳐가는 시상과 몇 줄의 메모. 그렇게 오늘 우리 앞에 이 시가 열려 있습니다. 서로를 향해 여호와를 송축하라 권하고, 서로를 위해 여호와께서 그에게 복주시기를 축복하는 아름다운 공동체. 하나님을 섬기는 종이 그 이상 무엇을 더 바라겠습니까.

❗ 적용하기

1. 내 인생에서 만나게 된 "밤에 성전에 서 있는 여호와의 종"은 누구입니까?

2. 믿음의 동료들을 위해 기도하고 축복하는 시간을 내고 계십니까?

🕯 오늘의 기도

주님의 영광을 지키는 경건한 종들을 제 곁에 두심을 감사합니다. 피차 축복하고 협력하는 아름다운 동역의 관계가 늘 이어지게 하소서.

시편 135:1-21

찬송 80장

주야로 묵상할 말씀

"여호와께서는 위대하시며 우리 주는 모든 신들보다 위대하시도다" (135:5)

오늘 시편은 "찬송하라!"는 촉구로 시작한 뒤 마치 "왜 찬송해야 합니까?" 라는 질문에 답하듯 하나님의 성품에 관해, 그리고 그분께서 행하신 놀라운 일들에 대해 서술합니다. 하나님께서 위대하시기에. 그분께서 나를(우리를) 구원해 주셨기에. 그분께서 만물을 창조하신 분이시므로. 하나님은 은혜와 인자가 풍성하시기 때문에… 찬양의 이유는 헤아릴 수 없이 다양하고, 그 내용을 종합하면 조직신학의 "신론"이자 넓게 말해 "신학"이 될 것입니다. 특정한 시 한 수에 담긴 한 성도의 증언이 권위 있는 계시의 말씀이 되고, 다시 시편이라는 한 권의 책이 되고 신구약

성경이 되어 우리 손에 지금 들려져 있다는 것, 그 말씀을 오늘 우리가 함께 읽고 묵상하고 나눌 수 있다는 이 모든 일이 참으로 놀랍고 신비하기만 합니다. "왜 찬양해야 합니까?"에 대한 대답의 목록에, 생명의 양식인 성경을 주셨으니 찬양합니다! 라는 답도 들어 있어야겠습니다.

오늘 시편은 이스라엘의 주님이신 여호와, 우리 여호와라는 친밀함의 고백으로 일관되어 있습니다. 처음부터 찬양하라는 촉구도 "우리 여호와의 성전 곧 우리 하나님의 성전 뜰에 서 있는" 동족에게 향해 있고(3절), 하나님은 "야곱 곧 이스라엘을 자기의 특별한 소유로" 택하신 분이며(4절) 자기 백성 이스라엘을 구하기 위해 애굽을 정벌하신 분이시자(8-9절) 아모리, 바산, 가나안 족들을 심판하시고 그들의 땅을 환수하셔서 "자기 백성" 이스라엘의 기업으로 주신 분이시라고 묘사됩니다(10-12절). 여호와라는 신이 그럴 권리가 있냐고 항의하는 목소리를 상상이라도 한 듯이 여호와는 모든 신들보다 위대하신 분이시고(5절), 온 우주에서 당신의 뜻대로 행하시는 절대자이시며(6절), 안개와 번개, 바람으로 대표되는 모든 자연현상의 주도자시라고(7절) 선언합니다. 그에 반해 뭇 나라들이 섬긴다는 우상들은 어떻습니까? "열국의 우상은 은금이요 사람의 손으로 만든 것이라. 입이 있어도 말하지 못하며 눈이 있어도 보지 못하며 귀가 있어도 듣지 못하며 그들의 입에는 아무 호흡이 없나니(15-17절)." 허무한 것, 이름을 지어 부를 가치도 없는 것이 우상이요 열국의 신입니다. 그렇기 때문에, 우상들을 만드는 자나 그것들을 의지하는 사람은 다 그 우상들과 마찬가지로 허무한 존재들입니다(18절). 이것을 생각하면, 참되신 하나님을 알게 된 주의 백성이 찬양하지 않을 수 없습니다. 그래서 다시 한 번 찬양의 촉구가 이스라엘 족속에게, 아론의 족속,

레위 족속으로 점점 좁혀지면서 예배의 초점인 시온산 성전으로 향합니다. 그곳에 여호와께서 계시기 때문입니다. "예루살렘에 계시는 여호와는 시온에서 찬송을 받으실지어다 할렐루야(21절)!" 우리의 마음이 늘 주께만 향하기를!

❗ 적용하기

1. 나는 어떤 우상들을 섬겨 왔습니까?

2. 믿지 않는 이들에게 그리스도의 절대성을 어떻게 증언해야 합니까?

🙏 오늘의 기도

우상을 섬긴 어리석은 자가 참되신 하나님을 믿을 수 있게 해 주심을 감사드립니다. 다른 이들에게도 참되신 하나님과 하나님 아들 그리스도를 전하게 해 주소서.

136

시편 136:1-26

찬송 292장

주야로 묵상할 말씀
"그 인자하심이 영원함이로다" (136:1-25)

시편 136편은 예배 인도자와 회중이 주고받는, 곡조 있는 교독문입니다. 인도자가 "지혜로 하늘을 지으신 이에게 감사하라!"하고 외치면 회중이 "그 인자하심이 영원함이로다"로 받는 방식으로 스물 여섯절을 이어갑니다. 150편 시편 중에서도 이런 규칙적인 의례는 특별한 경우인데, 예배의 엄숙함을 잠시 떠나 일상의 상황에서 상상해 본다면 농악패의 타령이나 응원단의 구호제창 같은 흥겨운 장면이 연상되기도 합니다. 한 하나님을 모신 회중이 일제히 외치는 함성이 얼마나 파워풀합니까. 이 상징적 모습이 우리 공동체생활 구석구석에서 나타나면 참 좋겠습니다.

시인은 모든 신들과 지배자들 위에 군림하시고 초월하시는 하나님께서 행하신 위대한 일들을 찬양합니다. 지혜로 하늘을 지으시고, 땅을 물 위에 펴시고 큰 빛들을 짓고 천체들에게 밤과 낮이라는 영역을 배당해 주신 것을 칭송합니다. 이것은 창세기 1장 창조기사의 원용인데, 이 시편을 낭송하는 회중은 창세기 기사에서는 오직 하나님만 보실 수 있었던 창조의 현장에 가 있는 듯 창조의 한 장면마다 장단을 맞추어 "그 인자하심이 영원하도다!"라고 노래합니다. 우리말 "인자함"은 히브리어 헤세드의 뜻을 너무 좁혀 놓은 번역입니다. 헤세드는 하나님의 변함없고 한결같으신 성품을 강조하는 말입니다. 천지를 창조하시는 하나님의 말씀 한 마디 손짓 하나도 다 우리를 향하신 한결같은 사랑에서 비롯된 것이라는 이 고백이 이스라엘 신앙의 중심에 있습니다. 창조를 물질적 우주의 기원과 정교한 자연계의 운행이라는 측면에서만 보아서는 안 됩니다. 물론 창조를 믿는 것은 우연과 확률의 변수로 만사를 파악하는 유물론 혹은 진화론적 관념보다는 나을지 모르지만, 우리는 창조주 하나님의 솜씨에만 감탄할 것이 아니라, 우리를 염두에 두시고 우리를 위해 현란하게 아름다운 우주를 지으신 그 은혜와 사랑, 헤세드에 감복해야 마땅합니다. 그 인자함은 애굽의 종살이에서 이스라엘을 건지신 구원역사에서 더 뚜렷이 드러납니다. 스스로의 힘으로 이겨낼 수 없는 억압자를 하나님께서 물리치실 때, 이스라엘은 가만히 서서 "내가 하나님인 줄 너희는 알지어다"라는 하나님의 음성 앞에 경탄했습니다. 어린 양의 피 뒤에 숨어 죽음의 사자들을 피하게 하시고, 홍해를 갈라 마른 땅을 건너게 하시고, 뭇 왕들을 물리쳐 약속의 땅에 들이신 것도 하나님의 인자하심에서 비롯되었습니다. 이 출애굽의 경험은 이스라엘이 사는 날 동안 하나님은 누구인지를 아는 근본인식의 틀이 되었습니다. "우리를 비천함 가운데에서도 기억해 주신 이에게 감사하라. 우리를 우리 대적에게서 건지신 이에게 감사하라. 그의 인자하심이 영원하도다!" 오늘 우리의 고백도 동일합니다. 바닥에 주저앉은 우리를 기억하사 일으켜 세우시고 감당할 수 없는 곤경에서 건져주신 하나님을 찬양합니다. 당신의 헤세드가 영원합니다!

❗ 적용하기

1. 하나님의 놀라우심을 어떤 계기와 경험을 통해 알게 되었습니까?

2. 하나님의 인애를 잊지 않기 위해 어떤 훈련이 필요합니까?

🙏 오늘의 기도

제 삶의 크고 작은 일들 속에서 주의 인자하심의 증거들을 찾을 수 있게 도와 주시고, 믿음의 식구들과 한 마음 한 목소리로 주의 인자를 노래하게 하소서.

137

시편 137:1-9

찬송 481장

주야로 묵상할 말씀

"예루살렘아 내가 너를 잊을진대 내 오른손이 그의 재주를 잊을지로다(137:5)."

이스라엘의 존재감을 파괴하고 영속적 트라우마를 불러일으킨 바벨론 유배는 이후 이스라엘에게 고통과 재난의 대명사가 되었습니다. 시편 137편은 바벨론 제국에 끌려간 이주민들의 비통한 마음을 가장 생생히 그려낸 시로 꼽힙니다. "우리가 바벨론의 여러 강가에 앉아서 시온을 기억하며 울었도다. 우리를 사로잡은 자가 우리에게 노래를 청하며 자기들을 위해 시온의 노래 하나를 부르라 하니, 우리가 어찌 이방 땅에서 야웨 하나님의 노래를 부르리요…" 이 가슴 아픈 독백은 억압과 고통을 경험하는 이들에게 큰 공감을 주어왔고, 흥미롭게도 구약 모티프의 영향을 깊이 받은 자마이카 토착종교 라스파타리(Rastafari)의 종교성과 결합해 레게음악 그룹인 멜로디언즈(Melodians)의 "Rivers of Babylon(1967년)"라는 히트곡을 낳게 됩니다. 이 노래는 다시 독일의 디스코 그룹 보니엠(Boney M)의 1978년 커버곡으로 재발표되면서 플래티넘 히트를 기록하는데, 국내에서도 큰 인기를 끌어서 가사가 성경에서 나온 것인지도 모르면서 흥얼흥얼 따라 불렀던 기억이 생생합니다.

대중음악으로 큰 인기를 얻은 사실에서 보듯 이 시편에 그려진 유배민의 정서는 우리가 공감할 수 있는 자연스런 것입니다만, 여기에는 두 가지 반전이 있습니다. 첫째는 "Rivers of Babylon" 노래가사에 실리지 않은, 이 시편의 후반부가 보여주는 잔혹한 복수심입니다. "멸망할 딸 바벨론아 네가 우리에게 행한 대로 네게 갚는 자가 복이 있으리로다. 네 어린 것들을 바위에 메어치는 자는 복이 있으리로다(8-9절)." 물론 이러한 정서가 하나님 백성에게 요구되는 규범적인 정서일 수는 없습니다. 신약시대만이 아니고 구약시대에서도 그렇습니다. 하나님께서는 아담 이래 무수한 죄인 어리석은 자의 생각들을 성경에 기록해 두신 것은, 우리가 그 내용들을 통해 하나님의 은혜를 깨닫고 우리가 할 일을 생각해보라는 배려이실 뿐입니다. 둘째, 성경이 바벨론 포로기의 의미를 부정적으로만 그리고 있지는 않습니다. 예레미야 선지자의 권면에서 명확히 보이듯 하나님께서는 바벨론 포로생활을 통해 이스라엘 이주민들을 제국의 각 지역에 흩어져 정착하게 하셨고, 이스라엘 고토와 왕정, 성전과 제사 그 어느 것도 남아있지 않은 환경에서 민족성과 신앙의 중심지로 회당을 세워 "말씀과 기도의 삶"을 이어가도록 하셨습니다. 먼 훗날 "때가 차매" 메시아 그리스도께서 오시고 그분의 죽으심과 부활을 증언하는 사도와 제자들이 지중해 권역 각 지역마다 그곳 회당을 중심으로 예수가 그리스도시라는 복음이 선포된 것은 바로 바벨론 포수라는 "일어나서는 안 되는" 비극적 사건이 없었더라면 불가능했을 것입니다. 우리는 최악의 상황에서도 최선을 마련하고 계시는 하나님의 섭리와 신비를 볼 수 있는 믿음의 안목이 필요합니다.

❗ 적용하기

1. 우리 시대의 어떤 상황과 사건들이 "바벨론 유배"에 해당할까요?

2. 부를 수 없는 노래를 부르라는 식으로 믿음의 조롱을 받은 일이 있습니까?

🙏 오늘의 기도

70년 불신의 죄를 지고 바벨론으로 유배되어 갔던 유대인들처럼 하나님의 징계를 받아 마땅한 우리들이지만, 진노를 멈추시고 회개할 기회를 허락하소서.

시편 138:1-8

찬송 300장

주야로 묵상할 말씀

"여호와여 주의 인자하심이 영원하오니 주의 손으로 지으신 것을 버리지 마옵소서" (138:8)

이 시는 다윗의 이름으로 불리지만 개인적 소회는 나오지 않는, 이스라엘 공동체가 성전에서 하나님의 영광을 묵상하며 부르도록 지어진 노래입니다. 시인은 하나님을 친밀하게 경험한 사람입니다. "내가 간구하는 날에 주께서 응답하시고 내 영혼에 힘을 주어 나를 강하게 하셨나이다(3절)." 이런 경험을 반복하면서 그는 자신의 앞날을 하나님께 의탁할 수 있다는 확신을 갖게 되었습니다. "내가 환난 중에 다닐지라도 주께서 나를 살아나게 하시고 주의 손을 펴사 내 원수들의 분노를 막으시며 주의 오른손이 나를 구원하시리이다(7절)." 시인의 개인적 체험은 이 시편을 통해 이스라엘 공통의 신앙고백이 되고, 성경으로 우리에게 전수되어 오늘 우리의 믿음을 일깨우고 삶에 능력을 주는 말씀으로 살아 움직이고 있습니다. 오늘 우리의 개인적 체험과 고백 역시 하나님의 신비한 손길에 들려 공적인 증언이 되어 누군가를 살릴 수 있음을 생각하면 얼마나 가슴 벅찬 일인지 모릅니다. 이스라엘이 그 안에서 숨 쉬고 살았던 문화에서는 수많은 신들이 세상에 존재하고 여러 민족과 나라 심지어 동네마다 각자 자기들의 수호신을 섬기는 것이 당연했습니다. 시인이 1절에서 "내가 전심으로 주(당신)께 감사하며 신들(엘로힘) 앞에서 주(당신)께 찬송합니다"라고 노래한 것은 그러한 배경에서 생각할 때 더 각별하게 다가옵니다. "세상에 다른 신들이 많아도 나는 나의 주 당신께만 내 마음을 드립니다." 물론 그 "다른 신들"은 헛것이요 우상이며, 여호와는 이스라엘 땅만을 다스리고 이스라엘 백성만을 호령하는 지역신이 아닌 유일하신 하나님이십니다. 그러나 우리가 유일신 신앙이라는 추상적 관념을 가지고 구약성도들이 씨름해야 했던 실존적 고민을 가볍게 정리할 수는 없습니다. 오늘 우리도 다르지 않습니다. 예배당에서는 유일하신 하나님을 예배하지만 현실에서는 세상을 지배하는 다른 신을 섬기기가 얼마나 쉽습니까? 예수님께서 "너희가 하나님과 맘몬을 겸하여 섬기지 못한다"고 하신 이유는, 사람들이 그렇게 하고 있기 때문입니다. 맘몬은 힘이고 돈입니다. 이것은 21세기 자본주의 사회에서만 있는 문제는 아닙니다. 동서고금을 막론하고 사람들은 늘 힘을 숭배하고 돈 앞에 굽실거리면서 살아왔기 때문입니다. 여호수아는 약속의 땅에 들어가자마자 배교하는 이스라엘 백성에게 "야웨냐 바알이냐. 마음을 정해라. 너희가 어찌하든 나와 내 집은 야웨만을 섬길 것이다"라고 외쳐야 했습니다(수 24:14-15). 오늘 우리도 배교의 시대를 살아갑니다. 진실하고 순수한 믿음으로 살려 하면 외롭고 힘듭니다. 그러나 하나님은 의인의 고통을 아시고 참된 예배자를 알아 주십니다. "여호와께서는 높이 계셔도 낮은 자를 굽어 살피시며 멀리서도 교만한 자를 아심이니이다(6절)." 이 고백을 공유하며 다시 힘을 내어 참 믿음의 길로 달려갑니다. "나는 뭇 신들 앞에서 주께 찬송하겠습니다."

❗ 적용하기

1. 하나님께서 내 대적들의 분노를 막아주시는 경험을 해 보셨습니까?

2. 힘과 돈의 우상을 물리치기 위해 어떻게 싸우고 있습니까?

🙏 오늘의 기도

낮은 자를 굽어 살피시는 자비로운 아버지, 사람들의 마음을 사로잡는 우상들을 떨치고 오직 주 하나님만 사랑하고 섬길 수 있도록 도와 주소서.

시편 139:1-24

찬송 320장

주야로 묵상할 말씀

"여호와여 주께서 나를 살펴보셨으므로 나를 아시나이다" (139:1)

만물을 지으신 하나님이 모든 것을 아신다는 것은 신학적으로나 논리적으로나 받아들이기 어려울 것이 없습니다. 그러나 하나님의 "전지하심"을 추상적 개념으로서가 아니라 바로 나를 속속들이 아신다는 개인적 차원에서 직면하면 문제가 달라집니다. "당신은 제가 앉고 일어서는 것도 아시고, 멀리서도 제 생각을 환히 꿰뚫고 계십니다. 외출할 때나 잠들 때나 일체의 움직임을 다 파악하고 계시고, 제 혀가 하는 말도 놓치시는 법이 없습니다(2-4절)." 누군가가 나를 24시간 감시한다는 것을 알면 얼마나 섬뜩합니까? 그런데 하나님의 눈을 피할 수 없다 말한 시인은 "나는 주께 감사합니다(14절)"라고 고백합니다. 이유는 단순합니다. 그 주님이 나를 사랑하시기 때문입니다. 우리는 자신의 비밀을 지키고 싶어하지만 동시에 비밀을 털어놓고 싶어합니다. 자신의 약점이 드러나고 매력이 사라질까봐 갖는 두려움만큼이나 자신의 모습 그대로 용납과 사랑을 받고 싶은 본능 역시 강력하기 때문입니다. 알고 지내는 친구와 절친의 차이는 서로의 비밀을 얼마나 보였는가에 있고, 이성 친구가 애인으로, 다시 배우자로 바뀌는 결정적 계기 역시 비밀의 공유일 경우가 많습니다.

하나님이 나를 속속들이 아신다는 것을 깊이, 정말로, 이해하기는 쉽지 않습니다. 우리는 기도하면서도 체면을 갖추고 속내를 묻어두고 있을 때가 많은 사람들입니다. 정말 부끄럽고 고통스런 일들은 자기 스스로도 견디지 못해 기억에서 지우기까지 하는 것이 우리 마음의 신비로운 기제입니다. "내가 주의 영을 떠나 어디로 가며 주의 앞에서 어디로 피하리이까 내가 하늘에 올라갈지라도 거기 계시며 스올에 내 자리를 펼지라도 거기 계시니이다. 내가 새벽 날개를 치며 바다 끝에 가서 거주할지라도 거기서도 주의 손이 나를 인도하시며 주의 오른손이 나를 붙드시리이다(7-10절)." 이 고백에 나오는 "어디, 거기"가 단지 물리적 공간일 리가 없습니다. 시인은 자기 존재의 모든 구석이, 마음의 계산과 기억과 상상과 꿈과 무의식조차도 다 하나님 앞에 환히 열려 있다는 것을 진정으로 이해한 사람입니다. 이것은 끔찍한 공포 아니면 극한의 자유를 가져다줍니다. 내 일기장을 다 읽어버린 사람, 벌거벗은 나를 본 사람과는, 평생을 같이 하든지 아니면 다시는 마주치지 말아야 합니다. 내 실상을 다 아시는 하나님이기에 그 앞에서 자유를 누리는 사람, 마음을 열고 입을 열어 하나님 앞에 거리낄 것이 없는 사람은 참으로 행복한 사람입니다. 그래서 "여호와여 주께서 나를 살펴보셨음으로 나를 아시나이다(1절)"라고 입을 연 시인은 다시 "하나님이여 나를 살피사 내 마음을 아시며 나를 시험하사 내 뜻을 아옵소서(23절)"라고 고백합니다. 나를 아시는 그분이 나를 영원한 길로 인도하실 것이기에(24절)… 우리도 오늘 이 고백을 마음으로 드릴 수 있는지요?

❗ 적용하기

1. 하나님 앞에서 벌거벗고 자유를 누리는 경험을 하셨습니까?

2. 하나님이 나를 아신다는 것을 의식할 때 어떤 유익을 얻습니까?

🙏 오늘의 기도

주의 눈을 피해 살았던 과거를 청산합니다. 주님을 믿고 두려움 없이 벌거벗사오니 주께서 내 마음을 살펴 씻으시고 새롭게 하소서.

140

시편 140:1-13

찬송 543장

주야로 묵상할 말씀

"여호와는 고난당하는 자를 변호해 주시며 궁핍한 자에게 정의를 베푸시리이다" (140:12)

억울한 일을 당한 사람이 공정한 판결과 보상을 얻는 과정은 길고 고통스러울 때가 많습니다. 그래서 결과물로서의 정의로움은 물론이지만, 정의를 추구해 가는 과정에서 억울함을 들어주고 맺힌 마음을 풀어주며 노정을 함께 해주는 누군가의 존재가 참으로 귀합니다. 악한 자들에게 당한 억하심정을 절절이 토로한 이 탄원시에서 시인은 자신에게 귀 기울여 주는 분을 찾았습니다. 시인의 적은 강하고 교활하며 집요했습니다. 독기서린 말로 저주하고, 꾀를 모아 시인을 잡을 함정을 준비했습니다(2-5절). 적진으로 돌격하는 병사가 기대할 것은 아군의 엄호입니다. 시인은 자신이 약자인 것을 잘 알았기에 주께 부르짖어 도움을 청하고 전쟁에 뛰어들었습니다(6절). 마침내 승리를 거둔 시인은 하나님께서 자신을 가려주셔서 살 수 있었다고 고백합니다: "내 구원의 능력이신 주 여호와여 전쟁의 날에 주께서 내 머리를 가려 주셨나이다(7절)." 하나님이 엄호해 주시고 지원사격을 해 주셔서 살아남았다는 병사의 고백은, 다윗의 때에나 21세기 오늘이나 주를 의지하는 사람의 변함없는 체험담일 수밖에 없습니다.

　이 시는 저주시(imprecatory psalm)라고도 불립니다. 시인의 소원이 자신의 생존과 승리에 머물지 않고, 악인들이 재기할 수 없도록 철저히 몰락하는 것을 바라는 저주로 연결되기 때문입니다. 시인은 남을 악담하고 저주하며 살아온 그 악당들에게 자기들이 말하던 바로 그 재난이 닥치기를 바라며 "뜨거운 숯불이 그들 위에 떨어지게 하시며 불 가운데와 깊은 웅덩이에 그들로 하여금 빠져 다시 일어나지 못하게" 해달라고 호소합니다(9-10절)." 시인의 분노와 증오는 깊고 강렬합니다. 이러한 저주의 기도를 비성경적이라 정죄하기 전에, 시인은 자신의 원수가 자신만이 아니라 하나님을 대적한다고 이해했다는 사실, 그리고 회개하지 않고 심판받지 않는 악인들은 곧 공의로우신 하나님을 모욕하고 있다고 믿었다는 점을 기억해야 할 것입니다.

　시인의 기원이 현실에서 이루어졌는지 우리는 알지 못합니다. 우리의 경험대로라면 그의 요청대로 "뜨거운 숯불이" 악인들 머리 위에 쏟아지거나 악인들이 "불 가운데와 깊은 웅덩이에 빠져" 헤어나지 못하는 일은 자주 일어나지 않습니다. 시인도 그것을 알고 있었을 것입니다. 어쩌면 원수 갚는 일은 하나님의 것임을 잘 아는 시인이기에 악인을 저주하는 기도를 드린 후 마음을 다잡아 마침기도를 드렸는지도 모릅니다: "내가 알거니와 여호와는 고난 당하는 자를 변호해 주시며 궁핍한 자에게 정의를 베푸시리이다(12절)." 그렇게 해주시면, 그렇게만 해주시면... 시인이 간구합니다: "진실로 의인들이 주의 이름에 감사하며 정직한 자들이 주의 앞에서 살리이다(13절)." 공분은 좋으나 증오는 주께만 아뢰는 것이 좋습니다. 우리의 몫은, 주님께서 정의를 세워주실 것을 믿고 감사하며 그분을 따르는 것입니다.

❗ 적용하기

1. 전쟁의 날에 하나님께서 당신의 머리를 보호해 주신 경험을 헤아려 보십시오.

2. 악인을 저주하는 기도의 내용에서 내가 배우고 사용할 점은 무엇입니까?

🙏 오늘의 기도

악인의 손에서 저를 보호하시고 그들이 악한 염원을 이루지 못하게 막아 주셔서 의로운 무리와 함께 주의 이름을 높이게 하소서.

시편 141:1-10

찬송 484장

주야로 묵상할 말씀

"나의 기도가 주의 앞에 분향함과 같이 되며 나의 손드는 것이 저녁 제사같이 되게 하소서" (141:2)

기도에 관해 무언가를 말해야 한다면 대부분의 성도는 기도생활의 기쁨과 고충을, 아니면 기도가 응답되기 바라는 소망을 우선적으로 표현할 것입니다. 이 시인은 다릅니다. 자신의 기도가 성전의 아침 저녁 제사처럼 틀림없이 하나님께 드려지기를 원하고 있습니다. 대대로 성전의 예배직을 위해 훈련된 제사장들이 율법 규정을 따라 수행하는 그 엄중한 직분만큼이나 자신의 기도생활이 철저하기를 바란 것이니, 참으로 높은 기준을 가진 기도의 용사가 아닐 수 없습니다. 사실 원래부터 제사와 기도는 동반될 수밖에 없는 것이고 성전이 파괴된 후 유대인들은 아침 저녁 제사를 대신해 아침기도 밤기도를 드린 것이 사실입니다만, 2절에 나타난 시인의 호소에는 그러한 통상적 연상을 넘어서는 내면의 진실성이 느껴집니다.

자신의 기도를 성전의 제사에 이입하던 시인은 문득 자신의 말을 지켜달라고 하나님께 요청합니다: "내 입에 파수꾼을 세우시고 내 입술의 문을 지키소서(3절)." 기도하는 사람의 내밀한 생각과 입술에 담긴 언어가 일치하지 않을 수 있습니다. 우리가 그것에 놀라고 아파하지 않는 것이 사실은 가슴 아픈 일일 것입니다. 시인이 성전에서 아침저녁으로 기도하고 제물을 드리고 있을 악인들을 떠올리지 않았나 생각해 봅니다. 흠 잡을 데 없는 종교인, 엄숙하고 진지한 언어로 기도를 드리고 값진 제물로 자신들의 신앙을 과시하지만 그 속에는 악하고 더러운 것이 가득한 악인들! 시인의 마음이 격해집니다. "절대로 제가 악행에 끼지 않기를, 절대로 제가 그들의 잔치에 발들이지 않기를(4절)!" 그 결심의 구체적 실행을 보여줄 5-7절은 원문이 매우 난해해서 역본들 간에 불일치가 큽니다만, 표준새번역이 그 뜻을 잘 표현하고 있어 보입니다: "(제가) 악인들에게 대접을 받는 일이 없게 해 주십시오. 나는 언제나 그들의 악행을 고발하는 기도를 드리겠습니다. 그들의 통치자들이 돌부리에 걸려서 넘어지면, 그제서야 백성은 내 말이 옳았음을 알고서, 내게 귀를 기울일 것입니다. 댓돌이 땅에 부딪쳐서 깨지듯이 그들의 해골이 부서져서 스올 어귀에 흩어질 것입니다." 악한 자들의 몰락을 확신하며 자신은 절대 악한 자들과 어울리지 않겠다는 시인의 결연한 각오는 하나님의 도우심을 구하는 간구와(8절) 악인들의 계책으로부터 보호를 요청하는(9-10절) 기도로 종결됩니다.

악인들이 기승을 부리는 세상에서 우리는 자칫 무력감과 냉소 혹은 악에 대한 증오에 사로잡히기 쉽습니다. 오늘 시인의 결심처럼 악을 해결하는 것은 결국 하나님의 몫임을 인정하고 자신은 다만 악인과 구별되어 신실하게 기도하며 하나님의 뜻을 받들기는 쉽지 않습니다. 우리의 기도와 순종이 아침과 저녁마다 하나님께 드려지는 이 시대의 예물이 되기를!

적용하기

1. 내 속의 생각과 입술의 고백이 일치하지 않는 것을 발견할 때가 있습니까?

2. 악인들의 행태를 보면 내 마음에 어떤 반응이 입니까?

오늘의 기도

악에게 눌리고 분노에 지지 않도록 이 어리석고 약한 자를 지켜 주시며, 제 입술의 간구가 하나님 앞에 그치지 않도록 기도의 영을 허락하소서.

142

시편 142:1-7

찬송 494장

주야로 묵상할 말씀

"여호와여 내가 주께 부르짖어 말하기를 주는 나의 피난처시요 살아 있는 땅에서 나의 분깃이시라 하였나이다" (142:5)

다윗이 사울의 군대를 피해 도망다니던 시절에 지은 기도문입니다. 그의 하루하루는 살얼음판을 걷는 것 같았습니다. 한 번의 실수가 죽음을 뜻하는 절체절명의 상황에서 그가 노래를 지을 수 있었던 것은 노래할 "여유"가 있어서가 아니었습니다. 다윗이 도움을 요청할 곳은 하나님 외에 아무도 없었습니다: "나를 아는 이도 없고 나의 피난처도 없고 내 영혼을 돌보는 이도 없나이다(4절)." 이것은 겸손도 과장도 아니었습니다. 생사를 손에 쥔 왕이 죽이려 하는 다윗을 위해 나서 줄 사람이 어디 있었겠습니까? 그를 도와주었던 제사장 아히멜렉은 물론 그가 찾아간 제사장 마을 놉 주민 전부를 학살한 사울이었습니다(삼상 21-22장). 사울에게 불만을 품은 이들이 모여들어 다윗의 식구들이 되었지만 그것이 사울과 대적할 세력이 될 수는 없었습니다. 골리앗을 죽인 영웅을 향한 촌부들의 호의에 의지하는 것도 잠시, 다윗은 정직하게 자신이 피할 길은 없다고 말했습니다. 하늘로 길이 열리지 않는 한... 그래서 그는 하늘을 향해 호소합니다: "오른쪽을 살펴 보소서 나를 아는 이도 없고 나의 피난처도 없고 내 영혼을 돌보는 이도 없나이다. 여호와여 내가 주께 부르짖어 말하기를 주는 나의 피난처시요 살아 있는 사람들의 땅에서 나의 분깃이시라 하였나이다. 나의 부르짖음을 들으소서(4-5절)." 이 기도의 결과가 어떠했는지는, 이후의 역사가 분명히 보여주고 있습니다.

　우리는 이 시편에서 약함이 기회인 것을 봅니다. 다윗은 자신의 약함을 의식하고 주저앉는 대신, 그 약함을 가장 강한 힘을 얻는 기회로 삼았습니다. "나를 핍박하는 자들에게서 나를 건지소서 그들은 나보다 강하니이다(6절)." 참으로 진솔한 고백입니다. 그들이 나보다 강하다고 말하는데 망설임도 호들갑도 없습니다. 사실 내가 적보다 강하다면 하나님을 찾아야 할 이유가 어디 있겠습니까. 우리가 적보다 약하면 이길 수 없습니다. 그러나 적보다 약해야 이길 수 있습니다. 위대한 역설입니다. 다윗의 약함이 없었더라면 그의 간절한 기도도 없었을 것이고, 하나님의 구원도 경험하지 못했을 것입니다.

　사람이 자신의 한계에 부딪치면 도움을 구할 것 같지만 반드시 그렇지는 않습니다. 특별히 절대적 한계에 부딪친 사람이라 해도 하나님을 찾고 그분의 도우심을 요청하는 사람은 적습니다. 다윗은 기도의 결과를 알았고 하나님의 구원을 믿었습니다. "내가 소리내어 여호와께 부르짖으며 소리 내어 여호와께 간구하는도다(1절)." "내 영혼을 옥에서 이끌어 내서 주의 이름을 감사하게 하소서. 주께서 나에게 갚아 주시리니 의인들이 나를 두르리이다(7절)." 부르짖을 수 있는 이에게 하나님은 구원이 되십니다.

❗ 적용하기

1. 내 약함으로 인해 하나님을 의지하고 승리한 경험이 있으십니까?

2. 피차 연약한 우리가 믿음으로 연대하는 방법은 무엇입니까?

🙏 오늘의 기도

제가 아무리 성실하고 정직하게 행해도 작정하고 덤비는 적을 다 막아 낼 수 없습니다. 하나님께서 피할 길을 주시고 도움이 되셔서 나를 구해 주소서.

시편 143:1-12

찬송 349장

주야로 묵상할 말씀

"내가 다닐 길을 알게 하소서 내가 내 영혼을 주께 드림이니이다"
(143:9)

감옥은 의인들로 붐비고 교회는 죄인들로 넘친다는 말이 있습니다. 죄짓고 감옥에 간 사람들은 유전무죄 무전유죄 타령하며 억울해하고, 괜찮은 사람들이 교회에 가서 자기는 죄인이라 울고불고 한다는 풍자이지요. 거룩하신 하나님 앞에 선 사람은 자신의 더러움에 경악하게 됩니다. 성전에서 하나님을 만난 이사야는 자기는 망했다고 탄식했고(사 6:5), 그리스도의 신성을 깨달은 베드로는 "주여, 나를 떠나소서 나는 죄인입니다"라고 간청했습니다(눅 5:8).

다윗은 원수들의 공격에 지친 심신을 이끌고 주 앞에 나왔습니다. "원수가 내 영혼을 핍박하며 내 생명을 땅에 엎어서(3절)"라는 표현이 얼마나 절박합니까. 사악한 의도를 갖고 집요하게 달려드는 적을 상대하는 것은 착한 심성이나 강인한 의지력 정도로 견뎌내기 어려운 일입니다. 다윗 역시 자신이 입은 내상을 의식하면서 자신의 심령이 속에서 상하며 마음이 참담하다고, 자신이 "죽은 지 오랜 자 같이" 되었다고까지 토로합니다. 그는 절망하고 있었습니다. 이렇게 내 인생이 끝나는 것인가 정말로 더 이상 희망은 없는 것일까… 그러나 절망의 순간에 다윗은 주님께로 향합니다. "내가 옛날을 기억하고 주의 모든 행하신 것을 읊조리며 주의 손이 행하는 일을 생각하고 주를 향하여 손을 펴고 내 영혼이 마른 땅같이 주를 사모하나이다(5-6절)." 저는 다윗이 살면서 보여주었던 그 어떤 용맹이나 지략, 고상함도 오늘 본문에서 이 순간을 통해 보여준 신앙의 모습만큼 값질 수 없다고 생각합니다. "여호와여 속히 내게 응답하소서… 주의 얼굴을 내게서 숨기지 마소서. 아침에 나로 하여금 주의 인자한 말씀을 듣게 하소서 내가 주를 의뢰함이니이다. 내가 다닐 길을 알게 하소서 내가 내 영혼을 주께 드림이니이다." 절망의 혼수상태에서 깨어나 약동하는 한 영혼의 기록입니다. 이제 그는 파탄을 곱씹고 과거에 머무는 사람이 아니라 하나님이 열어 주시는 새 일을 기대하며 전진하는 사람이 되었습니다. 미국에서 20대에 살인범으로 몰려 형무소에 간 지 25년 만에 DNA 증거물 재검사로 무죄가 입증되어 석방된 분의 인터뷰 동영상을 보았습니다. 그분의 말이 처음에는 억울해서 복수심으로 마음이 다 망가졌다 합니다. 그렇게 십 몇 년을 지내다가 어려서 믿었던 기독교신앙을 다시 찾았고 그 믿음으로 삶을 지탱해왔다고 고백했습니다. 무죄로 석방되는 날 그는 자유를 감사하면서 자기에겐 남을 미워할 시간이 없다며 하나님께서 원하시는 일에 남은 시간을 쓰고 싶다는 말을 남겼습니다. 우리도 마찬가지입니다. 자신에게 얼마의 시간이 허락되어 있는지조차 모르는 우리들입니다. 아침에 주의 인자한 말씀을 들읍시다. 다닐 길을 알게 해주시는 주님을 의뢰하고 그 길에 우리 인생을 쏟읍시다.

적용하기

1. 이전에 받은 은혜의 기억이 오늘 내 모습과 대비되어 힘들 때가 있습니까?

2. 영혼이 피곤하다 할 만큼 간절한 기도의 내용은 무엇입니까?

오늘의 기도

어리석은 이 죄인을 너그럽게 여겨 주시고, 내 영을 짓누르는 고통과 억울함을 돌아 보시며 악한 적을 물리쳐 나를 구원해 주소서.

144

시편 144:1-15

찬송 68장

주야로 묵상할 말씀

"이러한 백성은 복이 있나니 여호와를 자기 하나님으로 삼는 백성은 복이 있도다" (144:15)

이 시는 다윗의 개인적 고백으로 시작해서 언약공동체의 신앙고백으로 마칩니다. 다윗은 자신이 사는 동안 체험한 하나님을 회상합니다. 어린 소년에 불과했던 자신의 손을 가르치시고 손가락을 훈련시키셔서 전사로 만드신 하나님이라 고백합니다. 그 하나님은 "나의 사랑, 나의 요새, 나의 산성, 나의 구원자, 나의 방패, 나의 피신처"입니다. 그 하나님께서 이스라엘 백성이 자신을 따르게 하신 것을 생각해보니 "사람이 무엇이기에 그를 알아 주시고, 인생이 무엇이기에 그를 생각하시나이까"라는 고백이 흘러나왔습니다. 그 시점에서 그의 시적 상상력이 현실을 바라봅니다. 이방 국가들의 공격이 있고 그를 해치기 위해 칼이 그를 겨누고 있습니다. 하나님께서 돕지 않으시면 사람은 숨결 한 모금 같고 그 인생이라야 지나가는 그림자에 불과하다는 것을 생각하고는 하나님께서 강림하시고 "번개를 번쩍이시고 주의 화살을 쏘아" 원수들을 물리치고 자신을, 이스라엘을, 구원해 달라고 노래합니다.

그리고 나서 12-14절에 일상적이고 목가적인 행복을 누리는 사람들이 그려집니다. "우리"라는 표현이 무려 8번이나 나옵니다. 통치자 다윗이 신민들을 "저들"로 보는 관점에서가 아니라, 하나님 앞에서 함께 살아가는 공동체의 멤버이자 대표로서 노래하고 있기 때문입니다. 그들은 의젓하게 자라나는 우리 아들들과 반듯하고 어여쁜 우리 딸들을 보며 흐뭇해합니다. 우리 곳간에 온갖 곡식이 그득하고 우리 양들은 들에 뛰놀고, 우리 수소들에게 실을 것이 많고, 적들은 우리를 침략하지 못하니 우리는 전쟁에 나갈 일도 고향 땅 동네 거리에서 슬퍼할 일도 없습니다. 얼마나 평온하고 행복한 모습입니까. 사실 크고 작은 전쟁이 끊이지 않았던 다윗의 시대, 이스라엘 평민들에게 이런 묘사는 아름답지만 비현실적인 꿈으로 느껴졌을 것입니다. 적들은 수시로 국경을 넘었고, 전쟁터에서 자식을 잃은 이웃의 곡성이 들리는 날들이 많았습니다. 곳간은 비어 있고 수소는 등에 짐 실을 일이 없다고 쓰는 것이 훨씬 더 리얼한 묘사였을 수 있습니다. 그러나 중요한 것은 그들이 이 꿈을 함께 꿀 수 있었다는 사실입니다. 마음이 하나 되어 같은 꿈을 꾸는 공동체는 그 꿈을 현실로 누릴 특권이 있습니다. 꿈꾸는 그 자리, 소망의 현장에 이미 행복이 임합니다. 특권층의 아들딸은 늠름하게 크는 동안 서민들의 자녀들은 노역으로 전쟁으로 꺾이는 나라라면 이 꿈을 공유할 수 없습니다. 백성이 함께 "우리"의 행복을 꿈꿀 수 없고 각자도생의 전쟁터에서 눈을 치뜨고 살아야만 하는 나라는 "여호와를 자기 하나님으로 삼는 백성"의 복을 누릴 수 없는 것입니다. 이 시편이 21세기 대한민국 우리들의 노래로 공유되기를 꿈꾸며 오늘도 걸어갑니다. 이러한 백성이라야 복이 있습니다. 여호와를 "우리 하나님"으로 모신 백성, 이 시편을 "우리의 노래"로 삼는 백성 말입니다.

적용하기

1. 하나님께서 어떤 상황에서 어떻게 내 손을 가르쳐 싸우게 하셨습니까?

2. 같은 꿈을 꾸는 나라를 이루기 위해 우리 성도들은 무엇을 해야 합니까?

오늘의 기도

제가 무엇이길래 하나님께서 저 같은 자를 돌아보십니까? 오늘도 하나님의 능력과 도우심을 힘입어 제게 맡기신 일들을 신실하게 수행할 수 있도록 허락하소서.

145

시편 145:1-21

찬송 21장

주야로 묵상할 말씀

"여호와께서는 자기에게 간구하는 모든 자 곧 진실하게 간구하는 모든 자에게 가까이 하시는도다" (145:18)

각 시행의 첫 단어가 A, B, C... 처럼 히브리 알파벳 글자 순서대로 시작되는 알파벳 시편입니다. 알파벳 시의 구성법칙은 모든 것을 망라한 완전성을 연상시키는데, 이 시가 "모든," "전부," 혹은 "다"로 번역된 전칭의 단어 콜 을 반복해 사용하는 것과 일맥상통합니다. 시인은 먼저 하나님의 권능을 노래합니다. 그는 위대하시고 큰 찬양을 받아 마땅하시며, 크고 기이한 일, 두렵고 놀라운 일을 행하시는 하나님이십니다(3-6절). 그러나 하나님께서는 당신의 능력과 위엄이 사람을 얼어붙게 두시지는 않습니다. 시인은 하나님의 인애하심을 상기시킵니다: "여호와께서는 은혜로우시며 긍휼이 많으시며 노하기를 더디 하시며 인자하심이 크시도다(8절)." 이 말씀의 배경이 되는 출애굽기 34:6-7의 상황은 의미심장합니다. 하나님께서 직접 적어주신 거룩한 계명의 돌판을 손에 들고 호렙산을 내려온 모세를 기다린 것은 그새 금송아지를 만들어 난잡한 우상숭배에 빠진 이스라엘의 모습이었습니다. 모세는 격분해서 돌판을 깨뜨려버렸고, 하나님의 진노의 심판으로 삼천여 명이 죽습니다(출 32장). 그리고는 다시 돌판을 만들어 올라오라는 하나님의 지시를 받아 올라간 모세에게 하나님께서 나타나시며 "(나는) 여호와라 여호와라 자비롭고 은혜롭고 노하기를 더디 하고 인자와 진실이 많은 하나님이라. 인자를 천대까지 베풀며 악과 과실과 죄를 용서하리라 그러나 벌을 면제하지는 아니하고 아버지의 악행을 자손 삼사 대까지 보응하리라(출 34:6-7)." 계명을 주시는 두 번의 만남, 두 번 다 구름과 연기로 상징되는 하나님의 위엄과 함께 그분의 인애를 선포하는 말씀이 공존합니다. 우리는 이 지점에서 하나님을 만납니다. 두려워해야 마땅하신 그분께서 우리를 향해 자신의 자애로우심을 선포하셔야 우리는 삽니다.

하나님의 권능과 인애에 이은 세 번째 핵심개념은 하나님 나라입니다. 이 나라는 영원한 나라입니다(13절). 하나님 나라는 다윗왕조와 이스라엘 민족을 넘어서 모든 사람을 품습니다. 이 나라에서 하나님은 넘어지고 짓밟히는 모든 이를 붙들어 일으키시며(14절), 그분만을 바라보는 모든 이에게 먹을 것을 주시고(15절), 그 손을 펼치셔서 모든 생명체의 허기를 채우십니다(16절). 하시는 모든 일이 의롭고 은혜로우신 하나님은 진심으로 그분께 간구하는 모든 이에게 가까이 다가오시고(18절), 자기를 경외하는 자들의 간구를 들으시고 그들을 구원하십니다(19절). 이것이 우리가 살게 된 하나님 나라입니다. 고아와 과부의 아버지를 자청하시고 인자와 긍휼, 공평과 자비로 세상을 통치하시는 여호와 하나님께서 세우신 그 나라의 통치자는 "다윗의 왕좌와 그의 나라에 군림하여 그 나라를 굳게 세우고 지금 이후로 영원히 정의와 공의로 그것을 보존하실" 분, 평화의 왕이신 그리스도이십니다.

적용하기

1. 긍휼이 많으시고 노하기를 더디 하시는 하나님을 개인적으로 어떻게 경험하셨습니까?

2. 당신은 이전보다 더 진실하게 하나님께 나아가고 있습니까?

오늘의 기도

어제보다 오늘 더, 오늘보다 내일 더 하나님을 찾게 하시고 당신의 은혜와 긍휼, 인자하심을 깊이 경험하여 제 삶으로 선포하게 하소서.

시편 146:1-10

찬송 70장

주야로 묵상할 말씀

"야곱의 하나님을 자기 도움으로 삼으며 여호와 자기 하나님에게
자기의 소망을 두는 자는 복이 있도다" (146:5)

오늘 시편은 회중에게 찬양하라는 촉구(1절)에 이어 찬양해야 할 이유를 자세히 알려주고 "할렐루야" 즉 여호와를 찬양하라는 명령문으로 대미를 맺는 고전적인 찬양시입니다. 형식적으로만 아니라 내용을 보아도 하나님에 관한 설명이 성경의 신앙고백 레퍼토리를 총동원하듯 합니다. 하나님은 "천지와 바다와 그 중의 만물"을 지으신 창조주이시며(6절), 억눌린 사람들을 공의로 재판해 주시는 재판장이시며 배고픈 이들을 먹이시는 보호자이십니다(7절). 그는 갇힌 자들을 풀어 자유롭게 해 주시며 맹인들의 눈을 여시고 엎드러진 자를 일으키시며 나그네와 고아와 과부를 보호하시는 구주가 되십니다(7-9절). 시인은 하나님에 관한 이들 진술을 논리와 이론에 가두어두지 않습니다. 하나님이 창조주시라는 믿음은 단지 자연발생론이나 진화론의 대척점에 선 이론이 아닙니다. 세상의 기원과 변화과정을 논하는 이론들은 그 논리적 타당성에 의해서 판단할 일입니다. 신앙인들에게 창조주 하나님을 믿는 믿음은 그 하나님이 내 하나님이시고(2절), 그 하나님이 내 소망이시며 영원히 진실하신 분이시라는(5-6절) 체험적, 관계적인 신앙고백으로 연결되어야만 의미가 있습니다. 우주를 지으신 창조주 하나님께서 그 조화와 아름다움에 감탄하시며 천상에 머무셨다면 우리는 그 하나님과 상관이 없었을 것입니다. 그러나 그 하나님께서는 이 땅에 내려오셔서 억눌린 사람들을 위해 정의롭게 판결하시며, 굶주린 이들을 먹이시고 갇힌 자를 풀어주시며, 눈먼 자의 눈을 뜨시고 엎드린 이들을 일으켜 세우시고, 의인을 사랑해주시고 나그네를 보호하시고 고아와 과부를 부축해 주시며 악인의 길을 좌절시키시는 하나님이십니다. 이 얼마나 가슴 뛰게 하는 말씀들입니까. 이 하나님이 우리의 왕이 되셔서 영원히 다스리시기에(10절) 우리는 노래합니다. "할렐루야 내 영혼아 여호와를 찬양하라. 내 생전에 여호와를 찬양하며 내 평생에 내 하나님을 찬송하리로다(1-2절)!" 하나님 백성은 하나님이 어떤 분이신지 어떤 일들을 하셨는지 아는 지식을 바탕으로 찬송을 드려야 합니다. 교회문화의 일각에서 성경말씀을 통해 바른 신앙 바른 신학을 배우는 것은 무시하고 음악과 율동 혹은 특정한 종교행위를 통해서 특별한 은혜를 받는다는 듯이 가르치는 것은 참으로 위험스러운 일입니다. 하나님께서 역사 속에서 하신 일들과 우리에게 주신 가르침들은, 확실하고 명료합니다. 우리 천지의 창조주께서 우리 하나님 우리 주님이십니다. 그분께서 분명히 말씀하신 것을 묵상하고 순종하는 삶을 살 때 우리는 더 깊은 지식과 더불어 평안과 기쁨, 능력을 누리게 될 것입니다.

❗ 적용하기

1. 사람을 의지하지 않고 하나님만 의지하는 것을 배워가고 있습니까?

2. 하나님을 의지하여 나를 속박하던 것들로부터 (편견, 열등감, 악습, 갈등, 채무 등등) 자유로와지는 경험을 했습니까?

🙏 오늘의 기도

만물을 지으시고 다스리시며 연약한 자를 도우시고 묶인 자를 풀어주시는 하나님. 당신께만 소망을 두고 주님만을 의지하는 믿음을 떠나지 않게 도와주소서.

시편 147:1-20

찬송 71장

주야로 묵상할 말씀

"할렐루야 우리 하나님을 찬양하는 일이 선함이여 찬송하는 일이 아름답고 마땅하도다" (147:1)

시편 전체의 종결부에 "할랄 시편"들을 배치한 것은 150수를 모아놓은 「시편」의 대미로 삼기 적절해서였을 것입니다. 이 시편 역시 성도들에게 찬양할 것을 촉구하는 시입니다만, 다른 시들과 달리 독특한 점이 있습니다. 그것은 첫 절에 나오는 아름다운 표현에 집약되어 있습니다: 찬송하는 일이 아름답고 마땅하도다! 찬송하는 일은 아름다운 일이지만, 마땅한 일이기도 합니다. 아름다운 것은 욕구의 대상이 됩니다. 우리가 찬송할 때 즐거운 이유가 거기 있습니다. 마땅한 일은 자연스럽고 이치에 맞는 일, 그렇게 하지 않으면 도무지 어색한 일을 가리킵니다. 도움을 입으면 감사하는 것이 마땅합니다. 물에 빠진 사람 건져주니 보따리 내놓으라 한다는 속담이 있습니다. 있을 수 없는 황당한 경우를 가리킵니다. 성도가 찬양하지 않는다면 딱 그런 짓만큼이나 경우에 맞지 않는 일이라 하겠습니다. 하나님께서 이스라엘을 향해 "이 백성은 내가 나를 위하여 지었나니 나를 찬송하게 하려 함이니라(사 43:21)"고 말씀하신 것을 생각하면 더더욱 그렇습니다. 그렇다면 마땅한 일, 설명이 필요 없는 일을 설명하시는 이유가 무엇일까요? 우리가 그 당연한 일을 하지 않고 있기 때문이겠지요. 본래는 호흡하듯 자연스러운 찬양이었지만, 오늘 우리는 격려와 채근을 받아야만 겨우 찬양하는 사람들이 되었습니다. 그래서 우리는 이 시편을 모델삼아 찬양할 이유를 늘 새롭게 익혀야겠습니다.

하나님은 창조주이시기에 찬양받아 마땅하십니다. 우주에 그득한 별들을 일일이 헤아리시고 저마다의 이름을 부르십니다(4절). 계절의 변화와 기후를 주관하시며 풀이 자라게 하시고 짐승들을 손수 먹이십니다(8-9절; 16-18절). 당연히 찬송을 받으셔야 합니다. 하나님은 구원자 되시기에 찬양받아 마땅하십니다. 상심한 자를 고치시고 겸손한 자들을 붙들어주시며(3, 6절) 자기 백성들을 먹이시고 자녀들에게 복을 내려주시는 분이십니다(13-14절). 예루살렘을 세우시고 이스라엘의 흩어진 자들을 모으셔서 나라를 이루시는 것도 하나님의 솜씨입니다. 하나님은 그 사랑으로 인해 찬양받아 마땅하십니다. 상한 자의 상처를 친히 싸매어 주시고(3절) 낮아진 자들을 붙들어주십니다(6절). 무엇보다 감사한 것은 하나님께서는 사랑스러운 대상이 아니라 사랑이 필요한 이들을 품고 아끼신다는 점입니다. "여호와는 말의 힘이 세다 하여 기뻐하지 아니하시며 사람의 다리가 억세다 하여 기뻐하지 아니하시고(10절)." 준마는 찬탄을 불러일으키며 건강한 남성미는 부러움을 삽니다. 그러나 하나님의 관심과 애정은 다른 곳에 있습니다: 여호와는 자기를 경외하는 자들과 그의 인자하심을 바라는 자들을 기뻐하시는도다(11절)! 우리는 그 하나님의 사랑을 듬뿍 받는 그의 백성입니다. 그분을 찬양하는 것이, 마.땅.합.니.다.

❗ 적용하기

1. 내 능력을 키우는 대신 주님의 인애를 바라는 사람으로 바뀌어가고 있습니까?

2. 하나님 말씀을 받아 믿는 것이 얼마나 큰 특권인지를 점점 더 깨닫고 감사하게 되었습니까?

🐝 오늘의 기도

뭇별들을 이름으로 부르시는 창조주 하나님께서 내 상처를 싸매시는 구주가 되심을 감사합니다. 내 자신의 힘보다 하나님의 인애를 추구하고 의지하는 믿음이 변치 않게 하소서.

시편 148:1-14

찬송 36장

주야로 묵상할 말씀

"여호와의 이름을 찬양할지어다 그의 이름이 홀로 높으시며 그의 영광이 땅과 하늘 위에 뛰어나심이로다" (148:13)

우리는 하나님의 이름을 찬양하기 위해 지음 받은 사람들입니다(사 43:21). 그러니 우리가 정상상태에 있다면 하나님을 찬양하는 것이 숨 쉬듯 자연스러워야 마땅할 것입니다. 오늘 시 148편의 시인은 그런 의미의 "정상인"일 뿐 아니라, 자신의 눈에 띄는 모든 피조물들도 자기와 마찬가지로 하나님을 찬양해야 마땅하다고 느낍니다. 그래서 이 시는 "…은 찬양할지어다"라는 문구의 퍼레이드입니다. 하늘에서, 높은 데서, 하늘 위의 하늘에서, 하늘 위의 물에서 모두 찬양하라고, 거기 거주하는 해와 달, 밝은 별, 천사들도 다 찬양하라고 외칩니다(1-4절). 우리는 이 시가 지어진 시대와 그 시대의 세계관에 대해 잘 모릅니다. 하늘과 높은 곳이 어떻게 다른 지, 하늘 위의 하늘과 하늘 위의 물이 오래된 신화세계의 지형도인지 성경이후 시대의 파생물인지, 시인이 마음속에 그리는 구체적인 이미지에 대해 아는 것이 적습니다. 다만 확실한 점은 시인의 눈에는 온 우주가 찬양의 무대이고 모든 피조물은 찬양대원이라는 것, 그의 귀에는 그 오묘한 찬송이 들리고 있다는 것입니다. 모든 피조물을 열거하며 그들이 다 찬양 드려야 마땅하다고 말하는 것은 시인의 감성에서 말한 것이지만, 본문은 신학적 이유 역시 친절히 설명하고 있습니다: "그것들이 여호와의 이름을 찬양함은 그가 명령하시므로 지음을 받았음이로다(5절)." 피조물이면 마땅히 찬양해야 합니다! 그것이 당연합니다(시 147:1 참조). 이 피조물의 범위에는 시인이 주위에서 볼 수 없는 신화적 존재까지도 들어 있습니다. 7절에 나오는 바다와 용은 고대근동 신화에서 혼돈과 죽음의 힘을 상징하는 존재들입니다. 그들에게 "땅에서" 여호와를 찬양하라는 것은 혼돈과 악을 제압하고 통치하시는 하나님의 주권을 한껏 높여드리는 행동입니다. "불과 우박과 눈과 안개와 그의 말씀을 따르는 광풍"이라는 인간의 이해와 통제를 벗어난 위압적인 존재들도 마찬가지입니다. 사람으로 말하자면 "세상의 왕들과 모든 백성들과 고관들과 땅의 모든 재판관들… 총각과 처녀와 노인과 아이들"까지 총망라됩니다(11-13절). 이런 점에서 이 시편은 "할렐루야 우리 하나님을 찬양하는 일이 선함이여 찬송하는 일이 마땅하고 아름답도다"라는 시 147:1의 선언에 대한 응답입니다. 놀랍고 감사하게도 "그의 이름이 홀로 높으시며 그의 영광이 땅과 하늘 위에 뛰어나신" 여호와 하나님께서 찬송을 받으실 뿐 아니라 그의 백성 이스라엘의 뿔을 높이십니다. 명예와 힘, 부러움의 상징인 뿔이 하나님의 배려하심으로 인해 높아집니다. 자기 힘으로 힘과 명예를 확보하고 스스로 뿔을 높이려 하는 것은 세상의 "처세술"입니다. 하나님 백성은 다만 그분을 높이고 그분의 영광을 가로채지 않겠다고 스스로를 낮추고 있으면 그분께서 높여 주십니다.

❗ 적용하기

1. 눈에 보이는 만물이 하나님을 찬양하는 모습을 상상하면 어떤 느낌이 듭니까?

2. 그리스도를 믿은 후 나는 어떤 면에서 더 존귀해졌습니까?

🙏 오늘의 기도

찬양받기 합당하신 하나님, 만물들이 드리는 찬송소리를 듣도록 제 귀를 열어주시고, 제 입을 열어 높으신 하나님 나를 높이신 하나님을 찬양하게 하소서.

시편 149:1-9

찬송 546장

주야로 묵상할 말씀

"그들의 입에는 하나님에 대한 찬양이 있고 그들의 손에는 두 날 가진 칼이 있도다" (149:6)

찬양과 칼. 이 두 단어는 한 문장 안에 담기에는 너무 이질적으로 들립니다. 하지만 "입에는 찬양을, 손에는 칼을 가진(6절)" 이 성도들은(하시드, 6절) 하나님의 구원을 찬양하면서 이방인을 처형하는 칼을 휘두릅니다. 본문이 보여주는 이 같은 긴장감 때문에 학자들은 종종 이 시를 역사 속에 실재했던 특정한 집단(하시딤) 혹은 특정한 사건(마카비의 난)에 제한시켜 해석합니다. 실제로 유대인(마카비의 난)만이 아니라 기독교인(토마스 뮌처의 난) 전통에서 이 시편을 군가 내지 승전가로 사용한 예도 있습니다. 그러나 하시드를 반드시 결사단원같은 특별한 존재로 여겨야 할 당위성은 없습니다. 개역개정번역에서처럼 하시드는 그냥 신실한 자, 성도로 옮길 수 있고, 찬양과 칼 양자가 모두 정당한 신앙의 표현이기 때문입니다. 아브라함도 가신들을 이끌고 전투를 불사했고 모세와 여호수아가 이끈 출애굽-광야-정착의 과정 역시 전쟁의 연속이었으며, 찬양의 대명사라 할 다윗도 누구 못지않게 손에 피를 많이 묻힌 사람이었습니다. 에스라와 느헤미야 당시의 귀환세대의 마음은 뜨거운 찬양으로 가득했지만, 바로 그들이 예배 후 "한 손에 쟁기, 한 손에 칼" 하고 외치며 예루살렘 성을 지켜냈던 것을 기억할 필요가 있습니다. 우리 인생은, 언제나 찬양과 칼을 함께 지녀야 하는 처지입니다. 진리로 인해 기뻐하고 찬양하는 만큼 진리의 적들과는 투쟁을 피할 수 없으니 말입니다. 시상의 전개가 독특하다고들 하는 이 시야말로 그런 점에서 어쩌면 평이하고 현실적인 시입니다. 찬양은 하나님을 높이는 행동이기에 하나님과의 관계 그리고 하나님에 관한 지식을 전제로 합니다. 이 시편에서 이스라엘이 만난 하나님은 그들을 지으시고 구원해 주신 분입니다. 하나님의 구원하심과 연관될 때 히브리어 아나빔은 억압받는 자를 뜻하므로 4절을 이렇게 옮겨봅니다: "여호와께서는 자기 백성을 기뻐하시며 억압받는 자를 풀어주어 영광을 허락하신다." 이러한 구원을 이해한 사람이 성도이니 "영광 중에 즐거워하고 그들의 침상에서 기쁨으로 노래"하게 됩니다(5절). 우리가 이부자리 위에서 펄쩍펄쩍 뛰며 환호해 본 기억이 언제인지, 2002년 한국축구가 월드컵 4강에 오를 때 이후로 그럴 일이 없었다는 대답이 나올까 두렵습니다. 우리의 구원의 기쁨은 "월드컵 4강 진입"의 기쁨과 비할 수 없이 커야 마땅하지 않습니까. 다윗과 함께 기도하게 됩니다: "주의 구원의 즐거움을 내게 회복시켜 주시고 자원하는 심령을 주사 나를 붙드소서. 그리하면 내가 범죄자에게 주의 도를 가르치리니 죄인들이 주께 돌아오리이다(시 51:12-13)." 우리가 칼날로 나라들을 치고 왕과 고관들을 처형할 일은 더 이상 없습니다. 이제 우리 손에 쥐어진 칼은 죽이는 칼이 아니라 영혼을 살리는 칼, 성령의 검이니 "이런 영광이 그의 모든 성도에게 있도다 할렐루야!(9절)"

❗ 적용하기

1. 하나님 말씀이 예리한 검과 같다는 것을 실감해 본 경험이 있습니까?

2. 나는 찬양과 칼을 둘 다 지니고 살아갑니까?

🙏 오늘의 기도

구원의 아름다움을 참으로 깨달아 알게 해 주셔서 기쁨으로 노래하게 하시고, 하나님의 뜻을 세상에 펼치는 주의 병기가 되게 해 주소서.

150

시편 150:1-6

찬송 69장

주야로 묵상할 말씀

"호흡이 있는 자마다 여호와를 찬양할지어다 할렐루야" (150:6)

그랜드 피날레. 오페라나 교향곡 대미의 벅찬 종결부를 그렇게들 부르지요. 시편 150수의 종결장인 오늘 시도 「시편」이라는 제목에 (「시편」의 히브리어 제목 테힐림은 "찬양들"이란 뜻입니다) 걸맞게끔 찬양하라 찬양하라 찬양하라의 대합주로 마칩니다. 여섯 행으로 된 짧은 시에서 무려 열세 번에 걸쳐 찬양으로의 초대를 하고 있다는 것만으로도 「시편」의 "결론적 메시지"가 무엇인지 명확해집니다. "호흡이 있는 자마다 여호와를 찬양할지어다." 이것은 찬양하라는 명령문이지만, 찬양하는 사람이라야 제대로 살아있는 존재라는 의미도 됩니다. 오늘 찬송시는 그래서 찬양의 매뉴얼만이 아닌, 우리 삶의 매뉴얼로 이해해야 합니다. 많은 악기가 언급된 이 시로부터 찬송의 음악적 측면을 조명해 보는 것도 의미 있는 일입니다만, 그 이상으로 우리는 찬송의 신학적 기초가 무엇인지에 주목해야 합니다. "그의 능하신 행동을 찬양하며 그의 지극히 위대하심을 따라 찬양할지어다"라는 말씀은 우리에게 하나님 그분을 제대로 알 것을, 그리고 그분께서 하신 일들과 그분의 놀라우심에 대해 깊이 이해할 것을 요구합니다. 다수의 찬송시는 찬송으로의 초대와 더불어 찬송해야 할 이유와 동기를 설명해 주며 독자를 설득하는 논리구조로 되어 있다는 것을 기억하고(시 117편 묵상 참조) 우리는 충분한 신학적 토대 없이 음악의 호소력에 지나치게 의존하는 행태의 위험에 대해 진지하게 고민해야 합니다. 성도들의 삶은 찬송과 떼어 놓을 수 없습니다. 그리스도께서도 그리하셨습니다. 그리스도께서 탄생하실 때 천군과 천사의 합창이 울려 퍼졌고(눅 2:13-14), 그리스도께서 다시 오실 때 천사장의 나팔 소리가 들릴 것이며(살전 4:16), 그의 사랑하는 신부 교회와 혼인잔치가 열리는 하늘에서는 할렐루야 찬송이 우렁차게 울려 퍼질 것입니다(계 19:1-10). 하나님의 이름을 찬미하기 위해 지음 받은 우리들에게 시편은 인생의 사명선언서이고 우리의 호흡입니다. 이 땅에 사는 동안 크고 작은 승리와 크고 작은 좌절이 날줄과 씨줄처럼 오가며 우리 삶의 화폭에 수를 놓아 갑니다. 우리는 그 경험들을 거치며 환호하고 슬퍼합니다. 그래서 시편도 그처럼 찬양과 감사, 애통과 탄식이 엮여 있지 않나 싶습니다. 그 많은 시들에 담긴 무궁무진한 이야기들 속에 늘 찬송과 기도의 흐름이 멈추지 않는 것은 우리가 슬플 때나 기쁠 때나 주님께 나아가고 기도할 수 있다는 것을, 그렇게 하는 것이 마땅하다는 것을, 알리는 방법이었다고 생각합니다. 무엇이 복되고 아름다운 인생인가? 그 답을 찾도록 이끈 시 1편에서 시작해서 이제 그 복된 인생경험의 정점에서 일어나는 "찬송의 환희"를 맛봅니다. 이것이 우리 삶입니다. 찬송하십시오. 숨 쉬는 자는 마땅히 그리 해야 하니까요. 할렐루야.

❗ 적용하기

1. 우리의 찬양은 하나님의 위대하심 자체에 초점이 맞추어져 있는지요?

2. 모든 악기로 찬양하라는 초청에 개인적으로 어떻게 응답하십니까?

🙏 오늘의 기도

높고 위대하신 하나님을 찬양합니다. 내 입술 내 손발 내 가진 것 모두 드려 지금부터 영원토록 주님을 찬양하오니 주님 받아 주소서. 할렐루야.

부록 01 | 양식비평 이론에 따른 시편의 분류 | 양식별 목록

참조: 어니스트 루카스, 『시편과 지혜서』, 박대영 역 (성서유니온, 2008), 39-40.

찬양시 [총 32수]

♪ **일반 찬양시 [20수]**
8, 29, 33, 65, 95, 100, 103, 104, 113, 114, 117, 134-136, 145-150

♪ **여호와의 왕권 [6수]**
47, 93, 96-99

♪ **시온 찬가 [6수]**
46, 48, 76, 84, 87, 122

탄식시 [총 55수]

♪ **개인 탄식시 [34수]**
3, 5-7, 13, 17, 22, 25-28, 35, 39, 41-43, 51, 54-57, 61, 64, 69, 71, 86, 88, 102, 109, 130, 140-143

♪ **공동체 탄식시 [11수]**
12, 44, 60, 74, 79, 80, 83, 85, 90, 126, 137

감사시 [총 11수]
- 🎵 개인 감사시 [8수]
  9, 10, 32, 34, 92, 116, 118, 138
- 🎵 공동체 감사시 [3수]
  67, 107, 124

제왕시 [총 11수]
- 🎵 제왕시 [11수]
  2, 8, 20, 21, 45, 72, 89, 101, 110, 132, 144

신뢰시 [총 11수]
- 🎵 개인 신뢰시 [8수]
  4, 11, 16, 23, 62, 91, 121, 131
- 🎵 공동체 신뢰시 [3수]
  115, 125, 129

지혜시 [총 7수]
- 🎵 지혜시 [7수]
  1, 34, 37, 49, 73, 111, 112

토라시 [총 3수]
- 🎵 토라시 [총 3수]
  1, 19, 119

* 루카스에 의해 분류되지 않은 시, 중복된 시도 있음

양식비평 이론에 따른 시편의 분류 | 편별 목록

참조: Leopold Sabourin, The Psalms: Their Origin and Meaning (New York: Alba House, 1970).

편	분류	편	분류	편	분류
1	지혜시	31	개인 탄식시	61	개인 탄식시
2	제왕시	32	개인 감사시	62	개인 신뢰시
3	개인 신뢰시	33	찬양시	63	개인 탄식시
4	개인 신뢰시	34	개인 감사시	64	개인 탄식시
5	개인 탄식시	35	개인 탄식시	65	공동체 감사시
6	개인 탄식시	36	개인 탄식시	66	공동체 감사시
7	개인 탄식시	37	지혜시	67	공동체 감사시
8	찬양시	38	개인 탄식시	68	공동체 감사시
9	개인 감사시	39	개인 탄식시	69	개인 탄식시
10	개인 감사시	40	개인 감사시	70	개인 탄식시
11	개인 신뢰시	41	개인 감사시	71	개인 탄식시
12	공동체 탄식시	42	개인 탄식시	72	제왕시
13	개인 탄식시	43	개인 탄식시	73	지혜시
14	훈계시	44	공동체 탄식시	74	공동체 탄식시
15	제의시	45	제왕시	75	훈계시
16	개인 신뢰시	46	시온 찬가	76	시온 찬가
17	개인 탄식시	47	야웨 왕권시	77	공동체 탄식시
18	제왕시	48	시온 찬가	78	역사시
19	찬양시	49	지혜시	79	공동체 탄식시
20	제왕시	50	훈계시	80	공동체 탄식시
21	제왕시	51	개인 탄식시	81	훈계시
22	개인 탄식시	52	훈계시	82	공동체 탄식시
23	개인 신뢰시	53	훈계시	83	공동체 탄식시
24	제의시	54	개인 탄식시	84	시온 찬가
25	개인 탄식시	55	개인 탄식시	85	공동체 감사시
26	개인 탄식시	56	개인 탄식시	86	개인 탄식시
27	개인 신뢰시	57	개인 탄식시	87	시온 찬가
28	개인 탄식시	58	공동체 탄식시	88	개인 탄식시
29	찬양시	59	개인 탄식시	89	제왕시
30	개인 감사시	60	공동체 탄식시	90	공동체 탄식시

편	분류	편	분류	편	분류
91	지혜시	111	찬양시	131	개인 신뢰시
92	개인 감사시	112	지혜시	132	제왕시
93	야웨 왕권시	113	찬양시	133	지혜시
94	공동체 탄식시	114	찬양시	134	제의시
95	훈계시	115	찬양시	135	찬양시
96	야웨 왕권시	116	개인 감사시	136	찬양시
97	야웨 왕권시	117	찬양시	137	공동체 탄식시
98	야웨 왕권시	118	공동체 감사시	138	개인 감사시
99	야웨 왕권시	119	지혜시	139	지혜시
100	찬양시	120	개인 탄식시	140	개인 탄식시
101	제왕시	121	개인 신뢰시	141	개인 탄식시
102	개인 탄식시	122	시온 찬가	142	개인 탄식시
103	찬양시	123	공동체 탄식시	143	개인 탄식시
104	찬양시	124	공동체 감사시	144	제왕시
105	역사시	125	공동체 신뢰시	145	찬양시
106	공동체 탄식시	126	공동체 탄식시	146	찬양시
107	개인 감사시	127	지혜시	147	찬양시
108	공동체 탄식시	128	지혜시	148	찬양시
109	개인 탄식시	129	공동체 신뢰시	149	찬양시
110	제왕시	130	개인 탄식시	150	찬양시

* 사보린의 분류체계는 아래와 같음.

I. **찬양의 시**
 찬양시
 야웨의 왕권시
 시온 찬가

II. **개인의 시**
 개인 탄식시
 개인 신뢰시
 개인 감사시

III. **공동체의 시**
 공동체 탄식시
 공동체 신뢰시
 공동체 감사시

IV. **제왕시**

V. **교훈의 시**
 지혜시
 역사시
 훈계시
 제의시